UNIVERSITY OF NORTH CAROLINA AT CHAPEL HILL
DEPARTMENT OF ROMANCE LANGUAGES

NORTH CAROLINA STUDIES IN THE ROMANCE LANGUAGES AND LITERATURES

ESSAYS; TEXTS, TEXTUAL STUDIES AND TRANSLATIONS; SYMPOSIA

Founder: URBAN TIGNER HOLMES

Distributed by:

UNIVERSITY OF NORTH CAROLINA PRESS
CHAPEL HILL
North Carolina 27514
U.S.A.

NORTH CAROLINA STUDIES IN THE
ROMANCE LANGUAGES AND LITERATURES
Number 146

LES ENCHANTEMENZ DE BRETAIGNE
AN EXTRACT FROM A THIRTEENTH CENTURY
PROSE ROMANCE — "LA SUITE DU MERLIN"

LES ENCHANTEMENZ DE BRETAIGNE

AN EXTRACT FROM A THIRTEENTH CENTURY PROSE ROMANCE "LA SUITE DU MERLIN"

EDITED BY

PATRICK COOGAN SMITH

CHAPEL HILL

NORTH CAROLINA STUDIES IN THE ROMANCE
LANGUAGES AND LITERATURES
U.N.C. DEPARTMENT OF ROMANCE LANGUAGES
1977

Library of Congress Cataloging in Publication Data

Suite du Merlin.

  Les enchantemenz de Bretaigne.
  (North Carolina studies in the Romance languages and literatures; no. 146)

  Bibliography: p. LI.
  Includes index.
  I. Smith, Patrick Coogan. II. Title. III. Series.
PQ1496.M42   1976   843'.1   76-25417
I. S. B. N. 0-8078-9146-0

I. S. B. N. 0-8078-9146-0

DEPÓSITO LEGAL: V. 247 - 1977

ARTES GRÁFICAS SOLER, S. A. - JÁVEA, 28 - VALENCIA (8) - 1977

ACKNOWLEDGEMENTS

I should like to acknowledge my great debt to Professors Eugène Vinaver and Douglas Kelly whose scholarship and professional counsel directed me in the preparation of this edition. I thank also Professor L. C. Porter who first interested me in the field of French Medieval Literature. Acknowledgements also go to the Cambridge University Library for permission to publish this portion of MS. Add. 7071 and to Manchester University Press for permission to use F. Bogdanov's summary of the Suite du Merlin, *pp. xxiii-xxvi. Finally, thanks to my beloved wife and sister who assisted me most kindly.*

TABLE OF CONTENTS

		Page
INTRODUCTION		
I.	THE *SUITE* AND ARTHURIAN PROSE DEVELOPMENT	XIII
II.	NARRATIVE TECHNIQUE IN THE *SUITE DU MERLIN*	XVII
III.	SUMMARIES	XIX
	A. *Merlin*	XIX
	B. *Vulgate* Rebellion Portion	XXI
	C. *Suite du Merlin*	XXIII
IV.	INTRODUCTION TO *LES ENCHANTEMENZ*	XXVII
V.	THE MANUSCRIPTS	XXIX
VI.	THE CAMBRIDGE MANUSCRIPT	XXXI
VII.	THE PRESENT EDITION	XXXIV
VIII.	LANGUAGE	XXXVI
	A. Orthography and Scribal Features	XXXVI
	B. Morphology	XXXVIII
IX.	THE EDITIONS	L
X.	SELECTIVE BIBLIOGRAPHY	LI
TEXT		1
VARIANTS		85
NOTES		114
GLOSSARY		117
INDEX OF PROPER NAMES		128

To my parents

INTRODUCTION

I. THE *SUITE* AND ARTHURIAN PROSE DEVELOPMENT

Chrétien de Troyes was the first to draw material for his verse romances from aspects of the Arthurian legend preserved by popular tradition and by two historical chronicles, the *Historia regum Britanniae* of Geoffrey of Monmouth and the *Brut* of Wace. But the first to seek a coherent approach to the diverse and multiple themes of Arthur's kingdom and the Grail legend was Robert de Boron. Only two works from his planned trilogy of verse romances entitled *Li Livres dou Graal*[1] have survived:

1. *Joseph* or *Le Roman de l'Estoire dou Graal*
2. *Merlin* (only 502 verses)

Thus, unlike Chrétien in the *Conte del Graal*, Robert explains in his *Joseph* that the Grail was the vessel of the Last Supper and that it was later used by Joseph of Arimathea to catch the drops of Christ's blood at the Crucifixion. He also retraces the history of how the Grail came to be located in Britain and how Merlin, who knows both the past and present, dictated the whole story to his secretary Blaise. Robert expands the narrative to include the birth of Arthur, his childhood, and his selection as king.

The third part in this trilogy survives only in prose, and it is not really known whether it was adapted from an original verse rendition by Robert de Boron or not. It is called the prose *Perceval*

---

[1] Robert de Boron, *Le Roman de l'Estoire dou Graal*, ed. W. A. Nitze (Classiques Français du Moyen Age, 1927).

or the *Didot-Perceval*[2] and relates the episodes leading to the completion of the Grail Quest by Perceval and the destruction of Arthur's kingdom resulting from Mordred's treachery.

A second attempt at cyclical expansion called the *Vulgate*[3] associates the theme of Lancelot's love for Guenevere with the theme of the Grail. This cycle comprises five branches:

1. *Estoire del Saint Graal*[4] - more extensive and more inclusive than the Boron *Estoire;*

2. *Estoire de Merlin* - including a prose rendition of the Robert de Boron *Merlin* plus a pseudo-historical section which gives the account of various rebellions of Arthur's barons, this part being referred to as the Vulgate *Merlin* Continuation;

3. *Lancelot* - a huge section subdivided into three parts: a) the *Enfances Lancelot* or *Galeaut,* b) the *Charrette,*[5] a prose version based on Chrétien's *Chevalier de la Charrette,* and c) the *Agravain,* a transition to the fourth book;

4. the *Queste del Saint Graal*[6] - the quest being achieved by the pure knight Galaad;

5. the *Mort Artu*[7] - in which converging forces such as the adulterous love affair between Lancelot and Guenevere and the treachery of Mordred cause the death of Arthur and the destruction of his kingdom.

---

[2] W. Roach, ed. *The Didot-Perceval According to the Manuscripts of Modena and Paris* (Philadelphia: The University of Pennsylvania Press, 1941).

[3] H. O. Sommer, ed. *The Vulgate Version of the Arthurian Romances* (Washington: The Carnegie Institute of Washington, Publication no. 74), 8 vols.

[4] See also the edition by E. Hucher, *Le Saint Graal ou le Joseph d'Arimathie, première branche des romans de la Table Ronde, publié d'après des textes et des documents inédits* (Le Mans, 1874-78), 3 vols.

[5] See also the partial edition of G. Hutchings, *Le Roman en prose de Lancelot du Lac, Le conte de la charrette* (Paris: Droz, 1938).

[6] See also the edition by F. J. Furnivall, *Queste del Saint Graal* (London: Roxburghe Club, 1864); and by A. Pauphilet (Classiques Français du Moyen Age, 1949).

[7] See also the editions by J. D. Bruce, *Mort Artu* (Halle: Niemeyer, 1910), and two by Jean Frappier, *La Mort le Roi Artu, roman du XIIIe siècle* (Paris: Droz, 1936) with variant readings, and (Geneva: Droz; Paris: Minard, 1959) without variant readings.

It is generally thought that the last three branches of the *Vulgate,* called the *Lancelot-Proper,* were the result of a single unified effort, and that to these branches were later added the first two, the *Estoire del Saint Graal* and the *Estoire de Merlin* to complete the cyclical pattern.[8]

Another development involved the association of the prose *Tristan*[9] in two different versions, known as the "First" and the "Second" or "Enlarged," with the Vulgate cycle. Tristan's antecedents are traced back to the days of Joseph of Arimathea, and, after his exile from Logres by King Marc, he is linked to Lancelot by friendship.

Because of the addition of the new material, the Lancelot-Guenevere theme (the Tristan-Yseut love theme), there resulted a "clash of ideologies" or a sort of *double esprit.* This apparently resulted in another revision of the entire cycle in which Arthur became the central figure, and some themes from the Tristan story (First Version) were integrated to themes from the *Vulgate.* This revision, now called the Post-Vulgate *Roman du Graal,* has not been preserved in its entirety in any one manuscript. Based on internal evidence it was composed of: 1. the *Estoire del Graal*; 2. the *Merlin,* a part of the Vulgate *Merlin* Continuation dealing with the rebellion of Arthur's barons, and the *Suite du Merlin*; 3. the *Queste del Saint Graal* and the *Mort Artu.* The *Lancelot Proper* of the *Vulgate* is absent, and to insure continuity, the author adapts certain incidents from the *Agravain* and the *Tristan* to the *Suite* or the *Queste.* The *Queste* and the *Mort Artu* were both remodeled so as to be linked to the *Suite du Merlin.*[10]

---

[8] For discussion see F. Lot, *Étude sur le Lancelot en prose* (Paris: Champion, 1918; revised 1954); M. Lot-Borodine, "Le Double Esprit et l'unité du Lancelot en Prose," in *Mélange ... offerts à M. F. Lot* (Paris: Champion, 1925), 477-90, reprinted in her *De l'amour profane à l'amour sacré,* Ch. 8, *Neophilologus,* XXXIV (1950), 65-79; A. Pauphilet, review of F. Lot, *Étude sur le Lancelot en prose, Romania,* XLV (1918-19), 514-534; Jean Frappier, *Étude sur la Mort le Roi Artu* (Paris: Minard, 1961; Geneva: Droz, 1961).

[9] For *Tristan* bibliography and discussion see Eugène Vinaver, "The Prose *Tristan,*" in *Arthurian Literature in the Middle Ages,* ed. R. S. Loomis (Oxford: Clarendon Press, 1959), 239-47; also Fanni Bogdanow, *The Romance of the Grail* (Manchester University Press, 1966), p. 9.

[10] Bodganow, *Romance,* pp. 8-12.

The purpose of the new branch, the *Suite,* is twofold: 1. to elucidate, expand, and develop details and episodes that were not fully explained in the *Estoire del Saint Graal* and the other branches; 2. to ensure continuity with the *Queste* and the *Mort Artu* by means of foreshadowing or anticipation of later episodes. Consequently, episodes such as the provenance of Arthur's sword, the Merlin-Niviene love story, the death of Merlin, etc., only partially alluded to in the Vulgate version, are sufficiently and satisfactorily explained and developed in the *Suite*. [11]

---

[11] For greater detail see Bogdanow, *Romance,* Introduction, pp. 1-22.

II. NARRATIVE TECHNIQUE IN THE *SUITE DU MERLIN*

It is unfortunately necessary today to break up the lengthy medieval romances in an attempt to render them more accessible and more appealing to the modern reader. This, however, is a very difficult task given the very technique of medieval narrative composition which does not lend itself to easy division. This technique, overlooked and ignored by critics for a great period of time was first described by Ferdinand Lot [12] and later stated in explicit fashion by Professor Eugène Vinaver. [13] Professor Vinaver attacks the previously fashionable criticism of incoherence and corruption directed against medieval prose romance such as the *Suite du Merlin*, from which *Les Enchantemenz* is extracted.

> ... the *Suite du Merlin*, like the whole group of works to which it belongs, is a late development — certainly later than the *Vulgate* Cycle — and ... it owes its success to a complex but eminently coherent system of echoes and anticipations. 'Anticipation' here means the invention of appropriate antecedents and motives or, to use a thirteenth-century term, 'elucidation.' Where earlier critics saw decline and chaos we can now descry impressive consistency and a process of steady evolution from simple and undeveloped patterns to elaborately comprehensive ones. [14]

---

[12] See F. Lot, *Étude*, p. 28.

[13] See especially the following studies by Professor Vinaver: Introduction to *Le Roman de Balain* (ed. M. D. Legge, Manchester, 1942); "La Genèse de la *Suite du Merlin*," *Mélanges ... offerts à Ernest Hoepffner* (Paris, 1949), pp. 295-300; "The Dolorous Stroke," *Medium Aevum* (XXV, 1956), 170-80; *Works, III*, pp. 1268-1279; *A la recherche d'une esthétique médiévale* (Paris: Nizet), 1970.

[14] Vinaver, *Works*, III, p. 1269. For analysis of the post-Vulgate evolution see F. Bogdanow, "The *Suite du Merlin* and the Post-Vulgate *Roman*

It is therefore awkward to remove a continuous section of narrative from a coherent whole composed of several interwoven episodes without rendering the text incomprehensible. To insure comprehension one must have recourse to fairly detailed summaries. This interweaving and overlapping often result in the creation of episodes that have no real beginning nor ending as such, for something always is, or always could be, added. But rather than extracting small relatively coherent and unrelated passages which would be more readily acceptable by modern standards of prose composition but atypical of composition in the thirteenth century, the text presented here is an extraction of continuous narrative, neither subdivided nor re-structured in chapter form. Consequently, the reader will be able to appreciate more easily the complex literary technique of "echoes and anticipations" consisting of multiple themes and episodes interwoven one with the other.

Therefore, it is understandable that an attempt to extract any portion of a text so composed will result in loose ends, at the beginning and at the end of the portion extracted. So, in order to have total comprehension and to put everything in proper perspective, summaries of the entire *Merlin,* including the *Vulgate* "Rebellion Portion," and of the entire *Suite du Merlin* are necessary.

---

du Graal," in *Arthurian Literature in the Middle Ages, A Collaborative History,* ed. R. S. Loomis (Oxford, 1959), pp. 325-35 and her book *The Romance of the Grail.*

III. SUMMARIES

A. *Merlin*

After the death of Christ, the devils hold council and devise a plan to regain control over men. They decide to send an incubus to implant his seed in a virgin, the resulting offspring to be their agent on earth possessing all the powers of a demon. The virgin is chosen, the daughter of a rich man whose family is destroyed by the works of the devils. The pregnant un-wed woman is by law in danger of being put to death, but, thanks to the sage advise of her confessor and as a result of her devotion to God, she is to be spared until the birth of the child. Merlin is born the son of a devil and consequently capable of knowing the past. God also gives him the power to know the future because of the purity and strong faith of the mother. The child, born with an abnormal amount of hair, inspires fear by his appearance and by his ability to talk at the age of eighteen months. The mother is again called before the judge, and Merlin saves her this time by proving that he knows his father better than the judge knows his own, for the judge finds out that his father is in reality a priest (who drowns himself later). The judge spares his own mother and Merlin's.

The "prodhome" confessor turns out to be Blaise, who will become Merlin's secretary and will copy Merlin's works in a book which will include the story of Joseph of Arimathea and the Holy Grail.

At that time the king of England, Cunstant, had three sons: Moine, Pendragon and Uther. Moine succeeds to the throne at his father's death, but he is defeated by the Saines (Saxons). The barons want Vortiger, the Seneschal of Moine, to be their king, as he is very powerful. This comes about once the barons kill

Moine; Cunstant's other two sons, Pendragon and Uther, are sent away to insure their safety. Vortiger then kills the murdering barons, becomes an ally to the Saines, and marries the pagan daughter of King Hangis. To protect himself, the new king decides to build a tower, but the walls crumble on three successive occasions. His wise men and astrologers do not know why; but the latter do foresee that a son without a father will kill all of them. So they agree to tell Vortiger that the tower will stand only if the blood of a child without a father is mixed with the mortar. Merlin is found and brought to Vortiger. He tells the king that under the tower there is a lake where two dragons dwell, one white and one red, and that it is their movement that causes the tower to fall. This is verified. The dragons fight, the white dragon killing the red one as Merlin predicts. Merlin explains this as the victory of Pendragon and Uther over Vortiger. The two sons return and burn the castle of Vortiger causing his death. The Saines are defeated and King Hangis is killed. Merlin is asked to stay as counselor for both Pendragon and Uther. Merlin agrees and appears to both of them in various shapes and guises.

In an attempt to trick Merlin, a jealous baron asks on three different occasions with three different disguises how he will die. Merlin predicts that the baron will break his neck, that he will be hanged, and that he will drown. Merlin was not deceived for the triple prediction comes true, for one day the baron falls when his horse stumbles on a bridge. His neck is broken and his garment is caught on a pole in such a manner that he hangs from the bridge, his head and shoulders under water. Merlin has Blaise record all his marvels in the book of *Merlin's Prophecies*. Merlin foretells the attack by the Saines to avenge the death of Hangis. He also tells the two sons of Cunstant how they will be able to defeat the Saines, and that one of the two will perish at the Battle of Salisbury. The Saines are defeated, and Pendragon dies. Uther becomes king and takes the new name of Utherpendragon.

Merlin proposes to the new king to establish a Round Table in the tradition of the Last Supper and the Holy Grail Tables. Uther does so, installs it at Carduel, and chooses fifty knights to sit around it, leaving one place vacant for the knight that will accomplish the Grail quest according to another prediction of Merlin.

Utherpendragon holds court at Carduel where he falls in love with Igraine, the wife of the Duke of Tintagel. She refuses his advances and informs her husband, who retires to his lands. Uther invades the territory of the duke, and, by means of Merlin's magic, he takes on the physical appearance of the duke, sleeps with Igraine, and begets Arthur. The very same night the duke is killed. Later Utherpendragon marries Igraine, and she gives birth to Arthur. Arthur is brought up by Hector, the father of Keu.

When Utherpendragon dies, there is no apparent heir to the throne. Merlin devises the test of the sword in the anvil. An inscription on the sword states that whoever can remove it will be king. One day Arthur, who has been sent by Keu to fetch a sword, sees the sword in the anvil, and easily draws it out. Hector reveals to Arthur his true birth and informs him that he will be king. After repeated tests, postponements, and numerous objections raised by some barons concerning Arthur's extraction, Arthur is crowned King of Britain.

B. *Vulgate* Rebellion Portion

In mid-August after the coronation of Arthur, Kings Loth, Urien, Neutre, Aguisant, the King of a Hundred Knights, and Karados still refuse allegiance to Arthur, even though Merlin recounts the truth concerning his birth. Both sides take up arms.

Concurrent with this conflict is another between King Leodogran de Camelirde and King Rion who desires to add to his "mantle of beards" those of Arthur and Leodegran.

The rebel kings arrive and set up their tents. Merlin, however, sets fire to these tents by magic, and Arthur does marvels with his sword "Escalibor" - which, the author explains, translated from the Hebrew into French means "trenche fere."

After a hard fought battle Arthur, victorious, rewards his soldiers and holds court at Logres, now called London according to the author. Merlin reveals to Arthur various facts about Blaise, Vortiger's tower, the death of Uther and Pendragon, and about his own birth.

Merlin becomes Arthur's counselor just as he was for Utherpendragon and his uncles. He advises Arthur to send two messengers (Ulfin and Berciaus) to seek the help of Boorz de Gaunes and Ban de Benoic in his wars against the barons. The two messengers come by way of the land of King Claudas, devastated in the war between Claudas and the two kings Ban and Boorz. They also meet up with eight "chevaliers" from Claudas whom they unhorse in successive pairs.

The two kings, although hesitant to leave because of their war with Claudas, are reassured by Merlin's prediction that there will be no detrimental consequences. They arrive to be greeted with great celebration — a procession, singing girls, and a tournament in which Keu wins the honor of the day. The following day Merlin swears that Arthur is the son of Utherpendragon and Igraine. The two kings render Arthur hommage, and a banquet is held. Merlin returns to France to bring back the armies of Ban and Boorz, and King Arthur prepares his army. In the meantime, the rebel kings regroup and prepare for combat.

Merlin crosses the Channel with the armies of Ban and Boorz. Merlin takes the time to tell how Brutus founded Britain after the fall of Troy, as well as how King Logrus and King Cornelius founded the kingdoms of Logres and Cornwall. Merlin and the armies land and encounter the enemy at the Castle of Bedigran.

At this point the narrative recounts an invasion of Saines from Ireland and Scotland who again seek vengeance for the death of Hangis.

Then the narrative returns to the rebel kings on the night before the battle. The King of a Hundred Knights dreams of a great storm and a great wind. He is awakened and sees the attack by Arthur and the storm caused by Merlin. He warns the other kings; nonetheless, because of the tremendous onslaught of Arthur's men and the confusion caused by the storm invoked by Merlin, the rebel kings are defeated. Merlin returns to Blaise, and Arthur rewards his soldiers. Arthur has an affair with Lienors who will give birth to Boorz, destined to become a great knight of the Round Table.

The defeated kings are attacked by the Saines and are forced to make peace with Arthur. Arthur then helps them to defeat the Saines. In addition the story tells that Leodegran defeats King Rion with the help of Ban and Boorz who, afterward, return to their countries. Galeschin sends a message to Gawain, his cousin. When the latter discovers that Arthur is his uncle, he is anxious to go to court. This portion closes when the wife of King Loth sets out for Arthur's court with her four sons: Gawain, Gaheriez, Agravain and Gerrehez.

G. *Suite du Merlin*

(The summary is extracted in its entirety from Fanni Bogdanow's *The Romance of the Grail,* pp. 28-31.)

... after Arthur's coronation, Lot's wife, the Queen of Orkney, comes to Arthur's court with her four sons, the eldest of whom, Gauvain, is aged ten, and ... Arthur, not knowing that the Queen is really his sister, falls in love with her and begets Mordred. After the Queen of Orkney's return to her country Arthur has a frightening vision and the following day, while out hunting, sees the *beste glatissant* and meets Merlin who tells him of his incest, promises to make known to the people that he is Utherpendragon's rightful heir and explains the vision he has as signifying that a child as yet unborn will one day destroy him and his kingdom.

At a court held eight days later at Carduel Ygerne is forced through Merlin's stratagem to reveal Arthur's parentage, and during the feast celebrating this *connissanche,* a squire brings a dead knight to court. The following day Giflet, after being knighted, sets out to avenge the dead knight on Pellinor. Meanwhile, twelve messengers from the emperor of Rome come to demand tribute, but are defied by Arthur. As Giflet was unsuccessful, Arthur secretly leaves court at night to do combat with Pellinor, but his sword breaks in the battle and only Merlin's timely arrival saves him. In order to procure for Arthur a sword that will serve him all his life, Merlin takes him to a lake in the middle of which a hand holds up a sword which a damsel fetches by walking over an invisible bridge.

On his return to court Arthur gives his sister Morgain in marriage to King Urien, and their son Yvain is conceived. After the wedding Arthur goes to Carlion and there one day, while he is at table, a messenger from King Rion comes to demand Arthur's beard, but Arthur refuses this request. When the time approaches that the 'evil child' is to be born, Arthur has all the children born on May-day sent to Logres, but Lot's son, Mordred, escapes him, for the boat bearing him is shipwrecked and Nabur le

Desree, in whose country Mordred lands, brings him up together with his son Sagremor. The children collected by Arthur are exposed on the sea in a rudderless boat, but they arrive safely at Amalvi, where they are cared for by King Oriant.

One day after this King Rion invades Logres and besieges Tarabel. Within three months Arthur's men assemble at court and the day they are to set out to meet King Rion, Balain, a poor Northumbrian knight, comes to court and achieves the adventure of the *espee as estranges renges,* but incurs Arthur's displeasure by killing a damsel in his presence. In order to win back his favour, he captures his enemy, King Rion, with the help of Merlin's advice. But Arthur's war is not yet over: Nero, King Rion's brother, leads Rion's men and is joined by Lot who wishes to avenge his little son Mordred. In the battles many of Arthur's knights distinguish themselves, but none more than Balain. Lot is killed by Pellinor, and his son Gauvain, aged eleven, swears to avenge his father.

About this time, Morgain's son Yvain is born and Merlin becomes acquainted with Morgain who is eager to learn his magic arts, but does not return his love. Arthur entrusts the magic scabbard of his sword to his sister's care, but it soon becomes a bone of contention between them. Balain, after many misadventures, finally comes to King Pellean's castle, where he involuntarily strikes the Dolorous Stroke which inaugurates the marvels of Logres and maims King Pellean who cannot be healed until the coming of Galaad. Then, after further misfortunes, Balain comes within a year of having obtained the *espee as estranges renges* to a castle where he is forced to joust with a knight living on a nearby island. His opponent is no other than his own brother, but neither recognizes the other until both are mortally wounded. After the two brothers have been buried, Merlin does many enchantments on the island, which is henceforth known as the *Isle Merlin* or the *Isle de merveilles.*

On Merlin's return to court, Arthur decides to marry Guenevere, and the latter's father, the king of Carmelide, sends the Round Table to Camalot. On his wedding day Arthur knights Gauvain, now aged eighteen, and Tor, 'li fieus a Arés', who, as Merlin reveals later, is really the son of Pellinor and a *villaine.* During the feast following the wedding, a strange adventure happens at court: a stag followed by a hound and the *damoisele chaceresse,* Niviene, appear; the stag, wounded by the hound, runs off, while two knights seize the hound and the damsel. On Merlin's advice, Gauvain, Tor and Pellinor set off in search of the stag, the hound and the damsel respectively. After various adventures, lasting three days, the three knights return to court, each bringing with him the object of his quest.

Arthur asks Niviene to stay at his court and Merlin soon falls in love with her and teaches her many of his magic arts, but his love is not returned. When Niviene's father recalls her to Northumberland, Merlin accompanies her and is entombed by her on the way. In the meantime Arthur successfully repulses the attack of five kings. Various knights are elected to the Round Table to replace those killed in the battle; Baudemagus, grieved to see Tor given a seat in preference to him, leaves court.

Morgain, who hates Arthur and seeks his death, succeeds in pitting him in battle against her lover Accalon to whom, more than a year ago, she gave Escalibor. Only Niviene's timely arrival, who casts a spell on Accalon, saves Arthur. During the same time Morgain attempts also to murder her husband Urien in his sleep and is only prevented from doing so by her newly knighted son Yvain. Thereupon Arthur banishes her and Yvain from court, but she contrives to steal the magic scabbard once more and casts it into a lake when pursued by Arthur.

Gauvain accompanies Yvain and on the third day they are joined by Le Morholt. The following day they meet three damsels sitting by a fountain, who promise to show them the adventures of the country. The three knights thereupon depart, but promise to meet again at the fountain in a year's time. Meanwhile, Morgain makes a final attempt to kill Arthur by sending him a poisoned cloak, but Niviene, in disguise, warns Arthur of the danger.[15] Gauvain, accompanied by one of the damsels, comes to the *plaine adventureuse,* where he learns of Arcade's cruelty to her lover Pelleas and helps the latter to win his lady's hand. Le Morholt, after a number of adventures, comes to the *Perron du Cerf* where his lady is killed and he himself wounded by a lance that strikes

---

[15] The Huth MS. breaks off at this point.

them.[16] Soon he meets Gauvain and both are bewitched by a lady whose love they scorn. Then they come to the *Roche aux Pucelles* onto which they are enticed by the twelve Ladies of the Rock, who keep them captive in a state of enchantment. Yvain, after suffering the same misfortune at the *Perron du Cerf* as Le Morholt, returns at the end of the year to the fountain to await his companions, but learns from a damsel that they are on the *Roche aux Pucelles*. He makes his way there, but is unable to rescue them and after his return to court tells Arthur of their misfortune. The latter, convinced that Merlin alone will be able to help, orders knights to go in quest of him. Tor and Aglant meet Baudemagus from whom they learn that Merlin's last prophecy before his death was that Gaheriet alone would be able to free the captive. After being knighted, Gaheriet departs from court and after numerous adventures finally comes to the *Roche aux Pucelles*. When Gauvain and Le Morholt have been freed, they are greatly surprised to hear that they have been on the rock for more than a year and a half. Gauvain returns at once to court, and Le Morholt, after a combat with five of Arthur's knights, goes back to Ireland where eight days later he is joined by Gaheriet, who is to stay there until Le Morholt goes to Cornwall to seek tribute.[17]

---

[16] The Cambridge MS. breaks off at this point.
[17] The 112 *Suite* fragment published by Sommer ends at this point.

IV.   INTRODUCTION TO *LES ENCHANTEMENZ*

The initial episode of *Les Enchantemenz*, the entrapment of Merlin, actually begins two episodes prior. Merlin falls in love with Niviene, "la damoisele chaceresce," and accompanies her back to her father. While traveling through the land of King Ban of Benoic, he teaches her many tricks and shows her many marvels. He tells her the story of "Dyane," who in the time of "Virgile" entrapped her former lover Faunus in a tomb in order to love another named Felix. Dyane entices Faunus, wounded during a hunt, into an empty tomb that used to be full of a miraculous water that healed wounds instantly. She persuades him to enter the tomb by promising to pour in some "healing herbs." Once in the tomb she closes the cover and pours boiling lead on her unfortunate lover. Felix, being informed of this, cuts her head off.

"La damoisele" is enthusiastic about this legend and has Merlin build her a beautiful "manoir" near the lake where it took place. Merlin does so and makes it invisible.

Merlin informs the "damoisele" of the danger that Arthur is in because Morgue (Morgan), his half-sister, has stolen his sword "Escalibor" and its scabbard. Merlin predicts the battle between Arthur and Acalon. Urged by the "damoisele" to help the king, they return to Britain where Merlin knows he will be killed, but he does not know how or by whom. Upon returning to Logres Merlin punishes by death two evil magicians who have caused many to die by means of their enchanted harp.

The narrative then returns to Arthur who successfully repulses an attack by five kings. After this follows a brief episode where Arthur asks Pellinor to designate the replacements for the members of the Round Table slain in combat with the five kings. The knight Baudemagus is not chosen and leaves Arthur's court.

After the departure of Baudemagus from court, Arthur, Acalon de Gaule, and Urien go on a hunting expedition. They become so involved in their hunt that night surprises them at the edge of a river. Thereupon a magnificent vessel appears before them. They enter and are greeted by twelve "damoiseles." There they spend the night, but when they awaken the next morning, each is mysteriously relocated in a different place. Urien finds himself in his bed; and Acalon, in a meadow. A dwarf comes to Acalon and delivers to him Arthur's sword with which he is to slay the king according to the treacherous scheme of Morgue. Acalon, quite bewildered as to how he got to the meadow, asks the dwarf:

> —Coment vien jeo ça? Le sés tu?
> —Nenil certes, fet li naims, fors que ce(s) sunt des aventures *de Bretaigne* ou des *enchantemenz*.   (f. 311d)

Arthur finds himself prisoner of Domas who is looking for someone to be his champion in a quarrel with his brother. The knights captured before Arthur have all either refused to fight or have been unsuited to the task. Arthur declares that he will fight provided Domas will liberate all the prisoners. The knight Arthur is to do battle with is Acalon, a fact both are ignorant of. At this point the narrative returns to Merlin and the "damoisele chaceresce," this being the initial scene of *Les Enchantemenz*.

The dwarf brings Excalibor to Acalon and provides thereby a title for the tales to follow — "des aventures de Bretaigne ou des enchantemenz." The title of this work has been taken from this statement not only because it is a textual reference and consequently more valid, but also because it conveys the idea of a multiplicity of themes that are integrated and interwoven in such a fashion as to realize the medieval idea of narrative coherence. For in the portion of the *Suite* that has been edited, the episodes which are developed either reflect back upon previous episodes already "untwined" by bringing them to a close, or project future episodes by unfolding the initial part or, more rarely, recount complete and singular episodes.

V. THE MANUSCRIPTS

Three manuscripts contain at least a portion of the text. The 'Huth manuscript', which was used by Gaston Paris and J. Ulrich for their 1886 edition of *Merlin,* is now Add. MS. 38117 of the British Museum. It contains 226 vellum leaves (220 × 290 mm) written in double columns of 37 lines each and includes three prose works: the *Joseph* ff. 1-18c, Robert de Boron's *Merlin* 18d-74a, and the *Suite du Merlin* ff. 75a-226b. [18]

The present edition, an extract from this last work, corresponds to ff. 204b-230b (old foliation) of the British Museum manuscript which terminates with the following sentence: "Si laisse ore a tant li contes a parler et de [l]a dame et del rois et de toute la vie Merlin, et devisera d'une autre matiere qui parole dou graal, pour chou que c'est li commenchemens de cest livre." [19] This same section comprises pages 191-254 of volume II of the 1886 edition of *Merlin.*

The second manuscript, which also contains only a part of the text, is the second volume of MS. 112 *fonds français* of the Bibliothèque Nationale, ff. 17b-29d. [20]

The whole B. N. 112 is in three volumes, and the author, obviously attempting to touch upon all aspects of Arthurian Romance, drew from all the prose romances of his time. [21]

---

[18] See G. Paris and J. Ulrich, eds. *Merlin en prose du XIIIe siècle* (Paris: SATF, 1886), I, pp. I-LXXX. Bogdanow, *Romance,* pp. 23-24 and p. 271. Vinaver, ed. *Works,* III, p. 1267.

[19] G. Paris and J. Ulrich, II, p. 254.

[20] Ed. H. O. Sommer, *Die Abenteuer Gawains, Ywains und le Morholts mit den drei Jungfrauen* (Halle: *Beihefte zur Zeitschrift für romanische Philologie,* XLVII, 1913), 134 pp. plus Introduction. The text edited here covers pp. 1-43 of *Die Abenteuer,* beginning on p. 55 line 10.

[21] B. N. 112's three volumes, bound into one, consists of respectively

The third manuscript, which I have chosen as the base manuscript, is the Cambridge MS. Add. 7071. It contains 343 parchment leaves (340 × 220 mm) written in double columns of 44 lines each. It has a tripartite division, the first part being the *Estoire del Saint Graal* ff. 1-158b, the second, the prose *Merlin* ff. 159a (158 *verso* is blank)-202d, and the third, the *Suite* ff. 202d-342d. The manuscript is incomplete and breaks off with the sentence fragment: "—Sire, fait il, si vus . . . ." The next leaf contains some Latin verses. The section including the present text is found on ff. 314d-341a.

I have chosen the Cambridge manuscript for three reasons. First, it is more nearly complete than the 'Huth' and the B. N. 112. Second, it gives a variant account, unfortunately incomplete, of the "triple adventure" of Gawain, Yvain, and the Morholt as it is related in the B. N. 112. Further, the Cambridge MS. is mostly a 14th century manuscript. But some of the folios were evidently rewritten in the 15th century for unknown reasons (in the edited part ff. 335c-341a were rewritten by the 15th century scribe). MS. B. N. 112, on the other hand, dates entirely from the end of the 15th century. Third, while the other two manuscripts have already been satisfactorily edited, there is a need for a satisfactory edition of this portion of the *Suite* in the light of the two variant MSS., to make the contents of the *Suite,* at least in part, more readily available.

248, 301, and 233 vellum leaves (440 × 310 mm) written in double columns of 50-55 lines each. See Bogdanow, *Romance* p. 272 and Ch. I; C. E. Pickford, *L'Evolution du roman arthurien en prose vers la fin du moyen âge d'après le manuscrit 112 du fonds français de la Bibliothèque Nationale* (Paris, 1960), pp. 297-319, and Sommer, *Die Abenteuer,* "Introduction."

VI. THE CAMBRIDGE MANUSCRIPT

This manuscript was first identified in 1945 by Professor Eugène Vinaver. Until then it was thought to be one of the many containing the *Estoire del Graal*. A Mr. J. E. Dent, the grandfather of the previous owner, Mr. G. Dent, found it in an old hide trunk at Ribston Hall, Wetherby, Yorkshire, along with other old papers dating as far back as the twelfth century. Mr. G. Dent sold it to a London bookseller who then offered it as a version of the *Estoire del Graal* to the Cambridge University Library. Upon closer investigation by Professor Vinaver on behalf of the Syndics of Cambridge University Library, it was found that the manuscript contained, besides the *Estoire del Graal*, the prose *Merlin* and the *Suite du Merlin*. On the strength of Professor Vinaver's report, the manuscript was purchased by the Syndics of the Cambridge University Library and has since been catalogued as Add. 7071.[22]

The manuscript is clearly the work of an Anglo-Norman scribe of the fourteenth century. Some of the parchment leaves (probably damaged or destroyed) were replaced by an English fifteenth century scribe using his own highly anglicized spelling.[23] This contribution to our part of the text extends to twelve leaves out of a total of fifty-four.

The new discovery raised questions as to the genesis and development of the various manuscripts relating portions of the *Suite*. The most recent classification has been attempted by Fanni

---

[22] See Vinaver, *Works*, III, pp. 1277-9 and Bogdanow, *Romance*, pp. 24-25.

[23] Folios 269r-273r, 276r-276v, and 335r-343r.

Bogdanow,[24] who compares the Huth MS., the Siena fragment,[25] the Spanish *Demanda*,[25] and the Cambridge MS. By comparing variant readings, Miss Bogdanow arrived at a stemma including the following manuscripts:

C = Cambridge
H = Huth
S = Siena Fragment
D = Spanish *Demanda*

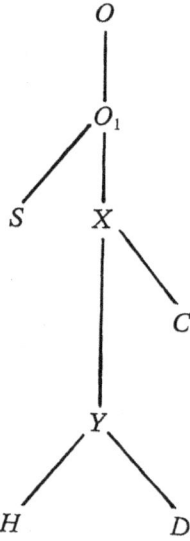

The letters X and Y represent hypothetical intermediary stages. Therefore, as Miss Bogdanow states:

> ... les trois témoins français *(S, H, C)* représentent, certes, autant d'états différents du texte, S parait le plus voisin de l'original *(O)*, C représente le deuxième état *(X)*, et H et D la troisième *(Y)*.[26]

---

[24] Fanni Bogdanow, "Essai de classement des manuscrits de la *Suite du Merlin*," *Romania*, LXXXI (1960), 189-198. See also Eugène Vinaver, "La Genèse de la *Suite du Merlin*," *Mélanges de Philologie romane et de littérature médiévale offerts à Ernest Hoepffner* (Paris, 1949), pp. 295-300.

[25] These two *Suite* MSS. do not cover any portion of *Les Enchantemenz* and, therefore, have not been considered previously.

[26] Bogdanow, "Essai," p. 198.

THE CAMBRIDGE MANUSCRIPT

With reference to the text of *Les Enchantemenz* and its three variant MSS. *C, H,* and *S* (the B. N. 112), one could perhaps establish the following similar stemma. The dotted line indicates the close relationship between *H* and *S,* evidenced by a comparative variant study which suggest a similar manuscript tradition.

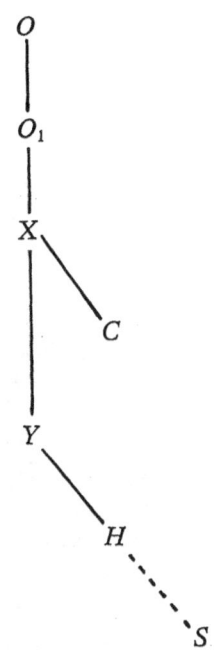

VII. THE PRESENT EDITION

This edition of *Les Enchantemenz de Bretaigne* attempts to reproduce an accurate text based on *C*, with the help of *H* and *S* (B. N. 112). Reference to the editions (see under Editions, p. L) will be made in the following manner:

M = Paris-Ulrich Edition of *Merlin*
Sm = Sommer Edition of *Die Abenteuer*

I have been very conservative for the most part, emending only to correct obvious scribal errors. The Notes will often elucidate any ambiguity that might arise as the result of emendation. Emendations of just one or two words have been given with regard to the language of *C;* more than two word emendations are taken directly from *H* or *S* with no attempt to alter the orthography. There has been no attempt made to normalize the spelling nor to correct minor scribal errors, e.g. the absence of the Nominative flexional *s*.

The modern usage for *i* and *j*, *u* and *v* has been adopted as well as modern capitalization and word-division. Illuminated initials have not been specified.[27] Paragraphing has been introduced according to the sense of the passage. Contractions and abbreviations have been expanded, e.g. ml't-mult, v'-vus, p̄-par, ˜-n or m, en or em, q˜ or qe-que, qu', q'-qui, qñt-quant, ch'r-chevalier, p̄-por or pur, vend˜-vendra, etc. The sign ˜ is often variable, and one must supply whatever letters are missing, e.g.

---

[27] There are only six in the edited portion of the manuscript, all of which are insignificant.

vr̃e-vostre. Parentheses ( ) in the text indicate that a word, letters, or letter in the manuscript should be omitted; brackets [ ] denote that something has been emended, and the variants will always show the corrected reading as well as the rejected manuscript reading in the following manner: preferred emended reading] rejected manuscript reading. Slashes // indicate that the reading found within is conjectural, based only on the context of the passage and not on any variant MS. Variants are sometimes designated by the symbols * and #; the asterisk * means that the variant reading, although not used as an emendation, seems better than the base text's or elucidates the base text's reading; the sign # indicates that the variant reading is decidedly less acceptable. When the variants *H* and *S* are in agreement regarding a particular reading, the *H* reading is the one given, and no attention is paid to any differences in *S*'s orthography. Manuscript folio numbers are placed within square brackets and italicized. The inclusion or exclusion of variants has been based on the following criteria: 1. purely orthographic differences are not normally noted; 2. inconsequential changes in verb tense are usually not included; 3. word order not affecting meaning is not noted; 4. deletions and superscripts of the scribe are not included unless of certain significance; 5. differences involving such insignificant words and phrases as *il, le, la, ce, en, lor, celi, cele, dist il, fait il,* etc. are not recorded.

VIII. LANGUAGE

A. *ORTHOGRAPHY AND SCRIBAL FEATURES*

The following attempts to point out some of the graphic tendencies of the manuscript and how they differ from "normal" or "standard" orthography of twelth-century continental texts. The graphy found before the bar - refers to the one found in the text, the one after to the more common Old French graphy. The number before the slash refers to the page, the one after to the line. The asterisk refers to words appearing on the pages rewritten in 15th century.

a - ai, amoit 3/6, lassé 5/11, coupera 8/2.
ai - a (before intervocalic palatal n) compaignie 3/3.
ai, oi, e confusion, vait 5/27, voit 34/6, vet 37/7 (cf. M. Pope, p. 458).
a - e, *aparcoive 67/17.
ai - ei, plaine 3/26, painte 5/31.
ai - oi, sait 5/19.
ain - oin, mains 4/16.
al - au, healme 9/32; but beaus 9/35 and heuame 11/37.
an - en, manaça 4/18.
aun, aum - an, am, enchaunteors 3/2, chaumbre 4/32, chaump 9/16.

ea - ia, deable 3/23 (also diable 4/8).
e - a, chescon 6/36.
e, ei - ai, mesne 9/2, meisne 9/6, meson 9/2, plest 10/1, set 30/35.
e final absent, prier 4/18.
e or ee - ie, leesce 4/37, lee 5/3, peez 8/6, peces 10/27.
e mute suppressed, menrai 5/37, froie 7/2, deliveroit 9/38, *sir 77/6.
e inorganic, anuite 7/6, serraie 7/36, engine 8/31, tute 9/18, feres 10/24, accomplire 72/35.
ein - oin, meins 3/12 (also mains 4/16).
en - ien (lack of palatisation) vendroit 3/18, vendra 9/36.
en - an, dedenz 4/31.
eor - eur, enchaunteors 3/2.
eon - uen, seon 3/16 (cf. M. Pope, p. 466).
er - eir, oir, aver 3/19, saver 8/19 (also savoir 8/19), cf. M. Pope, p. 478).
er - re, livers 8/28, *metter 70/25, *render 73/19.
és, ez - ies, iez, merveillerés, occierés 16/17, verrez 26/12.
eu - ele, morteument 3/13.

eu   - eau, beu 6/20.
eu   - ieu, meux 4/30, leu 5/24 (also lieu 6/4), Deus 8/3.

i   - e (dissimilation) primere 5/15, *chivalche 81/21.
ie   - ai, siet 11/24.
ing/ign - for a palatal *n*, somoing 11/28, doigne 39/7.

o   - eu or u, prodome 3/5.
o   - oi, long 3/26.
o   - ou (cf. *u* for *ou*), moroit 3/6, porroie 4/2.
o   - u, chescon 6/36.
oe   - eu or *ue*, voet 5/26, poet 9/1, *soeffres 70/18 (cf. M. Pope, p. 459).
oi   - ai, loeroi 13/24 (also loerai 13/38), entroi 13/37.
oms   - ons quidoms 17/38.
or   - eur, vavasor 3/4, lor 3/25.
ou   - u, pout 3/5, sout 4/14.
oun   - on, ount 6/7, entredounent 11/1.

u   - eu, joius 5/4.
ue   - eu, jues 6/22.
u   - ue, *eu,* or *oe*, *pute 72/36 (cf. M. Pope, p. 459).
u   - iu, Perilluse 3/25.
u   - ou (cf. *o* for *u*), desuz 3/20, pur 3/23, vus 4/2.
ui   - oi or *eu*, dui 6/38.
ur   - eur, lur (cf. *or* for *ur*) 3/3, onur 3/5, bonuré 5/16, meillurs 5/31, hure 10/2.

Consonants

c   - qu' 7/10.
c   - s, *ss* and *s* for *c* confusion, ces 3/15 [emended to *ses*] (cf. note 3/15), teniscés 5/16, chacié 4/28, haucé 11/36, rounses 3/26, entredespessent 11/3.
ca   - che, [k] initial before [a] not palatalized, *caveth 72/23, but *chacis 70/16.
d final, ad 6/20 (cf. M. Pope, p. 455).
g   - j, geus 12/2, *ge 79/5.
h (Latin analogical) absent, onur 3/5, ome 6/29, orible 6/30; but reintroduced in certain words, home 3/10, huis 4/4.
qu   - cu, quer 8/4.
rr   - nr, dorra 10/15.
s (single) - ss, ausi 5/11.
w   - u, ewe 21/22.
x   - ss or *s*, fux 7/4.
x   - us, chevax 10/23.
z   - s, suzlieve 6/17, *noecez 80/33.
single and double consonants confused, atendoit 3/18, ele 3/16, serroit 4/4, tere 6/29.

XXXVIII   LES ENCHANTEMENZ DE BRETAIGNE

MORPHOLOGY

ARTICLES

    Masculine   *Feminine*
Sg. Nom. li 3/1, lui 12/38.   la 3/5, l' 7/24.
    le 4/1, l' 41/14, li
    (before vowel) 39/9.

Sg. Obl. le 6/33, lui 15/20,   la 3/5, le 6/35,
   l' 3/5.   l' 14/12.

Pl. Nom. li 5/1, lui 5/30.

Pl. Obl. les 6/39, *lez 67/24 les 3/20.

 Most frequent for nominative singular masculine is *li*. The article *lui* seems, according to M. Pope, p. 465, to be in the oblique a variant graphical form of the older *lu* and in the nominative, a variant of the older *li*, influenced by the thirteenth-century confusion of the pronoun forms *lui* and *li*.[28]

 The enclitic and contracted forms:

al = a + le, a + li 8/39
del = de + le or la 9/32, 11/16
du = de + le or li 3/22
el = en + le or li 5/18
au = a +le or li 9/3
as = a + les 6/4
nel = ne + le, li, or la 7/33
es = en + les 10/22
nes = ne + les 10/24

NOUNS

Mas. Sg.

Nom. contes 3/1, livres 3/2, jors 3/3, rois 4/11, danz 15/12, quers 18/19, misire 8/29, sire 9/22, sires 11/13, seignurs 22/36, seignur 33/32, *misir 67/22, *seignor 74/4, *sir 77/6.

Obl. vavasor 3/4, pucelage 3/13, quer 3/19, lieu 4/26, roi 9/21, seignor 9/32, *monsengnur 66/22.

Masc. Pl.

Nom. huis 4/4, chevalier 10/20, compaignon 10/36, frere 12/32, seignors 7/26.

---

[28] Mildred K. Pope, *From Latin to Modern French* (Manchester University Press, 1952), p. 465.

LANGUAGE

Obl. enchaunteors 3/2, enchantemenz 3/11, jues 6/22, peez 8/6, seignurs 33/32.

Fem. Sg.

Nom. nuit 3/27, damoisele 5/3, mere 20/4, femme 20/6, *honte 84/3.

Obl. compaignie 3/3, femme 3/10, trosne 3/20, valee 3/25, *folie 84/13.

Fem. Pl.

Nom. dames 26/6, damoiseles 34/27, larcenesces 36/33, *noecez 80/33.

Obl. richeses 3/20, roches 4/7, overes 6/7, paroles 19/29, damoiseles 35/4, aventurez 84/37, *mains 82/37.

Occasionally the masc. sg. flexional *s* is omitted, e.g. the words *sire*, **sir* and *chevalier*. The fifteenth-century scribe often uses *z* as the plural flexional sign instead of the *s*. On the whole the flexional system (*s* for masc. sg., no *s* for masc. pl.) is kept intact.

ADJECTIVES

Masc. Sg.

Nom. morteux 4/13, voirs 4/37 (also voire 6/23), meillurs 5/31, nul 6/29, pesanz 7/13, toz 7/29, granz 8/34, sain 11/25 (also sainz 12/10), bons 13/7, beau 16/34, duz 16/34.

Obl. tut 3/5, autre 3/21, grant 3/29, pruz 4/12, vaillant 4/12.

Masc. Pl.

Nom. fort 4/4, bon 6/30, bele 6/30, bons 12/29.

Obl. hauz 5/12, nues 6/39, touz 7/36 (also toz 13/14), bones 10/24, granz 11/1.

Fem. Sg.

Nom. tuit 3/25, obscure 3/27, noire 3/27, lee 5/3, joius 5/4, jolive 5/34, envoisie 5/34, bone 9/26, perilluse 12/1.

Obl. mainte 3/22, Perilluse 3/25, parfont 3/25, seque 3/29, bele 4/3, naïf 4/31, mortel 10/26, bone 10/33, grant 15/18.

Fem. Pl.

Nom. parfondes 18/17.

Obl. toutes 3/20 (also totes 14/12), sauvages 4/8, granz 10/22 (also grans 11/6), trenchanz 11/1, parfontes 11/6.

With some exceptions the flexional distinction exists, i.e. *s* (*z* = *ts* or *x* = *us*) appears in the nom. sg. masc. of all adjectives whether by analogy or not, but not in the masc. pl. nom. Fem. sg. usually has an *e* whether

XL LES ENCHANTEMENZ DE BRETAIGNE

by analogy or not in both singular and plural. However, still some confusion with derivatives from Latin third declension imparisyllabic adjectives.

PERSONAL PRONOUNS

		Singular	*Plural*
First Person	Nom.	jeo 3/19, j' 7/36, *jou 78/15, *ge 80/5, *je 80/15	nus 5/23, nous 17/39, *nos 70/4
	Dat. Obj.	m' 5/13	nus 37/25
	of Prep.	moi 5/23, 30/24	nus 27/4
	Acc.	me 4/20, moi 7/31, 32/7	nus 27/5
	Disjunctive:	jeo 57/6	
Second Person	Nom.	tu 4/19	vus 4/21, *vous 66/24, *vouz 68/5, vus 3/14
	Dat. Obj.	*te 82/29	
	of Prep.	toi 4/23	vus 7/8, *vous 83/16
	Acc.	te 4/19, *t' 82/9	vus 5/13, *vous 80/20

		Masc. Sg.	*Fem. Sg.*
Third Person	Nom.	il 3/24	ele 3/7
	Dat. Obj.	li 3/5	li 3/10
	of Prep.	lui 3/3, soi 10/35, *soie 55/25	lui 3/9
	Acc.	li 3/19, le 3/23, l' 3/13, *lui 81/9	la 3/9, l' 4/21
	Disjunctive:	*il 81/39	

		Masc. Pl.	*Fem. Pl.*
	Nom.	il 3/24	eles 35/37
	Dat. Obj.	lor 3/25, lur 3/3	lor 35/5
	of Prep.	eus 18/34, *aus 83/13	eus 34/25
	Acc.	les 7/21, *lez 82/5	les 36/1

REFLEXIVE

se 3/4, s' 3/1, soi 10/5.

INDEFINITE PRONOUN

home 3/10, hom 17/7, om 7/10, *on 76/17, *homme 77/14, *om 82/16.

Possessives

	Masc. Sg.	*Fem. Sg.*
Nom.	mes 41/31	ma 20/11
Obl.	mon 23/14, m' (before vowel) 7/31	ma 13/35

	Pl.	*Pl.*
Nom.		
Obl.		

Accented forms:
  Adj. miens, nom, masc. sg. 19/21; mien, nom, masc. pl. 65/24
  Pro. la moie, obl. fem. 5/17, *moies 74/7

	Masc. Sg.	*Fem. Sg.*
Nom.	*tez 70/23	
Obl.	ton 20/36	*ta 70/19

	Pl.	*Pl.*
Nom.	*tes 70/19	
Obl.		

Accented forms: teon, Adj., masc. obl. sg. 54/32

	Masc. Sg.	*Fem. Sg.*
Nom.	son 4/14, ses 4/25	
Obl.	son 11/14	sa 3/3, s' (before vowel) 4/37

	Pl.	*Pl.*
Nom.	si 32/2	ses 18/16
Obl.	ses 3/15, *sez 70/13	

Accented forms:
  Adj. seon 3/16, le seon 9/18, un seon 66/5, masc. sg. obl.
  Pro. les soies 42/35, fem. pl. obl.; la sue 48/20, fem. sg. obl.

	Masc. Sg.	*Fem. Sg.*
Nom.	nos 3/2, nostre 11/13	
Obl.	nostre 47/6	

	Pl.	*Pl.*
Nom.		
Obl.	noz 5/2	

Accented: Pro. nostre 13/31, masc. obl. sg.

	Masc. Sg.	*Fem. Sg.*
Nom.	vostre 45/2	
Obl.	vostre 13/28	vostre 11/28

	Pl.	*Pl.*
Nom.		
Nom.		

Accented forms:

    Adj. *lez vos 73/31, masc. pl. nom.; la vostre 56/11, fem. sg. obl.
    Pro. vostre 41/14, masc. sg. nom.; vostre 10/5, masc. sg. obl.

	Masc. Sg.	*Fem. Sg.*
Nom.		
Obl.	lur 44/23	lor 4/27

	Pl.	*Pl.*
Nom.		
Obl.	lor 44/26	lor 46/17, lur 42/13

Demonstrative Pro.

	Masc. Sg.	*Fem. Sg.*
Nom.	cil 4/16, celi 22/28, *celui 67/12	cele 8/23, *chele 69/14
Obl.	celi 31/15, celui 36/37	cele 8/26

	Pl.	*Pl.*
Nom.	cil 46/34, *chiax 72/16	celes 23/31
Obl.	ceus 4/29, ceaus 42/20, *cheus 69/34	celes 37/3

	Masc. Sg.	*Fem. Sg.*
Nom.		ceste 6/9
Obl.		

	Pl.	*Pl.*
Nom.	cist 6/30	cestes 37/4
Obl.		

Demonstrative Adj.

	Masc. Sg.	*Fem. Sg.*
Nom.	cest 52/8, cist 45/17	ceste 5/22
Obl.	cest 9/30, ceste 26/27, cesti 34/9	ceste 5/3, *cest 82/31

	Pl.	*Pl.*
Nom.		
Obl.		ces 4/2

	Masc. Sg.	Fem. Sg.
Nom.	cil 5/34	cele 3/4
Obl.	cil 8/33, celi 9/20, celui 8/17, cele 26/11, cel 60/30, icel 61/17	cele 26/14, celi 42/14

	Pl.	Pl.
Nom.	cil 5/7, 46/10, cist 45/17	
Obl.		celes 45/27

Demonstrative Prop. Neuter

ceo 7/10, c' 14/37, *che 66/32, *ch 68/13.

Relative Pronouns

Masc. and Fem. Sg. and Pl.

Nom. qui 3/5, 3/25, que 3/20, 12/14
Obl. que 8/27, qu' 3/2, 3/5, 3/15, c' 7/10, dont 6/16.

In the nominative masculine and feminine one finds occasionally *que* for *qui*.[29]

Interrogative Pro.

Masc. and Fem. Sg. and Pl.

Nom. qui 18/6, 25/20, 29/25
Obl. que 27/9; quoi (pur quoi) 16/16
Also, dont = de où 37/10, Interr. Adj. quele 26/9, *quil = quelle 72/37.

Verbs

I have decided to apply the verb classes as established by Professor L. C. Porter in his edition of Jacques Peletier du Mans' *Dialogue de l'ortografe e prononciacion francoese*.[30] This system of classification is arbitrarily based on the relation of the stem, i.e., that which remains when one drops the [ɛ] or /ai/ found in the Imperfect tense, and the infinitive. What follows is an outline drawn up by Prof. Porter showing the steps involved in the formation of the infinitive from the radical, or the distinction that permits the establishment of the five verb classes. In addition, I treat the more irregular verbs separately. The numbers 1 to 6 refer to the person of the verb, the numbers separated by the / indicate the following: page number/line number.

	Radical	Process	Infinitive
1.	[ɛm] (aim-)	addition of the characteristics vowel [e]	[ɛme] (aimer)

---

[29] See M. Pope, p. 467.
[30] Jaques Peletier du Mans, *Dialogue de l'ortografe e prononciacion françoise*, ed. Lambert C. Porter (Geneva: Droz, 1966), pp. 49-50.

2. [vãd] (vend-) addition of the consonant [r] [vãdre] (vendre)

3. [finis] (finiss-) final consonant is dropped and the consonant [r] is added (a [t] is introduced between [s] of etymological origin and [r] [finir] [konɛtr] (connaitre)

[krɛŋ, prən] (craign-) (pren-) final consonant is dropped, the vowel is nasalized, and [r] is added [krãdr] (craindre) [prãdr] (prendre)

4. [part] (part-) addition of characteristic vowel [i] and [r] [partir]

5. [puv] (pouv) addition of the dipthong [wa] and [r] [puvwar] (pouvoir)[31]

Note: Letters A, B, C, D, E, will be used for classes.

Infinitives

A. amer 3/19, mustrer 4/2, desturner 4/24, *parlere 72/9.
B. respondre 4/25, sivre 5/13, derompre 11/5, *metter 70/25, *render 73/19.
C, prendre 5/27, croire 6/35, honir 7/31, conoistre 9/29. *acomplire 72/35.
D, morir 3/17, issir 4/5, overir 8/12, lentir 14/21.
E. savoir 3/16, remanoir 3/28, removoire 8/11.

Present Indicative

A. 1. prie 5/20, aime 5/24, jur 16/35; 3. quide 5/5, entre 5/29, *mouster 74/35; 4. quidoms 17/38; 5. parlez 28/20, demandés 58/10; 6. comencent 6/6.
B. 1. renk 56/10; 3. entent 5/3, respont 5/14; 4. attendoms 37/14; 5. attendez 37/13, entremettez 44/27; 6. mettent 46/8.
C, 1. conoisse 3/21, somoing 11/28; 2. conois 29/38; 3. prent 6/33, conoist 12/12 (also conoit 22/34); 4. conissoms 17/12 (also conossoms 25/23), prenoms 27/4; 5. conoissez 17/2; 6. conoissent 22/17, prennent 18/12.
D, 2. *soeffres 70/18; 3. sent 12/10, muert 12/32, overe 5/29 (also over 49/26); 5. servés 51/3.
E. 1. sai 8/16 (also saie 33/34), sent 33/19; 3. recoit 8/3, apercoit 11/22, siet (sait) 14/38 (also set 30/35); 4. savoms 21/11; 5. savez 21/11; 6. sevent 17/26.

Imperfect

Since there is little variation (see note following) with the forms, it will suffice only to note the endings:
oie, ois, oit, ioms, iez, oient

Note: the following differ; descoverait 21/5, *plairot 80/21.

---

[31] Taken from Porter, pp. 49-50.

Future

A. 1. menerai 5/37, remuerai 7/6; 2. vengeras 37/32, troveras 42/38; 3. coupera 8/2, levera 8/23; 4. conteroms 8/37, demorroms 59/39; 5. menriez 14/3, granterez 16/70; 6. apresteront 23/33.
B. 1. entremettrai 20/35, mettrai 26/28; 3. mettra 5/4; 5. renderez 63/6.
C, 1. prendrai 17/5; 3. plerra 17/10; 5. prendrés 35/2, choiserés 45/27; 6. poriront 5/1.
D, 1. vestirai 18/23, partirai 23/24; 2. *mourras 70/37; 3. morra 14/15; 4. partiroms 37/25, *serviroms 70/7; 5. partirez 43/35; 6. partiront 43/19.
E. 1. *sarrai 76/4; 3. savera 18/29, movera 30/15; 5. saurés 22/14.

Conditional

A. 1. loeroi 13/24 (also loeroie 40/35), purchaceroi 13/29, quideroie 33/28; 3. entreroit 9/16, repairoit 4/26; 5. merveillerés 6/24, *amariés 68/5; 6. useroi[en]t 4/27.
Note: See also loerai 13/38 and garantirait 19/16.
B. 1. entremettroie 16/18; 3. mettroit 4/26; 5. occierés 16/17.
C, 3. enprendroit 9/14.
D, 1. tendroie 39/1.
E. 5. sauriez 49/12.

Past Definite

A. 1. trouvai 37/11, amai 46/22; 2. encontras 26/3; 3. chevaucha 3/3, dura 3/4; 5. lessastes 44/28, trovastes 46/6; 6. herbergierent 3/4, alumerent 3/29.
Note: See also first person entroi 13/37.
B. 1. combati 32/21; 3. vesqui 4/37, mist 8/26, perdi 32/21, 5. meistes 15/15, promistes 16/17; 6. mistrent 23/20, remisent 43/23, misent 43/27.
C, 3. plout 18/11, establi 31/10, prist 61/10, conust 14/3; 6. pristrent 3/28, conurent 3/15, finirent 31/25.
D, 1. soffrai 48/30, servi 51/1; 3. dormi 7/14, parti 9/3; 4. partimes 37/19; 5. servistes 513, *suffritez 73/14; 6. morurent 4/38, acoillirent 18/32.
E. 3. sout 4/14, aparceut 8/31, aparust 89/3; 5, sustes 59/14; 6. seurent 18/15.

Present Subjunctive

A. 1. laisse 33/33, trosse 65/19; 3. aït 8/3, monte 21/19, doint 34/31 (also doigne 39/7); 5. voidiez 32/37, contés 58/19.
B. 1. combate 54/32, vive 32/33; 3. abate 62/26.
C, 1. prenge 7/34, ateigne 25/31; 3. remaigne 12/33, plaise 50/31.
D, 3. vet 21/18, morge 31/20.
E. 1. sache 49/22; 3. sache 4/3; *aparcoive 67/17; 6. sachent 17/32.

Imperfect Subjunctive

A. 1. trovase 13/21, quidasse 16/36, osas 44/38; 3. trovast 4/25, coupast 7/19, adesast 7/33; 4. doutissoms 28/34; 5. baillisez 20/12, quidissez 27/19, laississez 33/24; 6. quidassent 7/29, trovassent 21/26.
Note also: 3. lassat 14/23, ostat 35/27, entrait 14/16, criait 14/23.
B. 1. meisse 7/4, combatis 16/38, perdise 23/12; 3. perdit 10/13, meist 44/18; 6. meissent 12/30.
C, 1. praise 16/2; 3. conoist 3/9, enprist 51/5; 5. remansissez 23/11. 6. entreconoissent 10/37.
D, 1. soffrise 61/32; 3. dormist 23/30; 5. teniscés 5/16, morissiez 20/12.
E. 1. seusse 61/31; 3. seust 47/2; 4. *sussums 75/21; 5. seussiez 16/8; 6. *seussent 79/35.

Imperative

A. travaille 8/22, garde 39/6, monte 42/38; montoms 25/4, retornoms 28/25, hastez 9/36, pardonés 17/31.
B. mettés 23/23, descendez 42/10, deffendez 62/29.
C, pren 42/38, creez 29/20, prennés 42/26.
D, soffre 20/6, *vestes 78/26.
E. moveroms 9/35, sachiez 4/22 (also sachez 8/29), *resceivez 79/8, *seez 79/19.

Present Participles

A.-E. entendant 4/6, devisant 7/38, voiant 10/13, devinant 21/36, mustrant 28/16, nomant 28/16.

Past Participles

A. devisé 3/2, atorné 3/14, conté 3/15, aporté 3/30, soupé 4/1, chacié 4/28, lassé 5/11, ouveré 6/13, compassés 6/21, enserrez 8/25.
B. perdu 7/15, pendus 7/32, mis 8/8, mise 8/17, contrebatu 8/32, requis 9/14.
C, partis 3/1, honis 3/2, aprise 3/11, painte 5/31.
D, mors 3/2, descoverte 3/16, coverte 6/13, enseveli 6/39, garnis 7/16.
E. deceus 11/23, tenue 13/35, venus 14/5, seu 23/17.

IRREGULAR VERBS

Aler 3/27

Pres. 1. voise 65/20; 3. vait 5/27, va 5/1, voit 34/6, vet 37/7; 5. alez 7/38, vont 21/36.
Imp. 3. aloit 3/17; 5. aloiez 37/27, aliez 62/3; 6. aloient 27/21.
Fut. 1. irrai 23/36; 3. irra 51/37; 4. irroms 37/15; 5. *irrez 81/20; 6. irront 42/21.
Cond. 3. *irrai, 82/27, irroit 35/19.

Pret.   3. ala 4/34; 6. alerent 26/8.
Pres. Subj. 1. voise 23/19, aille 58/33; 3. voite 21/19; aliez 30/23, ailliés 62/2.
Imp. Sub   6. alassent 32/32.
Past. Part. alé.
Imperative   alez 24/4, aloms 25/4.

Aver 8/4, *Avoir* 19/32, *Avoire* 20/19

Pres.   1. ai 5/11; 2. as 29/28 3. a 4/7, and 6/20, *ha 72/28; 4. avoms 37/15; 5. avez 5/8; 6. ount 6/7, unt 20/17.
Imp.   1. avoie 16/4; 3. avoit 3/2; 4. avioms 28/35; 6. avoient 3/30.
Fut.   1 averai 23/18; 2. *auras 70/37. 3. avera 8/24; 4. averoms 38/26, auroms 44/31; 5. aurés 13/30, *auurez 74/4.
Cond.   1. auroie 37/33; 3. averai 27/7. auroit 23/32; 6. averoient 42/22.
Pret.   oi 67/36; 3. out 6/8, ot 9/33; 6. eurent 4/1, orent 58/2.
Pres. Subj. 1. aie 14/3; 3. ait 11/15; 5. aiez 28/1; 6. *aient 67/33.
Imp. Subj.   1. eusse 19/16, euse 30/31; 3. eust 5/32; 4. eussoms 17/12; 5. eussiez 20/11; 6. eussent 6/34.

Devoir

Pres.   3. doit 6/35, doie 11/24; 4. devoms 40/31; 5. devez 9/37, deviez 51/18.
Imp.   1. devoie 20/37; 6. devoient 25/18.
Cond.   1. deveroi 20/27, deveroie 48/17; 3. deveroit 17/23, devroit 53/9.
Pret.   1. doi 58/13, dui 58/37, doie 58/20; 5. deustes 58/20.
Pres. Subj. 1. deusse 41/6; 3. deust 12/20.

Dire

Pres.   1. die 35/2, di 37/10; 3. dit 3/1; 5. dites 4/7; 6. dient 6/8, diunt 14/14.
Imp.   3. disoit 34/30; 5. deisiez 15/13; 6. disoient 61/9.
Fut.   1. dirai 5/21, dirrai 16/9; 3. dirra 55/6; 4. dirroms 22/22; 5. dirrez 41/37.
Cond.   5. dirriez 16/5.
Pret.   3. dist 4/22; 5. deistes 58/19; 6. distrent 22/8.
Pres. Subj. 3. die 30/25; 5. diez 5/20.
Imp. Subj.   1. deisse 14/1; 3. deist 24/3.
Imperative   die 48/4, dites 7/30.

Estre 9/7, **Ester* 63/25

Pres.   1. sui 7/37; 2. es 57/27; 3. est 3/21; 4. sumes 27/4; 5. estes 20/13; 6. sunt 3/20, sont 5/26.
Imp.   1. estoie 5/13; 3. estoit 3/25 (also ert 44/35); 4. estoioms 17/12; 5. estoiez 20/18; 6. estoient 18/16.
Fut.   1. serraie 7/36, serrai 14/6, *serra 72/32; 3. serra 6/27; 4. serroms 19/9; 5. serés 18/23.

XLVIII   LES ENCHANTEMENZ DE BRETAIGNE

Cond.   1. serroie 13/35, serrai 13/35; 2. serrez 21/3; 3. serroit 4/4;
             5. seriez 49/8; 6. serroient 6/30.
Pret.   1. fui 29/21; 3. fu 3/1, fut 8/15, 4. fumes 21/14; 5. fustes
             29/31; 6. furent 21/24.
Pres. Subj. 1. soie 7/36, sai 17/32, soi 53/32; 3. soit 6/31, sait 5/19;
             5. soiez 9/23; 6. soient 49/24.
Imp. Subj.   1. fux 7/4, fusse 16/37; 3. fust 7/32; 4. fussoms 17/13, fuis-
             soms 28/34; 5. fussiez 20/11, fussez 20/23; 6. fuissent 27/20,
             fussent 27/29.
Past. Part. esté 3/31.
Imperative   soiez 14/4.

Faire 4/31, *Fere* 5/17

Pres.   1. fais 42/27; 3. fait 3/10; 4. faissoms 17/14; 5. faistes 4/6,
             faites 20/16; 6. font 11/5.
Imp.   1. fessoie 13/36; 3. faisoit 3/16, fesoit 52/28; 6. fesoient
             25/18, faisoient 60/15.
Fut.   1. frai 20/24; 3. fera 16/25, fra 19/26; 4. feroms 17/11;
             5. ferez 20/15, freez 33/21.
Cond.   1. froie 8/2, feroie 5/16, fraie 55/3; 3. feroit 3/17, frait
             44/18; 5. *feriez 68/19.
Pret.   1. fis 58/37; 3. fist 3/5; 6. firent 3/29.
Pres. Subj. 1. face 5/19; 3. face 62/30, *fache 70/1; 5. faciez 22/22.
Imp. Subj.   1. feisse 19/11; 3. fist 6/10, faist 3/7.
Past. Part. fait 4/3, fais 5/34.
Imperative   faites 17/10, ferom 13/30.

Poeir

Pres.   1. puis 19/13; 2. poes 57/28; 3. poet 5/4, puet 12/39, peut
             23/18, *pute 72/36; 4. pooms 41/2; 5. poez 4/20, poés 18/26;
             6. poent 5/5.
Imp.   1. poaie 5/17, pooie 14/1; 3. pooit 3/15; 6. poaient 3/27,
             pooient 10/2.
Fut.   1. porrai 27/11; 3. porra 23/21, *purrai 67/12; 4. *purroms
             70/8; 5. purrés 13/22; 6. purrunt 23/14, porront 33/19.
Cond.   1. porroie 4/2, porrai 3/19; 3. porroit 4/13, purroit 3/25;
             5. porroiez 65/4; 6. porroien[t] 63/19.
Pret.   3. pout 3/5; 6. porent 18/33.
Pres. Subj. 3. *puis 63/16; 5. puissez 71/33.
Imp. Subj.   1. pus 38/14; 3. peust 4/5, pust 15/9, poeist 16/24, poist 27/31;
             5. pussez 5/15, pussiez 9/28; 6. peussent 9/5.

Venir (*tenir* and compounds) 5/6

Pres.   3. vient 7/30; 4. venoms 58/36; 6. vienent 6/3.
Imp.   1. venoie 48/19, venoit 35/19.
Fut.   1. revendrai 23/38; 3. vendra 9/36; 4. venroms 58/36.
Cond.   1. tendroie 13/38; 3. vendroit 3/18, *vendraie 70/16.
Pret.   1. ving 23/36, vink 50/36; 3. vint 4/29; 5. venistes 57/19;
             6. vindrent 22/3.

Pres. Subj.	1. veigne 58/32; vigne 23/29; 3. veigne 13/25; 4. teignums 55/20; 5. veignés 42/3; 6. veignent 60/9.
Imp. Subj.	2. venissies 21/4; 3. venist 23/16; 5. venissez 13/25; venissent 35/39.
Past. Part.	venus 10/5, venue 42/8.
Imp.	vien 20/3, veigne 42/39.

Veoire 5/26, *Veoir* 6/4, *Voir* 5/23, *Veer* 15/22, *Ver* 28/7

Pres.	1. voie 13/21, voi 30/12; 3. voit 16/17; 5. veez 13/19; 6. voient 14/13.
Imp.	2. voies 48/4; 3. veoit 4/34.
Fut.	1. verraie 47/13; 2. verras 19/37; 3. verra 5/25; 4. verroms 19/7; 5. verrez 23/22.
Cond.	5. verrez 26/12.
Pret.	1. vie 32/16, vi 32/26, vei 39/34; 3. vit 4/17, vie 20/28, vist 61/7; 4. veimes 28/33, veismes 47/6; 5. veistes 28/32; veiestes 63/24; 6. virent 12/29.
Pres. Subj.	3. voist 26/19; 4. voioms 57/3; 5. voiés 31/19.
Imp. Sub.	1. veisse 8/4, vaise 21/14; 3. veist 12/22, vait 13/14; 4. veissoms 6/26; 5. veissiez 9/28.
Past. Part.	veu 20/29.

Voloir

Pres.	1. voil 5/22, voile 57/22; 2. veus 38/28; 3. voet 5/26, veut 18/28, vout 42/19, volt 45/19, vot 55/11; 4. voloms 55/30; 5. volez 13/29; 6. volent 21/34.
Imp.	1. voloie 23/17; 3. voloit 4/33; 5. voliez 33/27; 6. voloient 31/25.
Fut.	3. voudra 48/37; 6. voudront 44/11.
Cond.	1. voudroie 7/32, *vauroie 76/10; 3. voudroit 33/6; 5. voudriés 30/10, voudriez 33/32.
Imp. Subj.	1. vousise 47/12; 3. vousist 27/27, *vausist 75/26; 4. vousissoms 25/23.

IX. THE EDITIONS

(with references to portion of *Suite* edited)

Paris, G. and Ulrich, J., eds. *Merlin, roman en prose du XIII⁰ siècle, publié avec la mise en prose du poème de Merlin de Robert de Boron d'après le manuscrit appartenant à M. Alfred Huth.* Paris: Société des Anciens Textes Français, 1886, II, pp. 191-254.

Sommer, H. Oskar, ed. *Die Abenteuer Gawains, Ywains Le Morholts mit den drei Jungfrauen aus der Trilogie (Demanda) des Pseudo-Robert de Borron. Die Fortsetzung des Huth-Merlin nach der allein bekannten HS. No. 112 der Pariser National Bibliothek.* Halle: *Beihefte zur Zeitschrift für romanische Philologie,* No. 47, 1913, pp. 1-43.

EDITED FRAGMENTS OF THE *Suite*

Legge, M. D., ed. *Le Roman de Balain.* Introduction by Eugène Vinaver. Manchester University Press, 1942.

Micha, A. "Fragment de la Suite-Huth du Merlin," *Romania,* LXXVIII (1957), 37-45.

Bogdanow, Fanni, "The Dolorous Stroke Episode of the Cambridge MS. Add. 7071, ff. 269c-272a," in *The Romance of the Grail.* Manchester University Press, 1966. Pp. 241-249. Also published there: "The Siena Fragment," pp. 228-241.

English Version:

Vinaver, Eugène, ed. *The Works of Sir Thomas Malory.* 2nd ed. Oxford, 1967, I, pp. 7-180.

Spanish Versions:

Balaguer, P. Bohigas, ed. *El Baladro del Sabio Merlín según el texto de la edición de Burgos de 1498.* Barcelona, 1957.

Bonilla y San Martín, Adolfo, ed. *El Baladro del Sabio Merlín. Primera Parte de la Demanda del Sancto Grial. Libros de Caballerías. Primera Parte: Ciclo artúrico. Nueva Biblioteca de Autores Españoles.* VI, Madrid, 1907.

X. SELECTIVE BIBLIOGRAPHY [32]

Balaguer, P. Bohigas. *El Baladro del Sabio Merlín según el texto de la edición de Burgos de 1498.* 3 vols. Barcelona, 1957, II, 1961, III, 1962. See III, 129-94.
Bogdanow, Fanni. "The Character of Gauvain in the Thirteenth Century Prose Romances," *Medium Aevum,* XXVII (1958), 154-161.
———. "Essai de classement des manuscrits de la *Suite du Merlin,*" *Romania,* LXXXI (1960), 188-98.
———. "Morgain's Role in the Thirteenth-Century Prose Romances of the Arthurian Cycle," *Medium Aevum,* XXXVIII (1969), 123-33.
———. "Quelques fragments inconnus de la mise en prose du *Merlin* de Robert de Boron," *Romania,* LXXX (1969), 371-381.
———. "The Rebellion of the Kings in the Cambridge MS. of the *Suite du Merlin,*" *The University of Texas Studies in English,* XXXIV (1955), 6-17.
———. "The *Suite du Merlin* and the Post-Vulgate Roman du Graal," Ch. 24 in R. Loomis, *Arthurian Literature in the Middle Ages.* Oxford: Clarendon Press, 1959.
Brugger, E. "L'Enserrement Merlin," *Zeitschrift für französische Sprache und Literatur* (1906), 56-140.
———. [Review of] H. O. Sommer, *Die Abenteuer Gawains, Ywains und Le Morholts mit den drei Jungfrauen,* in: *Zeitschrift für französische Sprache und Literatur,* XLVII (1925), 105-110.
Colin, P. "Un nouveau manuscript du *Merlin en prose* et de la *Suite-Vulgate,*" *Romania,* LXXXVIII (1967), I, 113-32.
Ferrier, Janet M. *Forerunners of the French Novel.* Manchester: Manchester University Press, 1954. (A summary of Pellias-Arcade story covering ff. 330r-339r of the Cambridge MS. found on pp. 104-8.)
Krappe, A. H. "La Naissance de Merlin," *Romania,* LIX (1933), 12-13.
Marx, Jean. "Le Personnage de Merlin dans le *Roman de Balain,* in *Fin du Moyen Age et Renaissance, Mélanges de Philologie française offerts à Robert Guiette* (Anvers: Nederlandsche Boekhandel, 1961), 65-69.
———. "Le sort de l'âme de Merlin mis en cause par l'évolution de son caractère," *Mélanges Crozet,* II, 981-3.

---

[32] This bibliography is limited to textual and literary criticisms of the *Suite du Merlin.* For more general bibliography see Bogdanow, *Romance,* pp. 290-296.

Micha, Alexandre. "Les Manuscrits du *Merlin en prose de Robert de Boron*," *Romania*, LXXIX (1958), 78-94.
Nitze, W. A. "The Beste glatissant in Arthurian Romance," *Zeitschrift für romanische Philologie*, LVI (1936), 409-18.
———. "The Esplumoir Merlin," *Speculum*, XVIII (1943), 69-79.
Paris, Gaston. [Introduction to] *Merlin, roman en prose du XIIIe siècle*. Paris: Société des Anciens Textes Français, 1886, p. i-lxxx.
Pickford, C. E. *L'Évolution du roman arthurien en prose vers la fin du moyen âge d'après le manuscrit 112 du fonds français de la Bibliothèque Nationale*. Paris: Nizet, 1960.
Sommer, H. O. [Introduction to] *Die Abenteuer Gawains, Ywains und Le Morholts mit den drei Jungfrauen aus der Trilogie (Demanda) des Pseudo-Robert de Borron*. Halle: *Beihefte zur Zeitschrift für romanische Philologie*, XLVII, 1913, pp. ix-lxxxix.
Vinaver, Eugène. "La Genèse de la *Suite du Merlin*, in *Mélanges de Philologie romane et de Littérature médiévale offerts à Ernest Hoepffner*. Paris: Les Belles Lettres, 1949.
———. *A la recherche d'une poétique médiévale*. Paris: Nizet, 1970.
———. *The Works of Sir Thomas Malory*. 2nd ed. 3 vols. Oxford: Clarendon Press, 1967. See I, pp. li-xcix and III, pp. 1267-1283.
Wais, Kurt. "Morgain amante d'Accalon et rivale de Guenièvre," *Bulletin Bibliographique de la Société Internationale Arthurienne*, XVIII, (1966), 137-49.
Whitehead, Frederick. "On Certain Episodes in the Fourth Book of Malory's Morte Darthur," *Medium Aevum*, II (1933), 199-216.
Wilson, R. H. "The Rebellion of the Kings in Malory and in the Cambridge Suite du Merlin," *The University of Texas Studies in English*, XXXI (1952), 13-26.
———. "The Cambridge Suite du Merlin Re-examined," *The University of Texas Studies in English*, XXXVI (1957), 41-51.
Zumthor, Paul. "La delivrance de Merlin," *Zeitschrift fur romanische Philologie*, LXII (1942), 370-86.
———. *Merlin Le Prophète. Un thème de la littérature polémique de l'historiographie et des romans*. Lausanne: Imprimeries Réunies, 1943.
Zumthor, Paul. "Merlin dans le Lancelot-Graal. Étude thématique," in *Les Romans du Graal aux XIIe et XIIIe siècles*. Colloques Internationaux du Centre National de la Recherche Scientifique, III. Paris: 1956, 149-66.

TEXT

Ore dit li contes que quant Merlin s'en fu partis des enchaun- 1
teors qu'il avoit mors e honis, si cum nos livres a devisé [1] ça en
ariere, [2] il chevaucha entre lui e sa compaignie tant com li jors lur [3]
dura. E se herbergierent [4] cele nuit chiefs une vavasor mult pro-
dome qui li fist tut l'onur e tut la feste qu'il pout [5] a lui e a la 5
compaignie. Merlin amoit tant la Damoisele du Lac qu'il en moroit,
ne il ne li osoit requere qu'ele faist /riens/ [6] pur lui pur ceo qu'il
savoit bien qu'ele estoit pucele oncore. E neporquant il ne baoit
pas qu'il fust grantment plus od lui qu'il ne [7] la conoist charnel-
ment e qu'il n'en fait tut ceo qu'home fait de femme. Il li avoit 10
aprise des enchantemenz e de nigromancie [8] tant qu'ele n'en savoit
gaires meins de lui. Ele conissoit bien qu'il ne baoit fors a avoir
son pucelage, si l'en haoit trop morteument e porchaçoit quan-
qu'ele [9] pooit sa mort, e ele l'avoit ja si atorné, com jeo vus ai
autre foiz conté, par [s]es [10] enchantemenz qu'il ne pooit riens 15
savoir de quanqu'ele faisoit. E ele avoit ja descoverte a un seon
cosin, un [11] chevalier qui od lui aloit, qu'ele feroit morir Merlin si
tost com ele en vendroit en point, [12] ne ele n'atendoit plus.

"Car jeo ne porrai aver quer de li amer, si il me faisoit dame
de toutes les richeses que sunt desuz la trosne, pur ceo que jeo 20
conoisse qu'il fu fiz d'anemi e qu'il n'est pas cum un [13] autre home."

Ensi dit de Merlin la Damoisele du Lac par mainte foiz, car ele
le contrehaoit trop pur ceo qu'il estoit filz de deable.

Un jur lor avint qu'il chevalchoient par mie la [*314d*] Foreste
Perilluse, e lor anuita en une valee mult parfont qui estoit tuit 25
plaine de pieres e de rounses, e long [1] de vile e de cité, [2] e de tut
gent. La nuit fu si obscure e noire qu'il ne poaient en avant aler,
ainz les estut iluc remanoir. Il avoient esqu(i)e(r)s, [3] si pristrent
de la plus seque bouche e l'alumerent e en firent grant feu e man-
gierent viande qu'il avoient aporté del chastel ou il eurent avant 30
esté. [4]

LES ENCHANTEMENZ DE BRETAIGNE

Quant il eurent le seoir soupé, Merlin dit a la damoisele:

—Damoisele, [c]i [5] prés entre ces roches vus porroie jeo mustrer la plus bele petite chambre que home sache, [6] e fu tut fait a ci[s]el. [7] E en sunt li huis de fer si fort [que qui] [8] serroit dedenz, jeo ne quit pas qu'il en peust jamais issir. [9]

—Mervailles me faistes entendant, dit la damoisele, qui me dites qu'il a entre ces roches [10] chambre bele e cointe. E jeo ne [11] quit que onques n'i parast [12] fors diable e bestes sauvages.

—Si fist voire, dist Merlin, n'a oncore pas .c. anz qu'il avoit en cest païs un chevalier [13] que home apeloit Assen, mult prodome, [14] qui rois estoit. [15] E avoit un fiz, joven chevalier, [16] mult pruz e mult vaillant. [17] E avoit a nom Anasten [18] e amoit la fille d'un pour chevalier de si grant amur que morteux home ne porroit tant [19] femme amer. Quant li rois Assen sout que son fiz amoit si bassement e en si povre lieu, il l'en blama mult (e dit) e l'en [20] chastia, mais onques cil ne l'ama [21] mains, la damoisele, ainz repaira tuz jours [22] entour lui. Quant li peres [23] vit qu'il n'en feroit riens pur sa prier, il li manaça e li [24] dit:

—Si tu ne lessasse [25] sa compaignie, jeo te destruierai od lui. [26]

—Pur tant, fait il, [315a] me poez destruire, [1] car jeo ne lerrai [2] ja, ainz l'ameroi tote ma vie.

—Voire, dist li rois, ore sachiez que jeo [t'en desseverrai, car je] [3] te destruierai e li devant toi.

Quant li chevaliers oï [4] ceste novele, si fist la damoisele desturner e respondre que ses peres ne le trovast, e pensoit qu'il queroit un lieu estrange e long de tut gent ou nul repairoit, e la mettroit [5] la damoisele si qu'il useroi[en]t iluc [6] le remanant de lor vie. Il avoit maintefoiz [7] chacié en cele foreste, si qu'il savoit bien ceste valee. Il vint maintenant la [8] e amena od lui ceus de [s]es [9] compaignons qu'il meux amoit [10] e gent qui de maison faire savoient e de masçons. [11] Si fist maintenant faire dedenz la roche naïf une chaumbre bele e cointe. [12] E quant il l'out fait a la manere e a la guise qu'il le voloit, si riche qu'a paines le porroit home croire, si home ne le veoit, il ala maintenant a sa amie, la ou il l'avoit mise, si l'aporta la [13] e garnie la roche de tut ceo qu'il quidoit qui lor covenist. [14] Si i demora puis tut son aage e fu a grant joie e a grant leesce avec s'amie tant com [15] il vesqui. E fu voirs qu'il moururent ambdui [16] en un jur, e furent enterré [17] ensemble en la

chaumbre mesmes. E oncor i sunt li cors qui ne poriront pas en
noz vivanz, [18] par ceo que enbapsmé furent.

Quant la damoisele entent ceste novele, si fu mult lee e mult
joius, si pense [19] que la mettra ele Merlin, si ele onques poet. E si
enchantemenz e force [20] des paroles poent aidier, [21] ele en quide
bien venir a chief. E lors dist a Merlin:

—Certes, Merlin, mult s'entreamerent leaument cil dui amant
dont vus nus avez [*315b*] ci [1] parlé, quant il lairerent le [2] siecle
[pour mener] ensemble [lour feste] e lor joie. [3]

E Merlin li conseille adonc:

—Damoisele, [4] ausi ai jeo fait, car jeo [5] ai lassé pur vostre compaignie le roi Artur e tuz les hauz homes du reaume de Logres
dont jeo estoie sires, ne si ne m'a esté nul meux, de vus sivre.

E ele respont maintenant:

—Merlin, si vus pussez faire au primere saute tote vostre volunté, vus vus teniscés a riche e a bonuré. [6] Certes ausi feroie jeo,
si jeo poaie la moie fere.

—Certes, dame, ceo dit Merlin, il n'a el monde si gref chose
[se vous volés] qu'il (ne) sait fait que jeo ne le face. [7] E jeo vus
prie que vus me diez que ceo est que vus [ne] [8] poez faire.

—Jeo ne le vus dirai pas, car [9] vus le saverez tut a tens. [10] Mais
ceste chose dont [11] vus m'avez parlé, que cil dui amant firent, voil
jeo voir. Si nus i reposeromes anuit mais entre moi e vus, car
certes jeo aime [12] meuz le leu por le leal amur qu'il maintindrent.

Lors est Merlin mult lee e dit que la chambre verra ele puisque
veoire le voet, car ausi en sont il mult prés. Si fait erraument
prendre .ij. vallez [13] e s'en vait tut une sentelete [14] que tornoit hors
du chemin. Si n'a gueres alé qu'il vint desus un grant roche. E
lors troverent un huis de fer [assez] [15] estroit, e il l'overe [16] e entre
dedenz e lui autre aprés. E quant il sunt ja dedenz, [17] il trove[nt] [18]
une chambre painte a or, ausi richement [19] com si li meillurs [ouvriers] du monde [20] i eust estudié .xx. anz.

—Certes, dist la damoisele, mult a si beau leu e riche. Bien [21]
pert que cil leus fu fais pur gent jolive e envoisie. [22]

—Encore n'est ceo mie la chambre la [23] ou cil gisoient, dist
Merlin. Ici manoient il [24] soventes foiz, mais la ou il gisoient, vus
menrai jeo.

Lors va un poi avant e trove une huis [*315c*] de fer, e[1] entre dedenz e fait venir la chandoile. E quant il est laeinz, il dit a ceus qui aprés li vienent:

—Ore poez veoir la chambre as .ij. amanz e le lieu la[2] ou li cors en sont.

E cil entrent laeinz[3] e comencent a regarder amont e aval, e quant il ount bien regardé la chambre e les overes que laeinz estoient, il dient que onques n'out desuz la trosne[4] ausi riche chaumbre[5] com ceste est.

—Certes, fait Merlin, ele est bele, qui que la fist faire.[6]

E lors mustre a la damoisele une autre chaumbre[7] mult bele e /une tombe/ mult riche que est el chief de la chambre, e estoit coverte d'une vermaille samite ouveré a or e a bestes mult cointement.

—Damoisele, fait Merlin, desus ceste lame sunt li cors des .ij. amanz dont jeo vus ai tant parlé.[8]

E ele suzlieve maintenant le drap e voit le lame que estoit desus la tombe. E quant ele a bien[9] regardé, ele conoist qu'il estoit de marbre vermail.

—Certes, Merlin, dist la damoisele, mult ad ci beu leu e[10] riche e mult semble bien qu'il fust estorés e compassés pur envoisie gent[11] e pur mener jues e festes e deduis.

—Si fu il voire, ceo dist Merlin. Si vus saviez a cum grant paine il fu fais[12] e par quele estodie, vus vus en[13] merveillerés.

—E comment,[14] fait ele, purroit estre ceste lame levé,[15] si que nus veissoms les cors?[16]

—La lame, fait il, ne serra levé par nul home terriene,[17] e si la leveroie jeo bien. E neporquant les cors ne vus lerroie jeo pas veoir,[18] car nul cors d'ome[19] que eust tant demoré en tere[20] com cist ount,[21] ne serroient bon ne[22] bele a veoir, mais laide e orible.

—Totes voies, fait ele, voil[23] jeo que la lame soit levé.

—Volunters, fait il.

Lors le prent erraument par le plus grant chief[24] e le lieve contremont [*315d*], e si estoit ele si pesant que .x. homes i eussent assez a remuer le,[1] por quoi home doit croire le, que [iluc] li valoit plus sa force que engins.[2] E si faisoit il en chescon chose.[3]

Quant Merlin[4] out la lame levé, il le coucha a terre de[5] juste le sarcu. E la damoisele regarde e[6] voit que lui dui cors estoient enseveli en un blanc samit. Mais ele ne pooit veoir les cors nues,

ne les figures fors que ensevelis que il [7] estoient. E quant ele voit
que ele n'en verra plus, ele dist a Merlin:

—Merlin, vus m'avez tant conté de ces .ij. amans [8] que si jeo
fux Deus une hure du jor, jeo vus die que jeo meisse lor almes en
paradis [9] ensemble. [10] E certes jeo me delit tant en remembrer [11]
lor overes e lor vie que pur l'amur de eus ne me remuerai anuite
mais de çaienz. [12]

—E jeo ovec vus, dist Merlin. [13]

Ensi dist la damoisele que ele [le] [14] feroit, e ele si fist voire-
ment, car ele commanda c'om fait son lit laeinz. E cil le firent a
qui il fu comandé, e ele se coucha erraument e ausi fait Merlin,
mais ceo fu en un autre lit.

Certes [15] cele nuit fu Merlin mult pesanz ne ne fu pas si joianz [16]
com il sout. E maintenant qu'il fu couchiez, il s'en dormi com cil
qui estoit ja tut enchantez e avoit ja tut [17] perdu les sens dont il
estoit garnis devant. [18] E la damoisele, qui bien savoit ceste chose,
se lieve de son lit e va la [19] ou il se dormoit, si [le] commença [20] a
enchanter plus qu'il n'estoit devant. E quant ele l'a si atorné que si
home li coupast la teste n'eust le pooir de relever ne de lui remuer,
ele [21] overe maintenant le huis de la chambre e apele tute sa meisne
e les fait avant venir. E puis [22] les maine [*316a*] au lit Merlin la [1]
ou il gisoit, [2] e le comence a torner de sus e de jus, e devant e
deriere, [3] ausi com un mote de terre. Ne cil onques ne se remue
nient plus, que si l'alme li fust partie du cors. E ele dit maintenant [4]
a ceus que avec lui [5] estoient:

—Ore, seignors, que dites vus, e que vus est avis? Est cil [6] bien
enchantés, qui les autres soloit enchanter?

E il se seignent de la merveille qu'il en ount e dient qu'il ne
quidassent pas que toz li siecles le peust ensi enchanter. [7]

—Ore me dites, fait ele, qu'en doit home faire? Il vient ovec
moi e me suit, e non mie pur m'onour, mais pur moi honir e
pur [8] moi despuceler. E jeo voudroie meuz qu'il fust pendus qu'il a [9]
moi adesast en tele manere. Quant il fu fiz d'anemi, jeo nel por-
roie [10] amer pur riens du monde. Pur quoi il covient que jeo prenge
conroi [11] coment jeo m'en deliverai de lui, car si jeo ne fais oren-
droit coment j'en [12] soie deliveré a touz jours, jeo n'en serraie
jamais en ausi bone point com jeo sui maintenant. [13]

—Dame, ceo dit un vallet, que alez vus devisant tut jour? Jeo
sui tut [14] prest que jeo vus [15] delivere tut maintenant.

—Coment me [16] deliveras tu? fait ele.

—Jeo lui coupera le chief, fait il. [17] Qu'en froie jeo autre chose?

—Ja Deus ne me aït, fait ele, si il reçoit la mort [18] devant moi, car jeo ne (le) [19] porrai pas aver le quer que jeo le veisse occire. Mes jeo m'en vengerai assez meuz que tu ne devises.

Lors [le] [20] fait prendre par les .ij. peez e par [l]a [21] teste e li fait mettre en la [22] fosse ou li dui amant gisoient tut envers. Aprés fait mettre la lame desus. E quant il [l']i ount [23] mis a quelque paine, [316b] ele comence a faire [s]es [1] enchauntemenz e ses conjuremenz. Si a si enseelé la [2] lame au sarcu par [3] conjuremenz e par force des paroles que il ne fu puis nuls qui le poet removoire, [4] ne overir, ne veoir Merlin ne mort ne vif devant que ele meisme i vint par la proiere de Tristram, si com la droit estoire de Tristram le devise e la branche mesme de Brait en parole, mais ceo n'est mie grantment. Ne il ne fut puis qui l'oït parler Merlin [5] fors Baudemagus, qui l'oït ne sai quantes foiz, e Meliadus, li amis a la Dame du Lac. Aprés ceo que Merlin i avoit esté mise, e a celui point i avoit esté Meliadus qui parla a lui la ou Baudemagus se seoit a la lame pur savoir s'il puet /la/ lever, car il voloit saver qui ceo estoit qui desus la lame se plaignoit [6] si durement. E lors dist Merlin:

—Baudemagus, ne te travaille a ceste lame lever, car tu ne alme du monde ne la [7] levera devant que cele mesme la lieve qui [c]i m'a [8] enserré. Ne nule force ne nul engin n'i avera mestier, car jeo sui si fort enserrez e par paroles e par conjuremenz que nuls ne m'en porroit oster fors cele mesme qui m'[i] mist. [9]

De ceste aventure que jeo vus devise ci, ne parole ci pas le livers, [10] pur ceo que li Contes du Brait le devise apertement, e sachez que lui braiz dont misire Helie [11] fait son livre fu li daarrains braiz que Merlin getta en la fosse la [12] ou il estoit, du grant duel qu'il out quant il aparceut qu'il [13] estoit livrés a mort par engine de femme e que sens de femme avoit tot son sens [14] contrebatu. [De] cil brais [15] dont jeo vus die fu [16] [la vois oïe par tout le roiaume de Logres] [17] si granz e si loinz cum il estoit, e en avindrent maint merveille [18] si com [316c] cele branche [le devise mot a mot. Mais en cist livre n'en parlerons nous pas pour chou qu'il] le devise la, ainz vus conteroms ceo que a nus apartient. [1]

Quant la damoisele out mise Merlin en la fosse, [2] si com jeo vus ai conté, ele vint al huis de la chambre e le ferma au meux

qu'ele poet.³ Mais d'enchantement ne fist ele riens e vint entre
lui e sa mesne la nuit el loge de la meson.⁴

Au matin quant ele se leva e⁵ li jours aparust, ele se parti de
laeinz, si ferma l'uis aprés lui, mais non pas en tele manere que cil
n'en peussent bien overir que aventure i aportoit. Quant ele fut
monté entre lui e sa meisne, ele se parti de la roche e s'en ala cele
part, droit la ou ele savoit que⁶ la bataille devoit estre e fist tant
que au jour i vint. Mais d'aventure que dedenz le terme lui avenist,
ne parole pas li contes fors tant qu'a la bataille l'a menee. Si s'en
taist atant⁷ li contes e retorne au roi Artu pur deviser coment il
vint a chief de la bataille e en quele manere il sout⁸ que Morgue
sa seore li avoit cele plaist basti.⁹

Ore dit li contes que quant Domas out fait au roi Artus tele
serment com il l'avoit¹⁰ requis, li rois li out acreanté qu'il enpren-
droit¹¹ pur lui la bataille. Il manda maintenant a¹² son frere qu'il
avoit trové .i.¹³ chevalier qui por lui entreroit en chaump pur
desraigner¹⁴ sa querele. E cil li respondi que ceo li estoit bel, car
autresi avoit il le seon chevalier tute apresté. Ensi fu la bataille
encreaunté¹⁵ d'une part e d'autre e si¹⁶ qu'ele serroit a l'endemain
sanz faille.¹⁷ E celi jur que ceo fu ensi creanté vint laeinz un des
damoiseles Morgue e apelloit le roi Artu a conseil.¹⁸

—Sire, la roine ma dame Morgue, vostre [316d] seore, vus
salue e si vus envoie ceste espee pur ceo que vus soiez assure de
vaintre ceste bataille.

E il regarde ceste espee, si li est avis que pur le faiture du
furre que pur les regnes que ceo soit¹ Escalibor sa bone espee.²
Mais non estoit, ainz ert une autre qu'estoit contrefaite³ si mer-
veillusement que si vus les veissiez ensemble, vus ne pussiez pas
conoistre l'une de l'autre. Quant il la tint, il merci la⁴ damoisele
de cest present que ele li a fait e sa seore de ceo que ele li a envoié.

A l'endemain ainz que li soleuas levast, prist li rois [s]es⁵ armes
e ala oïr le servise Nostre Seignor tut armez fors del healme e
d'escu e de lance. E quant il ot messe oïe, il revint a son ostel
e dit a son ost:⁶

—Beaus ostes, moveroms nus droit de çaeinz.

—Ne vus hastez pas, dist⁷ li ostes, home vus vendra quere
quant li chevalier serra venus a qui vus vus devez combatre.

E il dit qu'il nel haste⁸ mie fors pur ceo qu'il s'en deliveroit
volunters puis qu'a deliverer⁹ l'en covient. E li ostes dit qu'il s'en

delivera,[10] si Deus plest. Ensi attent laeinz tut armez li roi Artus
desqu'a hure de prime. E lors vint laeinz sor .i. grant roncin un
esquier que dit a Domas :

—Sire, home vus attent en la praierie, car li chevalier qui a
vostre doit[11] combatre est ja venus e tout appareillez de soi
combatre.[12]

—Il [s']est[13] mult hastez, ceo dit Domas, mais si Deu plaist e
cest[14] seignor, il serra oncore hui mis ariere[15] de ceo qu'il pense.

Lors monte li rois Artus sor un palefroi qu'home li bailla, e li
sires de laeinz li fist mener son destrer en destre [*317a*] desques
a la place la ou la[1] bataille devoit estre. Quant il sunt venus la ou
home les attendoit, lui dui frere s'entreassemblent en champ[2] pur
deviser lor covenantes voiant la gent du païs[3] dont il i avoi(en)t
assez en la place. E quant il se sunt acordé a une chose e devisé que
cil tendra[4] [la terre][5] a qui Deus dorra[6] l'onur de la batailla, il
mettent erraument les chevaliers en champ[7] e prie chescuns le seon
de bien faire. E maintenant s'en traient ariere,[8] e cil qui deurent
le champ garder entrent en la place e furent .xij. des[9] prodomes
du païs.

Quant li .ij. chevalier se virent parti ensemble [des autres], l'un
d'une part le champ e l'autre de autre,[10] il lassent coure les chevax
tut maintenant e s'entrefierent en lor encontre es[11] granz alures
des chevax,[12] si durement que li escu e[13] li hauberc qu'il tenoient
as bones nes garandissent qu'il ne se mettent es chars nues les feres
des glaives. Mais de ceo lor avint il bien que a celi coup n'i out
plaie mortel.[14] Il s'entrepainent de tut lor force, si font lur glaives
voler en peces. Aprés s'entrehurtent des cors e des visages si
durement qu'il chaient a la terre tut envers e gisent iluque grant-
disme[15] pece tut debrisié e desquassié del dure chaïr qu'il eurent
faite.[16] Mais li rois Artus fu mult mains blesciez que son com-
paignon n'estoit, si ressaut sus assez tost e vistement. E cil refait
tut autretel qui n'estoit pas assure,[17] si met la maine a Escalibor
la bone espee. Mais ainz se fu defferez du fer du glaive que li rois li
avoit mise el costé senestre. E li rois refait[18] tut autretiel de [*317b*]
soi mesmes, car autresi l'avoit[1] Acalon navré el costé senestre.
Mais ceo n'estoit pas en parfond. Ensi eurent li dui compaignon
comencié[2] la mellé par mesconissance li uns a[3] l'autre, car s'il s'en-
treconoissent, il n'i eust ja[4] coup feru pur pooir que nuls eust.[5] Il

s'entrecurent sus as espees trenchanz e⁶ s'entredounent si granz coux par mie les heaumes e par les escus cum il pooient amener des branz.⁷ Si s'entredespessent les heaumes a ceo qu'il⁸ sunt de grant force e se font voler des escuz grandismes quantiaus, e par desus e par desuz. E les hauberes, font il derompre e desmailler sor les braz, e sor les haunches,⁹ si se font plaies grans e parfontes aprés les cops des espees. E si li rois Artus ne fut de si grant force e de si grant pooir cum¹⁰ il estoit, il fu pece'a menés a outrance, a ceo qu'il avoit plus perdu du sanc e plus¹¹ des plaies que son compaignon n'avoit. Car l'espee que cil avoit estoit de si grant¹² bonté com vus orez,¹³ e cele que li rois avoit¹⁴ ne valoit si trop petit non. Mais li granz quers que li rois Artus¹⁵ avoit, e ceo qu'il dotoit qu'il perdit iluc tut s'onor¹⁶ e la hautesce la¹⁷ ou Nostre Sires l'avoit mise, le tient en vigor e en force.¹⁸ E coment qu'il soit a son compaignon, qu'il n'ait oncore perdu goute de sanc par sa vertu e par la force del bone espee e du fuerre,¹⁹ tut vois est il si las e si travaillés des cox doner²⁰ qu'a force l'estuit reposer pur reprendre s'alaine. E li rois refait tut autretel. E il estoit si [chaus]²¹ qu'oncore ne se prenoit il garde de sanc qu'il avoit perdu. Quant il se fu un poi reposés, il garde a ses²² pez e voit l'erbe ensanglanté environ li del sanc que des plaies li issoit.²³ E quant il voit ceo, si fut²⁴ tut esbahis, car il s'aperçoit²⁵ maintenant qu'il est de s'esp[ee]²⁶ trahis²⁷ e deceus, e que ele li a esté ch[a]n[*317c*]gé.¹ Si est tant dolenz qu'il ne siet qu'il doie dire ne faire.

E Acalon qui estoit plus sain² que li rois n'estoit com cil qui oncore n'avoit perdu goute de sanc, si [tost] com il fu auques reposés, il vient au roi e li dit:³

—Sire chevalier, jeo vus somoing de vostre bataille. Gardés vus hui mais de moi.

E li rois ne li respont riens, ainz li saut au devant e lieve l'espee contremonte⁴ e amaine .i. colp de haut et de si grant force⁵ com il avoit e fiert Acalon si durement qu'il li fait⁶ enbronchier encontre val. E si l'espee fut de si grant⁷ bonté com estoit Escalibor, il l'eust tut [por]fendu desques⁸ el nassel, a ceo que li cox fu granz e de grant aïr ferus.⁹ E li chevalier recouvre vertu e se retrait¹⁰ un poi ariere e hauce Ascalibor e redoune au roi amont en le heaume un si grant colp que li rois se tient a chargiés del suztenir.¹¹

Lors recomence la mellé entr'eus .ij. grant e perilluse, mais trop estoit mauvaisement li geus partiz. Car li rois avoit ja tant perdus du sanc que mult en estoit afeblis. E cil en estoit plus force e plus legiers [12] e si avoit mult grant fiaunce [13] en l'espee qu'il tenoit, car bien avoit sa bonté esprové. E li rois estoit mult esbahis pur [14] ceo qu'il ne l'avoit.

Ensi se combatent lui .ij. chevalier en [15] mult divers guise, car li uns est mult asseure de sa bataille outrer e de son compaignon desconfire. Li chevalier est mult asseures [16] pur ceo qu'il se voit garnis de bone espee e de riche furre e se sent oncore assez sainz e assez legiers. E [17] li rois est en grant doutance pur ceo qu'il se sent navrés e plaiés e a assez perdu du sanc e conoist qu'il a mauvais espee, e [18] qu'il ne garde fors l'ure qu'ele li brise [19] entre les poinz. Ceo est la chose que plus li fait esmaïer e qui en greignor dotaunce [20] li met que la mauvaisté qu'il espoire en l'espee. E neporquant il ne mustre mie semblant [317d] qu'il soit esmaïés de chose qu'il voie. Ainz cort sus a son anemi menu e sovent, e le requiert par tant foiz que cil s'en merveille tout ou cil prent [1] ceste pruesce, car ceo voit il bien [2] apertement qu'il a ja tant perdu du sanc que li plus prodomes du monde en [3] deust estre tut [4] alentis e plus afeblis [5] que cist n'est. E pur ceo le prise il en son quer de chevalerie sor toz le chevaliers qu'il onques veist e le redoutast outre ceo qu'il ne douta onques mais [6] home, si ne fust la bone espee dont [7] il estoit garnis que asseur le fait estre.

Tant dura entr'eus [8] la mellé en tele manere com jeo vus ai devisée qu'il sunt ambdui mult las e mult travaillé. E par tant fois se sunt ja entresailli e re[n]versé l'un l'autre [9] que tuit cil qui la bataille regardoient dient communement que onques mais tele bataille ne virent, ne el païs n'entra [10] .ij. ausi bons chevaliers com cist sont. E volunters i meissent cil del païs païs, [11] si il peust estre, car trop [12] serroit grant damage si nuls [13] de ces .ij. prodomes muert. [14] Mais lui dui frere ne se poent acorder en nule guise a ceo que la bataille remaigne, car chescun quide avoir le meillor chevalier e le plus prodome par devers soi. E pur ceo ne puet par devers eus la pais venir [15] en nule manere, car trop estoient orguillus e d'une part e de autre.

Aprés [16] hure de midi que [17] li rois se fu un poi reposés e li chevaliers l'out apellé a la mellé, lui rois li lasse cure e li done si grant coup en le heaume [18] com il puet amener de haut. Li rois fu

de grant force e li coups vint de haut, [19] e li heaumes fu dures cum
cil qui estoit de bon ascier. E l'espee fu tendre e povre, si [*318a*]
feust qu'il la brisa [1] al coup [2] par devant le heut, si que li branz
en chai sor l'erbe, e li poinz en remist en sa main.

Quant li rois voit ceste aventure, il n'est pas a aise [3] puisqu'il
a perdu ceo dunt il se doit deffendre, a ceo qu'il conoist qu'il est
bons chevaliers [4] e esleus. Si n'out onques mais en leu ou il fut si
grant doutance d'avoir tut honte com il a orendroite. E nepurquant
il ne fait mie semblant qu'a [5] riens l'en soit, ne onques ne le regarda.
Ainz se cuvere de tant de l'escu cum il avoit e atent le chevalier tut
a coup ausi [6] com [s']il [7] ne li deust mal faire. E quant Acalon voit
qu'il a s'espee perdue e qu'il s'aparaille de soi defendre [8] ne qu'il
onques ne fait malvais chere pur ceste aventure, il le prise sor [9]
toz les chevaliers qu'il onques mais vait [10] e dit a soi mesmes:

—Par foi, ou cist chevaliers est li plus fous du monde, ou il est
le plus hardis [e] [11] li plus prodomes que jeo onques veisse, car il
est ausi cum a desconfiture [12] e si ne se maie de riens.

Lors lui dit pur ensaier qu'il en porra traier: [13]

—Sire chevalier, vus veez bien coment il est. Jeo ne le die mie
pur ceo que jeo ne vus ai hui trové le meillor chevalier que jeo on-
ques trovase, mais jeo le vus [14] die pur ceo que jeo vus voie a si
grant meschef que vus mesmes veez [15] bien que vus ne purriés durer
longment encontre moi, a ceo que vus n'avés [mais] dont [16] vus
pussiez deffendre. Pur ceo vus loeroi jeo en bone foi, ainz que pis
vus en veigne, [17] que vus vus tenissiez a outrés de ceste bataille, car
si [18] vus vus lassiez occire, ceo serroit damage trop granz, car trop
estes bons chevaliers e prus. [19] Si le vus die, si Deus me garde, plus
pur vostre [*318b*] bien que [1] pur autre chose. E certes si vus vus
en volez tenir a outree, jeo vus purchaceroie si vostre pais, que
vus n'i aurés garde de morir. Ainz ferom pais a vostre honur e au
nostre. [2]

Quant li rois entent ceste requeste, il est trop dolenz, si respond
au chevalier:

—Certes, sire chevaliers, a m'onour ne purriez vus purchacier
ma pais puisque jeo m'en serroie tenue a outrés. E mult serrai mau-
vais e recreaunz si jeo fessoie vostre requeste, a ceo que jeo sui on-
core ausi fort e ausi deliverés cum quant [3] jeo i entroi [4] en ceste ba-
taille. E pur ceo ne vus loerai jeo pas ne ne [5] tendroie a sage, si vus
plus me requerés de ma honte, car certes jeo voudroie meuz morir

cent fois, si cent fois pooie morir, que jeo deisse une seul parole ou home poet torner a [6] recreaundi. [7] Ne n'i baiez (vus) [8] onques, [9] car vus ne me menriez [10] tant cum j'aie la vie en cors.

—Ore soiez donques assure, ceo dit li chevaliers, que donc [11] estes vus venus a vostre mort.

—Oncore ne sui jeo mie, fait li rois, ne ne serrai hui pur pooir que vus avez si prés cum vus quidiez. [12]

Aprés ceste parole n'i atent plus li chevaliers, ainz court au roi l'espee en poing. E lui rois nel refusa onques, ainz gette l'escu encontre pur resceiver le colp. E cil i fiert si durement qu'il en abat a terre quanqu'il en ataint. E lors comence a mener le roi si malement a l'espee trenchant qu'il li fait le sanc saillir de totes parz, si que tut cil qui avoient veu tut jour le pruesce [13] du roi e voient ceo qu'il endure orendroit, il en ont pitié grant e diunt que maudite soit l'oure que la bataille soit enprise, car il en morra le meillor [14] chevalier e le plus prodome a lur enscient que onques entrait [318c] en ceste païs. [1]

Ensi dura la bataille grant piece aprés ceo que li rois out brisié s'espee. [2] E quant vint un poi devant non que li [3] rois out tant enduré qu'il [4] out tant perdu du sanc que un autre hom en fust mors, [5] lors commença un poi a lentir e a guenchir encontre les colps que cil li gettoit. Mais a la [6] parfin en fu il mors sanz recoverir, a ceo qu'il se lassat ainz [7] occire qu'il criait mercie, si ne fust la Damoisele du Lac qui vient aidier au roi pur ceo qu'ele [veist que Merlins n'i fust. [8] Et quant elle fu venue entre cheus qui la bataille regardoient, elle connut bien le roi par chou que elle] [9] vit que s'espee li estoit faillie. [E] Merlin [10] maismes li avoit bien devisé queles armes il port[er]oit [11] en la bataille.

Quant ele vit que le rois estoit en si grant peril, ele en fu mult esponté e bien quida qu'il fust navrés a mort. Si gette son enchantement e tient si court Acalon [que] [12] la ou il avoit l'espee drescié contremont pur ferir le roi Artu a plain colp, n'out il pooire de s'espee amener aval, ainz lui chaï a terre tut sor l'erbe vert e vermaille [13] du sanc le roi Artu. E quant lui rois voit l'espee a terre, il saut avant [14] mult vistement cele part e le [prent e le] [15] lieve tut contremont, e le comence a regarder e reconoist que [16] c'est Escalibor s'espee. Si est tant leez e tant dolenz que [17] nul n'i purroit estre plus, liez de ceo qu'il a s'espee trové, [18] car or siet il bien de voire qu'il vendra a chief de sa bataille; e dolenz [19] de sa

sorore qu'ensi l'a [20] trahi, car ore conoist il bien que tut cest agait
li a ele purchacé e qu'ele li quidast en ceste bataille faire morir. E
maintenant qu'il tint l'espee, il reguarde le furre [21] e le conust
tantost. E lors s'en va a lui grant pas e li arache le furre [22] e le gette
en voie tant com il poet loing. [23]

E lors redesfit [24] la damoisele son enchantement, si que Acalon
fu tantost en la vertu [*318d*] e en la force [1] qu'il estoit devant. Mais
quant il conust qu'il eust s'espee perdu e le furre ou il tant se fioit,
il n'estoit adonc riens que li pust reconforter. Car il vit erraument
qu'il commença a seigner de totes les plaies que li rois li avoit
faites, [2] e si ne savoit [3] il mie devant. E li rois li dit maintenant:

—Danz chevalier, ore estes vus alés, e certes ore estes vus
venus [4] a vostre mort, ceo que vus me deisiez hui matin [5] auconfoiz. Ja ne vus garandirai [6] la desleale que de ceste espee vus saissi,
e si [7] ne meistes [8] pas trop grant paine au conquerre.

Si li court sus e le maine en poi d'ure si mal [9] que cil a tant del
sanc perdu e tantz des plaies granz e petis qu'il ne se puet tenir
en estant si a grant paine non. E quant li rois voit qu'il l'a mené
ausi com a outrance e que cil ne se puet mais preu [10] aider, il l'aert
par le healme e lui treit a soi [11] si durement qu'il l'abate a terre tut
envers e li trenche maintenant les las du heaume [12] e le get en voie
voiant tuz ceus [13] que veer le voudrunt. E puis li done grantdismes
colps du point de l'espee par mie le chef, si qu'il li fait le sanc saillir
par mie les narrines e par mie la bouche. E puis li dit qu'il [l']occira, [14] s'il ne se tient pur outree. E quant cil s'en voit en si grant
peril, il li dit:

—Occire me poez vus, s'il vus plaist, [15] car vus estes [16] au
desus, ceo m'est avis. Mais l'outrage [17] que vus me requerrez,
n'orrez vus ja de ma bouche issir, [18] si Deu plaist. Meuz voil que
vus m'occiez.

Lors se pensa li rois Artus que ainz qu'il [l']occie, saura qu'il
est, car il pense qu'il ne soit de son ostel. [19] E lors li dist:

—Sire, [20] jeo vus prie que vus me [*319a*] diez que [1] vus estes
ainz que jeo vus occie. [2]

E cil respont: [3]

—Jeo sui de la court le roi Artu e ai non Acalon.

E lui rois est maintenant tut esbaïs, car il siet bien que c'est
cil qui avec lui fu enchantés dedenz la nef. E lors li demande:

—Jeo vus prie que vus me diez qui vus dona ceste espee.

E lors get cil un suspire quant il oi cest demande e puis dit:

—Sire, mar praise [4] jeo l'espee, car la sureté de lui m'a [5] fait morir.

—Bien poet estre, fait lui rois. Mais totes voies, s'il vus plaist, me dirriez vus qui le vus dona.

—Jeo le vus dirrai, fait il, que ja [6] nel vus celerai plus, car jeo voie bien [7] que jeo sui venus a ma mort. E oncore fust il ensi que ja nel seussiez, ne [8] porrai jeo pas desore en avant vivre, car jeo ai trop del sanc perdu. Si vus dirrai ceste chose por mon peché alegier e pur [9] ceo que vus me granterez que [10] vus au roi Artur le conterez tut ensi com jeo le vus dirai orendroit. [11]

E li rois le creante. E Acalon li dit maintenant:

—Ore [12] sachez, fait il, que [13] la roine Morgue la me dona pur ceo que j'en occis le [14] roi Artu son frere, car bien sachiez qu'il n'est [15] riens el monde qu'[ele] [16] hiet tant com ele [17] fait le roi Artu.

—E pur quoi, fait li rois, le vus dona ele plus tost qu'a un autre? La promistes vus que vus en [18] occierés le roi Artu? [19]

—Nenil, certes, dit Acalon, de lui occire ne m'entremettroie jeo en nule manere, si jeo bien [20] le poaie fere. Mais ele le me dona ja a [21] plus d'un an passé e le gardoit bien sovent. Si me fist cest doun pur ceo qu'ele me aime par amors tant com femme porroit amer home. E por le grant amur qu'ele avoit a moi, purchaçoit ele la [22] mort son frere. Si ele en eust l'aisser (e), me fist coruner [319b] du reaum de Logres si ele poeist venir a chief en nule manere. [1] Mes ele ne le me [2] fera jamais, car jeo sui a la mort venus. [3] Ore vus ai dit que jeo sui e qui me dona l'espee, ore vus prie jeo que vus me diez qui vus estes e que vus [4] ne me celez pas par [5] la riens el monde que vus meuz amez. [6]

—Par mon chef, dist li rois, vus m'avez [7] tant conjuré que jeo vus en dirrai la verité. Sachez que jeo sui li rois Artus [8] dont vus parlez, qui avant hier se coucha en la nef ovec vus la ou les damoiseles nus enchanterent.

E quant cil entent ceste parole, si s'iscr[i]e(nt) e dit: [9]

—Ha! beau duz sires, vus estes [10] li bien venus. Pur Deu, pardonés moi que [11] jeo me sui a vus combatus. Jeo vus jur [12] sor Deu e sor ma alme que si jeo quidasse qu'iceo fust vus, jeo ne me combatis, car [13] donques fusse jeo plus que desleaus, si jeo a escient me combatis a mon seignor. [14]

—Certes, Acalon, dit li rois, jeo le vus pardoins, car jeo conoisse bien par [15] vos paroles que vus ne me conoissez pas e pur ceo n'en doie blasmer fors ma seore, la desleale qui purchaçoit ma mort de tut son pooir, e si [16] ne(l) l'avoie mie deservi. Mais si Deus me laisse revenir [17] a Camalot sain e heité, j'en prendrai si haut vengance que onques de femme desleale ne fu pris plus haut, si [18] que aprés ma mort en parlera hom par. tut. [19]

Lors se dresce li rois e apele ceus qui le champ gardoient. E quant il sunt venuz a lui, il lor dist:

—Faites pais entre vus tiel com il vus plerra, car de ceste batail ne feroms nus plus entre moi e cest chevalier, car nus ne nus conissoms e estoioms si anemi que nus eussoms occis l'un l'autre. Mais si nus fussoms entreconu au comencement aussi com nus faissom orendroit, li uns n'i eust mis maine a l'autre pur les oz attraire ne por [20] la moitié du monde a [21] gaaigner.

E Acalon [*319c*] s'en dresce en son seant,[1] si lor dist si haut com il poet:

—Chaitif gent, quoi [2] avez vus fait? Certes home vus destruiera tuz e ardera, car [3] a poi que vus n'avez fait morir [4] par vostre maleureté le plus prodome e le plus vaillant que soit el monde. Ceo est lui rois Artus que vus veez ici devant vus, qui vus meistes en bataille champel encontre moi ausi com ceo fust uns povres chevalier erranz. Bien vus deveroit home tuz destruire e honir de cors, car a poi que vus n'avez vostre lige seignur occis.[5]

Quant cil oïent ceste parole, il sont si [6] esbahi com si la mort les eust tuz feruz, si ne sevent que respondre. E neporquant quant [7] il se sunt purpensé, il vienent [8] devant le roi Artu e s'agenoillent e [9] dient:

—Ha! sire,[10] merci. Nus ne vus conoissoms. Pur Deu, pardonés le nus.

—Jeo le vus pardoins, fait il, mais que vus me celez en tele manere que autres ne sachent que jeo sui devant que jeo m'en sai alés a Camalot.[11]

—Sire, font il,[12] vus serrez bien celez puisqu'il vus plest.

Lors vienent as [13] .ij. freres qui ceste bataille avoient porchacé e lor dient:

—Entreclamez vus quit vistement de ceste querele quant ceste [14] bataille ne poet plus ferir.[15] E de tant com [16] ele a feru, quidoms nous que tut cist païs soit destruit e gasté, e cil honi e mort communement, car [17] tiex /ont/ porchacié ceste /bataille./ [18] [Chis [19] qui ceste bataille a deraisnié (qui) fera destruire vous et vos hoirs, se Diex ne vous aide.

Quant li dui frere oïrent ceste parole,] si devindrent tut esbahi. Si demanderent:

—Qui sont cil qui unt esté en la bataille? [20]

—Vus le saverez, font il, plus tost que mestiers ne vus serroit. Mais ottroiés la pais vistement d'une part e d'autre.

E cil [l']ottroient [21] qui ount tut pour de ceste novele e [se] [22] sont entrebaissié e vienent maintenant au roi e a Acalon, si les font monter e [23] les amenent, si com au roi plout, [24] a une abbeie de nonains que [25] estoit prés d'iluc. Si couchent le roi e si prennent garde de ses [26] plaies e li aisent de quant [*319d*] qu'il poent [1] e de quanqu'il demande(nt). Ausi font il [a] [2] Acalon, mais onques ne s'en seurent tant entremettre que Acalon ne [3] fust mors dedenz .iiij. jors, [4] car trop avoit perdu du sanc e si estoient ses plaies trop grant e trop parfondes. Li rois demora laeinz une semaine tut entiere(e) lorsqu'il fu alegiez tant qu'il [5] poet chevaucher. Ne onques tant com il fu laeinz, [6] ne se fist conoistre. Mais au quart jur aprés qu'il i fu venus, quant il vit Acalon qui estoit mort, il le fist mettre en bere chevaucherese [7] e dit a .iiij. de ceus qui le gardoient:

—Vus l'enmenrés ariere a [8] Camalot (e sa[l]uez Morgue) [9] en tele manere com [il est orendroit. Et quant vous serés la venus, vous saluerés Morgain ma serour en tel maniere comme] [10] ele doit estre salué. E li presentés cest chevalier de par moi [que elle amoit de tout son cuer. E li poés dire que jou en ai fait che que il devoit faire de moi,] [11] e que j'ai Escalibor la verrai, non mie la contrefait, od tut le furre. E sache ele que ceste traïson serra bien vengié, si Deus [12] me doint sauncté, que home le savera en mainte lointaigne tere. [13]

Ensi le [14] commanda li rois, e il monterent erraument e enporterent le cors [15] sor .ij. chevaus en une biere cointe e bele e acoillirent lor chemin le plus tost qu'il porent, droit [16] vers Camalot. Mais ore se taist atant li contes de eus touz [17] e retorne au roi Urien.

Ore dit li contes que lui rois Uriens fu aportés par enchantement delés Morgue sa femme a cele hure que li rois Artus [18] fu mis en la prison e Acalon el vergier. Li rois Uriens sanz faille s'esveilla [19] quant il fu mis delés sa femme. Mais il ne fu pas [20] esbahis, car il ne li sovenoit ne du roi[21] ne de la nef ne de chose que devant lui fust avenu cum cil qui estoit[22] tout enchauntez. Si s'en [*320a*] rendormi aussi fermement com il avoit fet devant.

Quant Morgue le vit si[1] endormi, si[1] apele une de [s]es[2] damoiseles, cele en qui ele se fioit plus e qui ele[3] avoit plus descovert de son conseille. Si li mustra le roi dormant e li dit:

—Qu'en feroms nous? Jamais ne verroms en ausi bone point de li occire com maintenant,[4] car si nus orendroit l'occioms, nus ne serroms jamais[5] encoupés ne jamais[5] nuls si hardis ne serra que nus en demand riens.

E cele respont:

—Dame, il n'est riens que jeo ne feisse pur vus pur que[6] jeo quidasse que jeo le puis bien faire. Mais certes jeo ne voie mie comment jeo le puis orendroit occire qu'il ne s'en veillast ainz,[7] a ceo que jeo sui feble e couard. E si il s'esveilloit par aventure ains que jeo l'eusse mort, toz li mondes ne me garantirait qu'il ne me honissoit du cors e qu'il ne me fait de male mort morir. E pur ceo, dame, [ne] l'[o]s(s)eroie[8] jeo [emprendre] a occire,[9] car jeo[10] sai bien que li quers me faudroit ainz que ceo fut fait.[11]

—En non Deu, fait Morgue, puisque tu ne l'oses entreprendre, jeo l'entreprendrai hardiement, car jeo sai bien que li miens quers ne me faudra mie.[12] Ore me va en cele chaumbre quere l'espee meisme[13] que pent a .i. corne d'argent e jeo me vestirai endementers.

E cele que n'ose refuser cest commandement dit que ceste chose fra ele bien, si s'en vait vers la chaumbre la[14] ou l'espee estoit e ert mult dolent e mult corucié de ceste desleauté[15] que sa dame veut faire.[16]

Toutes ces paroles que Morgue avoit dit a la damoisele out bien entendu Yvains son filz qui se gisoit en un lit[17] [si][18] prés d'iluc qu'il n'avoit entre eus [*320b*] qu'une[1] cortine. Lors saut sus de son lit e se vest tost e isnelment, car il ne quide ja a tens avoir fait.[2] E quant il est tut apparaillez, il se gaitia pur[3] veoir que sa desleale mere fera. E ele se fu ja vestue e issue de son lit. E quant la damoisele fu issue de la[4] chambre, qui s'espee[5] aportoit, Morgue li dit:

—Ore ça l'espee, si verras[6] coment Morgue en siet ferir.

E cele li baille tut tremblant. E ele le trait tut maintenant[7]

du fuerre, si le voit clere e relusant. E lors s'en vient [8] vers le lit
e dit a la damoisele:

—Ore vien avant, si verras file de roi ferir d'espee.

E quant Yvains voit que la chose est a ceo venue, que sa mere
voet son pere occire, il li escrie: [9]

—Ha! femme maluré e plaine du deable e de anemi, soffre
toi!

Lors saut par desus le lit com cil qui estoit mult legiers, si [10]
prent sa mere par les braz [11] e lui oste l'espee des mains [12] e li dit
mult coruciez e mult dolenz:

—Certes, si vus ne fussiez ma mere, mar eussiez [13] baillie
l'espee. James [14] aprés ceste ne baillisez autre, ainz en morissiez
maintenant, e vus l'avez bien [15] deservi, car vus estes la plus des-
leale que onques mais fust. Voirement [16] dient voire li chevalier
de cest païs qui dient que vus ne ferez si dolor non e desleauté,
e overés par art d'anemi. E[n] [17] tutes les choses que vus faites,
certes bien a deables part en vus e bien vus unt li anemi enlacié,
qui de tele desleauté [faire] estoiez [18] apparaillé. Bien eussiez de-
servie mort e viloinie a avoir, si /il i/ fust qui la vus faist. [19]

Lors remet l'espee el fuerre [20] e gette tut ensemble en un vergier,
si long com il onques poet e command tut au diable. Puis redit a
Morgue:

—Certes, si vus ne fussez ma mere, jeo en [21] feisse tant qu'il [22]
en fust parlé a tuz jors mais. Mais jeo ne le frai mie, car [23]
jeo serrai perdus si jeo vus occioie e seroit [24] grant folie si jeo
m'alme [25] perdoie [*320c*] pur un tiel anemi que [1] vus estes. Enemis,
deables [2] e desleaus estes vus, [3] pur quoi jeo deveroi meuz estre
apellez fiz de deable que [4] Merlin, car nuls ne vie onques que li
peres Merlin fu deables. Mais jeo vus ai veu deable [5] e anemi
droit. Ei si fu en vus conceus e de vus issi, pur quoi [6] jeo puis de
voir affermer que jeo sui meuz fiz de deable que Merlin. [7]

Quant Morgue o[ï]t [8] que son fiz est si coruccz, ele s'agenoille
devant lui, si li dit:

—Beau fiz, [9] pur Deu, pardonés moi ton maltalent, e jeo te
creant que james de tele desleauté ne m'entremettrai. [10] E certes
jeo estoie si corucié que enemis m'avoit si suzprise que jeo ne
savoie que jeo devoie fere, [11] e Deus te i envoia pur [12] sauver ton
pere e moi, car je l'eusse occis, e m'alme en fust dampné a tuz

jors mais. Mais, Deu merci, il n'est pas ensi.[13] Si te prie, pur Deu,[14] que tu celes ceste chose pur t'onur e pur la moie, car si tu la descoverois, tu en serrez plus vils tenus en quelconques leu que tu venissies mais.

E il dit qu'il s'en taira voirement, car de tant cum il [l]a descoverait,[15] de tant vaudroit il piz. Ensi laisserent atant cele [chose][16] que plus ne[17] fu parlé a cele foiz.

E quant li rois se fu esveillés e il se[18] trova en la chambre, il se comença[19] a seigner de la merveille qu'il avoit[20] e demande qui laienz l'avoit aporté. E cil qui devant li estoient li dient:

—Sire, nus[21] ne savoms. Ausi ne savez vus comment vus i estes venus? Mais[22] en quele lieu quideiez vus[23] estre?

—Jeo quidoie, fait il, estre avec le roi[24] Artu e avec Acalon en la plus bele nef que jeo onques mes[25] vaise ou nus fumes eir seir couchié bele e richement e servi des damoiseles beles e nobles.[26]

Lors vient avant la roine e li demande ou il lessa le roi, e il li conte tut ensi com l'estoire l'ad[27] devisé. E quant ele oït ceste novele, ele en est mult esbaïe, si dit[28] au roi qu'il se vet[29] e [*320d*][1] monte e voite avant grant alure la[1] ou il lessa le roi Artu, si le [remaint a Camalaoth. Et cil fait le commandement de la roine, si monte et se][2] remet en la foreste e se hate tant qu'il vint a l'[e]we, si[3] trova le cerf mort e le brachet qui delez li se gisoit[4] qui oncore ne s'en estoit remués.[5] Mais des damoiseles e de la nef n'en trova il nient, si en furent mult a mal aise.[6]

Il querent le jour e la nuit e loinz[7] e prés e l'endamain ausi. Mais de quere estoit ceo folie, qu'il [nel] trovassent[8] pas legerement, a ceo qu'il estoit plus loinz d'eus qu'il ne quidoient. E quant il sunt annuié de quere, il revenent a Camalot mult dolent de ceo qu'il n'aportent noveles nuls, si sunt tutz a la court [si][9] amati e si quoi por ceste chose qu'il n'i[10] a nul qui bele chere face.[11] Ainz sunt tut ausi com mort, car il ne sevent qu'il peussent dire de ceste chose[12] fors qu'il dient communement que li rois e Acalon ount trové aventure aucune qu'il ne poent pas mener a chief a lur volunté e la volent mettre a fin ainz qu'il veignent[13] a court. E ceste chose, si cum il quident,[14] les fait demorer.

En tele manere vont devinant du roi[15] cil qui ne sevent l'aventure,[16] e neporquant il n'a si hardie en toute la court qui tut pour n'en ait, car il se doutent de meschaunce e de mesaventure, si ne

se sevent a qui [17] reconforter, fors qu'il attendent de jour en jour
qu'il veigne ou qu'il envoit noveles [18] de lui.

Al huitime jour [19] tut droit aprés ceo qu'il fu [20] partis, vindrent
a (a) court li .iiij. chevalier qui aportoient Acalon en la bere che-
vaucheresce. E quant il vindrent a [21] la court, assez fu que a l'en-
contre [lor] [22] vient pur savoir [321a] si [1] ceo estoit chevaliers occis
e qui il estoit, car mult se dotoient [2] de mauvaisse novele oïre. E
il distrent que ceo estoit un chevalier occis que li rois envoioit a
cort. Lors sunt tut troblé de [3] ces noveles e corunt la ou il
quide[nt] [4] la roine Gwenevre trover. Si la trovent en un prael
mult mate e mult pensive e li dient maintenant:

—Dame, laeinz sunt .iiij. chevaliers venus qui aportent .i. che-
valier occis qui li roi envoie çaeinz. Venez avant, si orrés noveles
du roi e si saurés qui est li chevalier occis. [5]

E ele se dresce erraument mult lee e joius. [6] E quant ele est
venu en la sale, ele trove qu'il avoient le chevalier mis a terre. [7]
E si tost com il la [8] voient, il (la) conoissent bien [9] que ceo estoit
la roine. [10] Si la saluent e ele lor rent lur salu e lor demant erraum-
ment qui est cist [11] chevalier occis.

—Dame, font il, il est de cest cort.

—E coment a il non? fait ele.

—Dame, font il, nos le vus dirroms bien, mais que vus faciez
avant venir la roine Morgue, car nus li aportoms de part le roi
Artu une message.

E la roine la demande maintenant, [12] e ele vient au plus tost
que ele peust. E quant li chevalier la voient, il li dient:

—Dame, li rois Artus vostre frere vus salue en tele manere
com il vus doit saluer. E il vus envoie Acalon en bere, celi qui
vus tant amiez [13] de tut vostre quer e vus mande qu'il a fait
d'Acalon ceo qu'il [14] devoit faire de li. E sachez qu'[il] [15] a Escali-
bor la verrai, non mie la contrefaite e vus mande que onques
traïson ne fu si bien vengé com ceste serra. Ja en si lointaigne [16]
terre n'en si estrange ne vus en [17] saurez fuir.

Quant Morgue out ceste novele [oï] [18] ele conoit bien qu'il dient
voire. [19] [321b] Mes ele respont pur lui [1] coverir:

—Certes, seignurs, vus n'estes mie sages messagers, car [2] vus
quidez que mon frere m'ait ceste chose mandé a certes. [3] Mais [4]
sachez qu'il ne me [5] manda onques fors por gap e pur envoisure,
e pur savoir quele chere jeo feroie de ceste chose.

E quant li autre qui ne savoient[6] coment li affaires estoit alés entendent comment ele se rescouce hardiement, il ne quident pas que ele en soit de riens coupable, pur ceo que ele en fait si bele chere.[7] Si le[8] tornent tut a geu e a envoisure, e ausi fait la roine, car ele n'osait pas penser le grant desleauté com il[9] i estoit.

Acalon fu mis en terre el muster Saint Esteven que adonc estoit la maistre esglise de Camalot. Onques de tut le jour ne pout faire Morgue bele chere, car ele avoit tant de doel com femme pooit avoir[10] pur l'amur[11] d'Acalon qu'ele amoit adonc plus que riens que fust[12] el monde.

Celi jor apella ele .xij. de [s]es[13] damoiseles, celes de qui ele amoit plus la[14] compaignie e ou ele se fioit plus,[15] e ele les out trestutes serrez en une chambre loinz de genz e lor dist:

—Vus savez bien tut mon affaire e tut mon estre si que jeo ne le vus[15] puis celer. Jeo serrai mort e malbaillie e honie du cors si jeo demorroie tant[16] que mes freres li roi[17] venist, car il a tut aperceu e seu quanque jeo[18] voloie faire de lui. Si me fra destruire, ceo sai jeo bien, que ja n'en averai[19] merci s'il me peut çaienz trover. [Ore][20] il covient que jeo[21] m'en voise en tel lieu ou il ne m'en[22] sache.

—Dame, font eles, ceo est voirs. Mais ou porra ceo estre?

Ceo verrez vus, fait[23] ele, si[24] prochainement. Mais ore vus apparaillés e mettés en coffres totes vos choses, car bien sachiez qu'il vous covendra sempres chevaucher, car jeo m'en partirai adonc[25] de la [321c] cort mon frere[1] a tiel hure que jamais par aventure n'i enterai. Mais pur ceo, si jeo m'en voise[2] de son ostel ne lerrai jeo mie que jeo ne[3] li face oncore [mult][4] cherement achater ceo qu'il a tué l'ome[5] del monde que jeo plus amoie. Certes, si j'en[6] vigne en leu, il n'a fait d'Acalon que jeo ne face de lui faire.

Celes ne l'osent chastier de [s]es[7] paroles, car bien sevent que lor chastiemenz n'i auroit mestier. Mais eles respondent que eles apresteront lor affaire[8] ainz que la nuite viegne, qu'il n'i faudra fors que a[9] monter. E Morgue dit que ele ne demande plus.

Atant[10] s'en vait Morgue[11] a la roine Guenevre e li dit:

—Dame, jeo ving prendre congié a vus, car jeo m'en irrai le matin el reaume de Ga[r]lot[12] pur une bosoigne que ne porroit estre fait si jeo [mesmes] n'[i] estoie,[13] e sachez que jeo revendrai au plus tost que jeo porrai.

La roine que ne l'avoit mie amé, pur [14] ceo que ele ne l'avoit onques veu en leu de bien, [15] ne li respont mie ceo qu'ele pense, car ele li deist:

—Dame, alez ent sanz revenir. [16]

Mais ele li dit:

—Dame, n'atendrez vus mie tant que vostre frere soit revenus? [17]

—Nenil, fait ele, car li bosoingnes i est si granz que jeo ne porroie [18] remanoire.

—Ore, [19] alez donc a Deu, fait ele. Mais [20] jeo vousisse bien oncore, s'il vus plust, que vus [21] remansissez.

—Jeo ne[l] [22] porroie, fait ele, que [23] jeo n'i perdise trop.

Atant s'en part l'un de l'autre. E si tost com il fu anuitié e la lune fu levé, Morgue monte entre lui e sa meisne, e purrunt bien estre .xxx. tut [24] a cheval. E se partent [25] de Camalot e entrent maintenant en la foreste, car la voie lor donoit. [26] Si chevauchent tut la nuite, mais qu'il dormoient un poi sor [27] la rive d'une fontaine.

Au matin si tost com il voient que [28] il soleux fu levez, il mon[*321d*]terent e s'en mistrent [1] en lor chemin. E Morgue tute voise s'en [2] aloit tut dis [3] le plus droit voie qu'ele savoit que li rois estoit, [4] car ele ne baoit fors [5] que ele pooit avoir Escalibor od tut le furre. Tant en [6] ala en tele manere entre lui e sa meisne que ele vint a l'abeie [7] la ou li rois estoit. [8] Mais ele fist sa mesne remanoire [9] en un bosquel que estoit prés de l'abbeie [10] e vint tut seul la fors [11] d'une damoisele que compaignie li faisoit e fu droit a hure de midi.

Quant Morgue [12] fu laeinz descendue, ele demande que li rois Artus [13] faisoit. E cil de laeinz lui distrent qu'il quidoient qu'il se dormist. E ele s'en va maintenant en la chambre la [14] ou il estoit, si le trove tut sul e se dormoit en un lit mult fermement e tenoit Escalibor en sa maine [15] tut nue, e lui fures estoit a [s]es [16] pez. E il li estoit ensi avenu qu'il [l']avoit [17] traite la ou il se gisoit el lit e s'estoit endormis l'espee en sa main.

Quant ele voit que li rois Artus [18] tenoit ensi l'espee, ele pense bien [19] qu'ele ne [la porroit pas avoir se elle ne l'esveilloit, ne che n'oseroit elle faire, car elle auroit paour qu'il ne l'ochesist maintenant, se il la veoit devant li.] [20] Lors prent le furre e dist qu'ele se tient a bien [21] paié de cesti e puis [22] dit que Deus lui [23] amena quant

ele ceo enporte que ele plus desiroit a avoir. Si s'en [24] part de la
chambre erraument e met le furre desuz son mantel e vient a la damoisele que l'atendoit dehors e lui dit: [25]

—Montoms nus e en aloms erraument, car [26] jeo ai si bien fait
ma bosoigne que jeo ne la quidoie jamais si bien faire.

Lors monte Morgue e la damoisele [322a] ausi e s'en vont la ou
il avoient lassé lor compaignie. E quant Morgue est a eus venue,
ele lor dit:

—Ore tost montés e pensés [1] d'aler vers le reaume de Garlot,
car jeo ne quere plus demorer en ceste païs.

Lors montent e s'en vont tut ensi com Morgue lor enseigne,
mais il n'eurent pas granment alé quant [2] li rois Artus s'esveilla
e trova oncore l'espee en sa maine tut ensi com il l'avoit [3] mise
quant il s'en dormi. Lors s'asiet en son lit e regarde [4] ou li furres
en [5] estoit. E quant il ne le voit sus [6] son lit, il saut sus e le commence a quere amont e aval. E quant il ne [le] [7] trove, il s'en vient
en mie la sale [8] que estoit devant sa chaumbre e trove les chevaliers qui compaignie li fesoient e qui devoient garder l'uis de sa
chambre que nuls ne venist a lui. E il lor demande:

—Qui a çaeinz esté tant que jeo m'endormi? [9] Jeo sai bien c'acuns i a esté.

—Sire, font il, [10] ne savoms quele femme [11] i fu, car nus ne la
conossoms mie, mais totes voies i fu [12] ele ou nus voussissoms
ou non.

—Dites m'en, [13] fait il, le [14] semblance.

E il li devisent, e il conust maintenant que ceo fu sa seore
Morgue e siet de voir que ele enporte le furre de l'espee, l'un des
choses du monde que il plus amoit. Si dit mult coruciez e dolans: [15]

—Ha! Deus, çaeinz a esté la desleale, la trecheresse que emporte ceo que jeo meuz amoie. Mais certes tut ceo ne li vaudrai
nient, [16] car ja ne savera fuir si long que jeo ne l'ateigne, tant
l'en chacerai. [17]

Lors fait [s]eler le [18] meillor cheval que laeinz estoit, [322b] e
prent armes bones e beles, car il pense bien que Morgue n'est
pas sanz compaignie, [1] e ele li feroit faire voluntiers viloinie [2] si
ele en avoit loisier e pooir. E fait ovec li monter [3] un autre chevailer pur lui faire compaignie. E [4] quant il sont ambdui monté e
armé sor deus bons chevals, [5] il s'en [6] partent de l'abeie e a l'issier

de laeinz encontra li rois un vachier qui enmenoit [7] bestes a l'abbeie. Lors [8] lui demanda:

—Vachiers, encontras tu une dame que par ci s'en va?

—Oïl, [9] fait il. Il i a [10] grant pece que ele issi de çaeinz entre lui e une de ses damoiseles [11] qui ci l'atendoit. E quant ele s'en fui de ci, si ala droit [12] a cel bosket la [13] ou chevaliers e dames l'atendoient. E maintenant que ele fu a eus venue, il se mistrent a la voie [14] e s'en alerent tut ensemble.

—E [15] quele part? fait li rois.

—Sire, tut [16] ceste valee droit a ceste grant arbre que vus veez en cele tertre. E jeo quit que si vus i estoiez orendroit que [17] vus les verrez devant vus en la valé par de la.

Quant li rois Artus oï ceste novele, [18] il en est mult liez, si s'en part erraument del vachier [19] e s'en vait grant oir vers l'arbre cele part ou il quidoit trover Morgue. Quant il est venus al tertre que cil li avoit devisé, il regarda avant lui en une petite place [20] e voit a l'entré d'un foreste Morgue od [21] tut sa compaignie. [22] Mais il ne siet mie trés bien que ceo soit ele, e nepurquant il le quide verraiement. [23] Mais ceo li esmaie mult [24] durement qu'il voist la foreste si prés d'eus, car il siet bien que ele se quaiteroit si ele peut riens [25] savoir de sa venue. E [26] lors s'en voit grant oir tut [contreval] [27] la valee e mult se haste de chevaucher pur savoir s'il [les] [28] porroit ateindre. E Morgue, qui bien l'out veu, [29] dit a ceus que avec lui estoient: [322c]

—Veez ci monseignur [1] mon frere vient a coute d'esporon qui nus suit [2] pur moi occir. S'il m'ataint, mort sui. [3] E jeo sai bien pur quoi il le fait. Ceo est pur ceste fuerre que Deus maudie. Mais certes il ne l'avera point, ne il ne autres. Ainz le mettrai ja en tiel lieu por l'amur de lui qu'il ne profitera jamais a roi ne a chevalier nul. [4]

Lors s'en vient a un lac que estoit en la [5] valee, e estoit li lac mult grant e mult parfonz. E ele prent le fuerre, si [6] le gette dedenz le lac tant long com ele poet. E il fu pesanz, si afunda [7] maintenant a tiel hure que puis ne fist bien [8] a hom du monde fors a Gawain le neveu le [9] roi Artu a une bataille [10] qu'il fist puis encontre Mabon l'Enchanteor pur la bele fee que Marsi estoit apellé. E cele Marsie [11] bailla cele mesme fuerre a Gawain qui le [12] porta en la bataille. Mais aprés ceo qu'il out la bataille finee, ne fu il onques puis [13] saissis du fuerre ne ne sout ou qu'il [14] devint, si com cist contes mesmes le devisera apertement quant leus e tens [15] serra.

Quant Morgue [16] out getté le fuerre dedenz le lac, ele dit a ceus que avec lui estoient:

—Si nus ne prenoms conroi de nus, nus sumes [mort e] malbaillie, [17] car mes freres vie[e]nt [18] si grant oir qu'il nus avera ja ta(i)ntost aconseus. E il me [19] hiet si morteument que s'il me [20] puet ataindre, [21] jeo n'i averai ja merci qu'il ne me colp le chief. [22]

E il respondent:

—Dame, que en direz vus? Nus n'i savoms mettre conseille.

—Si jeo le puis, fait ele, mener par enchantement ausi com jeo porrai [23] autre gent, il ne veist james Camaloth, [car] [24] jeo l'occis maintenant. Mais ceo ne puis jeo mie faire, car une damoisele que est novelement en cest païs [322d] venue l'a si garnie pur pour de moi seulment que nos enchauntemenz ne li porroit mal faire tant com ele demorra en ceste terre. Mais de nus que [c]i [1] sumes, frai jeo [2] grant merveille qu'il en serra parlé a toz jours mais. [3]

Lors gette son enchantement e les fait tuz muer en piere, damoiseles e chevaliers e chevals, si que si vus le [4] veissiez, vus quidissiez tut verraiement qu'il fuissent de pere voire. [5] E ausi eurent li vallet qui [6] aloient a piee avec eus mués lor semblances e eurent recoveré forme de piere. E lui e les autres, le roi les tenoit de si prés que ele ne les pout autrement destorner. E le forme en quoi il estoient mué les tenoit si coies com s'il eussent tuz les piez coupez, ne de eus [6] issoit feus [7] ne alaine, nient plus qu'il [8] fuissent verraiement de pere. Ensi fu [9] Morgue atorné, mais non mie qu'ele ne puet deffaire son enchantement tutes les fois [10] qu'ele vousist. Si n'est nuls home qui les veist en tel point [11] qu'il ne quidast bien tut [12] verraiement que ceo fussent gent de pere.

E quant ele les out si atornés que nuls home que de tele mesme barat ne seust [13] ne les poist reconoistre, ele les lessa [14] [delés] [15] le chemin en une praierie. Aprés ceo ne demora gaires que li rois Artus vient iloques, [16] qui venoit aprés eus [17] mult grant oir, s'il [li] avint [18] qu'il passa [c]eus qui [d]el [19] chemin estoient assez prés ne ne les regarda mie. E cil que avec lui estoit [20] les regarda par aventure. E quant il les vit, il li fu avis que c'estoient gent de piere, si se resta ausi [21] e en devint tut esbahis. E lors apele li roi(s) Artu e li dist:

—Ha! sire, arestez tant que vus aiez [*323a*] veu ceo que jeo voie.

E li rois Artus se rest, e cil li mustre ceo qu'il regardoit e dist:

—Veez la gent de pere e les[1] chevaus de pere. Onques mais de tele merveille ne oï nul home parler.

E lui rois regarde cele part e maintenant qu'il aperçoit[2] ceo qu'il li enseigne, il aloit prés pur[3] ver meuz que ceo est. E quant il fu si[4] prés qu'il les puet bien remirer,[5] il dit au chevalier qui avec lui estoit, mais [ainz] li rois se seigne de la[6] merveille qu'il en a.

—Par foi, fait il, ceo est Morgue ma seore e tut sa compaignie qui(l)[7] sunt mué en piere. Onques puisque li siecles fu estorez n'avint aussi grant merveille.[8]

E lors recommence[9] a regarder e eus e les chevax e tant qu'il conoist Morgue e ceus que od lui estoient. De teus i out, si les[10] va mustrant au chevalier e nomant chescun par son nom, e dist:

—Veez ci Morgue e veez ci[11] celi chevalier.

E[12] le nome e ensi les noma tuz[13] les plus. E li chevalier li demanda maintenant:

—Sire, tuz ceus dont[14] vus parlez, les[15] avez vus oncore ici trovez?

—Nenil voir, dist li rois, il sont tuz perdu e torné[16] a dolur e a mesaventure entre ma seore e [s]a[17] meisne. E[18] ele ne fist onques si mal non, e en[19] la fin l'a Deus mustré, car il l'a confundue e li(e) e tuz ceus que od lui estoient.[20] Ore nus en[21] retornoms, car de ci plus demorer serroit ceo folie.

Atant s'en torne[22] li rois mult iriez de ceo qu'il a perdu le fuerre de s'espee.[23] E quant il se fu esloignez entor demie lieu, Morgue redeffit tut son enchantement, si que tut sa meigne refu maintenant en l'estat e en la manere qu'il estoient devant. E ele lor demande:

—Veistes vus mon frere que ici fu?

—Nus le veimes voirement, font il. E si [*323b*] nus eussoms pooir de fuir, nus nus en fuissoms fui, car nus nel doutissoms pas petite. Mais nus n'avioms puissanz, neïs de[1] mettre fors nos alaines. Ainz estoioms ausi[2] com mort.

—De ceo, fait ele, ne vus plaignez (vus)[3] onques, car si nus a[4] sauvé la vie.

E il le reconoissent bien. Atant s'en remettent au chemin e
s'en vont vers le realme [5] de Garlot, e tindrent si bien lor jornees
qu'il i furent la primere semaine. Mais ainz que Morgue i fust
venue, li avint il par une matin qu'ele [6] trova a l'entré d'une foreste
un chevalier qui avoit un hom despoillé tut nue /fors/ pur les
braies, [7] e il [li] [8] avoit les oez bendés e le voloit getter en un puis
que devant lui estoit, [e] cil puis estoit tut plains des bestes en-
venimés. [9] Morgue demant au chevalier qui oncore estoit tut
armés :

—Dites moi, sire, qui est cist home qui ensi est despoillés? [10]

—Ceo est, fait il, uns desleaus, un traitres que j'ai hui pris en
une [si grant besoigne de felounie] [11] e en une desleauté [tele]
qu'i[l] me [12] honissoit de ma femme, e si estoit li home del monde
ou jeo me fioie plus. Mais por [sa] [13] felonie en est il a sa mort
venus, car jeo le launcerai orendroit en ceo puis, e aprés getterai
ma femme pur la desleauté que jeo les ai trovés ensemble. [14]

—En non Deu, fet Morgue, pusqu'il est si desleaus cum vus
dites, [15] il est bien dignes de morir [16] vilainement.

E lors parole li autres e dist:

—Ha! dame, por Deu, nel creez mie, car ausi m'aït [17] Deus que
jeo n'i [18] fui onques coupables de ceo qu'il me met sus, mais il est
le plus desleaus hom que onques fust, car [19] par sa desleauté e par
sa traïson m'a il suspris la ou jeo ne me gardoie de lui, e m'a lié
ensi com vus me [20] veez.

—E qui es tu? dist Morgue. [*323c*].

—Jeo sui, fait il, del reaume de Logres e chevalier le roi Artu
e de son ostel meismes.

—E coment as tu non? fait ele.

E il dit qu'il a non Monasseus. [1]

—Monasseaus, fait ele, par mon chef, vus conoisse jeo bien.
Vus fustes cousin Acalon [2] de Gaule, l'ome del monde que jeo
meuz amoie. [3] E pur l'amur de lui, vus deliverai jeo de ceste peril,
si qu'il en serra du tut a [4] vostre volunté.

Lors gette son enchantement, si que li chevaliers se traist ariere,
si enchantés qu'il n'a pooir de lui [5] tenir en estant, ainz chai a terre
tut adenz. E vient ele maintenant a Manasseaus, si li deslie les mains
qu'il avoit liez derere le dos e li desbende les oez. E puis li demande:

—Manasseaus, me conois tu?

E il respont tantost: [6]

—Dame, oïl, Jeo vus conoisse bien. Vus estes la roine Morgue, e messires li rois Artus est vostre freres.

—Ore sachez, fait ele, que jeo ne vus ai mie deliveré pur l'amur de mon frere, mais pur l'amur d'Acalon qui fu vostre prochaine parent.

—Puis, fait il, que vus m'avez[7] deliveré, m'est il bien avenue, car[8] vus m'avez osté de mort, pur quoi jeo offre moi[9] e mon servise, e quanque jeo purrai faire pur vus, car bien le doie faire.[10]

—Ne[11] sachez, fait ele, gré fors Acalon, car pur l'amur de lui, estes vus deliverés. Mais ore me dites que vus voudriés faire de cest chevalier qui vus tenoit si cort.[12]

—Dame, fait il, au[13] meuz que jeo voi, si est que jeo face autretant[14] de lui, cum il voloit de moi fere.

E ele s'i acorde bien cum cele que nule mercie n'avoit.[15]

—Desarmés le, fait ele, tuit asseure, car il ne se[16] movera ja.

E cil li ost maintenant totes les armes qu'il avoit vestues e le despoille tut nue e puis le gette el[17] puis a tiel hure qu'il i morust, car en poi d'ure fu il[18] [*323d*] noiés.

E quant il l'i out getté, Morgue li fait vestir e armer des armes a l'autre chevalier e li done un cheval. E quant il est tut apparaillez e montez, ele lui dist:

—Manasseus, en[1] guerdon de cesti servise que jeo vus ai fait, jeo vus prie[2] que vus aliez droit a la court le roi Artu e diés noveles de moi laeinz.

E il dit que cest message fra il mult[3] bien, mais que ele li die comment li chevaliers[4] qui orendroit fu desarmés n'avoit poissanz de soi movoire nient plus que s'il fust mors.

—Coment ceo fu, fait ele, ceo [ne] vus dirrai jeo [pas], (bien)[5] mais dites mon[6] frere le roi Artu que jeo doie aver[7] la pouissance de tant faire quant jeo ai pooir de muer ma(i) me[i]s[n]e en pere,[8] si qu'il mesmes le vit. E oncore li poez dire que plus euse fait[9] de lui, si ne fust la Damoisele Chaceresce qui l'a garandi encontre moi, e que jeo ne [li puis nuire par enchantement. Et cele sans faille set plus de nigromanchie et des enchantemens] que tuz[10] li mondes ne set orendroit. Car li soverains des devineors qu'ele a mis en terre tut vif li [a] apris. E itant[11] li dites de par moi que je li mand.

E cil respont que cest message fra il bien si Deus le remaine a la[12] court sain e heité. Si s'en[13] part autant li uns de l'autre. Morgue s'en part[14] el païs le roi Urien a bele compaignie des dames e des chevaliers, mais mult est dolente del roi son frere qu'ele ne li fist morir, [15] pur ceo qu'il occist Acalon qu'ele amoit tant.

Ensi chevaucherent tant par lor jornees qu'il vindrent el [16] realme de Garlot, si ne veistes onques joie greignur ne greignur feste que cil du païs li firent quant il le conurent. E quant home lor dit qu'elle estoit el païs venue par remanoire du cort, [17] [324a] si l'onurent mult tut e tutes, e [1] mesmement pur ceo qu'ele estoit seore le roi Artu. Ensi fu venue Morgue en le [2] reaume de Garlot e remist en .i. mult riche chastel [3] mult aissié de tutes choses que hom apelloit Fugan. [4] E en ceo chastel establi [5] une costume mult mauvaise e mult anuiuse, mais non pas si tost com ele i vint, ainz fu un poi aprés, car ele mist en mie la sale .i. tombe, [6] e [7] dedenz la tombe mist ele une escrit que estoit en une boiste d'ivoir, e dedenz l'escrit estoit devisé la mort le roi Artu e celi qui le devoit occirre. E si i [8] estoit la mort de Gawain e le non de celi qui a la [9] mort le devoit mettre. E sachez que ele ne savoit de l'escrit riens, car Merlin qui jadis li out baillie tant com il repairoit entour lui, li [10] dist:

"Gardés que en l'escrit ne voiés, car sachiez [11] que ja femme n'i regardera que maintenant n'i [12] morge. Car il n'est pas ottroié a femme qu'ele sache de [13] la mort le roi Arthu [14] ne de Gawain devant qu'il soit avenue."

De cele tombe avindrent puis mainte mal ensi com li contes li devisera apertement, e maint bon chevalier en morurent puisqu'il [15] voloient savoir la verité des deus prodomes e coment il finirent.

E puis fu il tel hure que Gawain e Hestor des Mares furent a la tombe pur garder le, e lors i sorvint Launcelot du Lac qui dedenz les eust [16] occis a ceo qu'il estoient navré e de ceo qu'il s'estoient combatu ensemble. Mais il avint ensi que il [les connut ansdeus et il] coneurent lui. [17] E ceste aventure devise ceste estoire ainz que home comence a conter de la vie [18] de Perceval.

Mais ore laist [324b] li contes a deviser de la vie [1] Morgue e de cele aventure e parole du roi Artur.

Ore dit li contes que quant li rois Artus se fu partis de Morgue sa seore [2] qui l'avoit desoeu par enchantement si com jeo vus ai conté, [3] il revint a l'abbeie ou il avoit jeu e demora laeinz tut le jour. Mais a l'endemain, pur ceo qu'il se sentoit auques garis, il [se] parti [4] de laeinz si tost com il [5] out oïe messe, tut armés [6] qu'il ne li failloit riens que a chevalier covenist. E enmena ovec lui un chevalier pur li faire compaignie. E [7] quant il fu venus a Camalot e si home le virent, lors veissiez feste grant e joie merveilluse qu'il li [8] firent tut communment, car il quidoient ausi cum il [l']avoi[en]t perdu. [9] E quant il fu venus en son palais e il [l']orent [10] desarmé, il lor demande(nt) noveles [11] del roi Urien. E cil vient devant e dist: [12]

—Sire, veez moi ci. Que vus plaist il?

—Jeo voil, fait il, savoir coment il vus avi(e)nt [13] de la nef e si il vus en chaï bien, car a moi en avint mauvaisement. [14]

—Certes, fait li rois Uriens, il me [15] avint si bien que jeo me trouvai el lit au matin la [16] roine Morgue.

—En non Deu, fait li rois, jeo ne me trouvai pas [si] a aise, [17] car jeo me(n) [18] trouvai en une chartre noire e parfond [19] ou jeo puisse encore aver demoré [20] si jeo ne euse acreaunté que jeo feroie une bataille por le seignur de laeinz e par ceo deliverai [21] moi e [22] autres chevaliers qui laeinz estoient en prison. Si vie tele [23] eure ainz que jeo euse ceste bataille mené a fin que [24] jeo ne quidoie james porte[r] [25] corune, car certes jeo n'euse onques si grant pour [26] d'estre menés a outrange que jeo euse celi jor, car jeo estoie del tut [27] mis a desconfiture [*324c*] quant li chevalier a qui jeo me combati perdi tut le pooir de son [1] cors ne sai par quele meschance. E iluc fu la plus bele aventure que onques [2] m'avenist.

—Sire, fait li rois Uriens, vus avint il ensi? [3]

—Oïl, voire, [4] dist li rois.

—E d'Acalon, savez vus ent la verité? [5]

—Nenil, [6] ceo dist li rois. [7] Acalon ne vi jeo puis [8] devant qu'il fu mis encontre moi en bataille e, si Deus e aventure ne m'en eust aidié, il m'eust mort, car Morgue vostre femme, que est ma seore, me avoit si vilement trahi [9] que james n'orrés parler de si grant desleauté com ele avoit fait pur moi faire morir. [10] E pur ceo que jeo ne sai que quider par quele conseille [11] ele fist ceste chose, voudroie jeo bien que tut cil que par [12] de lui sont çaienz s'en alassent [13] e voidassent ma cort. Car certes tant jamais [13] com jeo vive, ne me fieroie en home qui de li soit bien, ne ne me serra [14] bel si jeo le voie en mon ostel si jeo mesmes ne l'[i] mant. [15] E vus, Ywains, qui estes mes niés e qui issistes de li, [16] jeo vus comand que vus issiez de ma cort e qu[e] la [17] voidiez car certes jeo ne porrai pas quider que vus puissez estre prodome [18] ne leaus pur le deable [19] dont vus estes issus. A vostre pere que ci est, voirement

ne voie jeo mie mon ostel [20] ne ja ne frai si Deus plest, [21] car il a
esté prodome e leaus, Deu merci. [22] Si ne comencera jamais, [23] si
Deu plaist, desleauté, car trop tart le comenceroit.

Quant Ywains entent ceste parole, il est trop hontus si qu'il
ne [24] siet qu'il doie respondre. [25] Si s'en [26] part erraument de court
tant dolenz qu'il voudroit estre [27] mort e a son vis envolupé [28] en
son [29] mantel pur ceo que [324d] (que) home ne li veist, car les
lermes des oilz li chaioient contreval [1] la face. E Gawain que mult
l'amoit de grant amur e qui mult est dolenz de ceste chose, le
convoie desques a son ostel. E quant il sont venu a la chaumbre [2]
Yvain, Gawain le recomence trop bien a [3] reconforter e li dist:

—Ha! beaus cosins, ne vus chaile de ceste chose [4] ne de riens
que li rois vus ait dit. Certes [5] il s'en repentira prochainement, car
il vus avoit [s]i [6] apris a avoire a son [7] ostel que quant il [ne] vus [i]
ve[r]ra, [8] il ne s'en porra consi(v)rer. E d'autre part, certes il vus
doit bel estre de ceo qu'il vus a doné congié de court, car vous estes
jounes e sainz e pruz [9] de cors, si porrez doreenavant [10] sivre les
aventures e haunter les tornoiemenz e les chevaleries meuz que cil
ne porront qui demorent a cort. E certes jeo vus sent a [11] si preu
e a [12] si vaillant que, si quers ne vus faut, vus porriez tant faire
dedenz bref terme que la court vus desirera plus que vus ne freez
la court [13] por la boné renomé que de vus i [14] vendra.

—Gawain, beau cosins, [15] dit Ywains, si vus voussissez ore tant
faire pur l'amour de moi que vus laississez la court [16] e vus en ve-
nissez avec moi, donc [ne] [17] m'anuieroit il point si jeo jamais n'i
retornoie [18] devant que tut li prodome de laeinz en [19] eusent covai-
tise e desirrer de moi veoire. [20] E certes, si vus i voliez venir, jeo
quideroie tant amender de vostre compaignie ainz bref terme [21]
que hom m'en [22] tendroit a bon chevalier, car jeo sai bien que en
lieu ou jeo vus veisse ne me porroit riens esmaïer, e ceo me feroit
estre prodome.

—Beau seignur, [23] ceo dit Gawain, voudriez vus donc que jeo
la laisse? [24]

—Oïl, certes, ceo dist Ywains. Jeo ne saie [325a] orendroit
chose que jeo desirras autretant com avoir en ceste voie vostre
compaignie desques autant que aventure nus departisist.

—E vus l'averés, ceo dit Gawain, puisque tant [1] la desirrez. [2]

Lors se font armer a lor esquiers e font traire fors les [3] chevaux
le meillors qu'il avoient. Si [4] dient a .ij. de lor esquiers qu'il veignent

avec eus, [5] e cil montent maintenant puis qu'il en ont comandement
de lor seignors. [6] Si se partent en tele manere de l'ostel Ywain tut
.iiij., li dui seignur e li .ij. esquier. [7] E quant il sont issue de la cité,
il vienent desques a la foreste e lors trouvent une croiz de fust
qui novelement i avoit esté faite. E Ywains descent maintenant
qu'il la voit, e voit [8] cele part, puis s'agenoile e jure que, [9] si Deus
li aït, [10] qu'il n'entrera ja [11] mais en la court le roi Artu [12] devant .ij.
anz, si force ne l'i amenoit tele dont il ne se poet escondire. E
quant [il] [13] a fait cesti serrement si que Gawain l'out bien entendue
e lui dui esquier, il remont e s'en remette a la voie en la foreste, [14] e
chevauchent tut le chemin ferré [15] tant que li jors lor failli. Si
vi[n]rent cele seoir a [16] une abbeie des moines qui mult les resceu-
rent bel [17] e mult les servirent bien de [18] totes les biens que laeinz
estoient, pur ceo que chevalier estoient errantz e jovens homes. [19]

Au matin si tost com [20] il ont oï messe, il se mistrent [21] en lor
chemin ausint [22] com il avoient fait le jor devant. E errerent tut le
jour entier [23] sanz aventure trover qu'a conter face. E ausi firent
le tierce jor e l'endemain aprés e tant qu'il furent issue de la foreste
de Camalot. Il vindrent [24] en une plaigne grant e bel. Celi jour
chevaucherent li .ij. cosin jusque hure [25] de tierce, parlant entre
eux de ceo qu'il n'avoient trové [325b] nule aventure puisqu'il s'en [1]
partirent de Camalot. E ceo estoit une chose que mult lor ennuioit.
Aprés hure de tierce lor avint qu'il vindrent delez un bois e trou-
verent damoiseles que caroloient desuz [2] un arbre e pooient bien
estre dusques [3] .xij. E devant eus avoit .ij. chevaliers armés mon-
tés [4] sor .ij. granz chevaus, e estoient ambdui si aprésté qu'il n'i
falloit riens [fors que] d'espoindre. [5] A l'arbre entor [6] qui les damoi-
seles caroloient avoit pendu un escu tut blanc sanz entreseigne [7]
nul, e ensi cum chascune damoisele [8] passoit par devant l'escu, ele
rasoit e escopissoit [9] desus e disoit:

—Deus doint honte a celi qui te sout [10] porter, car il nus a
mainte honte purchacé.

E lors recomencent lor chanson e respondent. E Gawain [11] vient
prés des damoiseles e escoute ceo que ele[s] disoient. E quant il
[l']a [12] bien entendue, il demande a ses compaignons: [13]

—Entendez vus ceste chaunçon?

—Oïl bien, font il, [14] eles dient que mau gré en ait li Morhaus
si eles chantent. [15]

—E savez vus, dit Gawain, qui est cil Morhaus?

—Oïl, dit Ywains, jeo le vi onan au [16] tornoiement ou jeo fu esquiers. Mais tant [17] vus die jeo bien qu'il est le meudres chevaliers [18] que jeo onques veisse e uns des plus prus, e est freres [19] a la roine d'Irland. Mas il hiet si mortelement les damoiseles de cest païs qu'i[l] [20] lor faite tutes les hontes e tutes les [21] laidures qu'il poet. E pur les hontes qu'il lor fait, le heent eles si mortelement que eles li voudroient avoir traite le quer du ventre.

—Ore sa[v]ez [vus,] [22] ceo dit Gawain, qui est cist escu que eles mainnent si vilainement, [23] si ceo fu a celi Morhaut? [24]

—Certes oïl, fait Yvains, il fu [au Morhaut]. [25] Jeo le vi maint jour porter a son col cesti [26] mesmes ou autretiel, qu'il (e) [ne] [27] portoit nul foiz escu si blanc [28] non.

—Ore n[e] [29] porroie jeo mie croire, dit Gawain, que c[il] [29] Morhaus ne soit mors [30] quant celes d[a] [29][*325c*] moiseles osent mener son escu si vilainement, [1] car a ceo qu'il est si bons chevaliers com vus me devisez, s'il fust en sa deliver poesté, [2] eles n'eussent ja hardement de faire ceo qu'eles en [3] font.

—Si eussent, dist Ywains, car eles ount ci .ij. chevaliers armés qui les gardent [4] si que, si li Morhaus venoit orendroit, il les irroit garandir [5] encontre lui e se [6] combateroient a lui. E par ceste seurté que eles ount, font eles [7] si hardement, e font de l'escu ceo que vus en poez veoir. [8]

—Certes, fait Gawain, le Morhaut ne porroie jeo amer en nule manere puisqu'il hiet les [9] damoiseles de tut son quer. E nepurquant pur la vilté que eles font a [10] son escu, voudrai jeo bien qu'il venist orendroit par [s]i [11] qu'il ne lor fait male ne vilainie, [12] e qu'il ostat l'escu. E par ceo que jeo voie qu'eles mesfont, m'en fait il mal pur ceo qu'il amont a chevalier. [13]

Endementers qu'il parolent de l'escu e qu'il regardoient les damoiseles e les chevaliers, (e) [14] un vallet qui estoit monté e[n] l'arbre comence son noun:

—Veez ci [15] le Morhaut qui vient ça tant com il poet del cheval trere.

E quant les damoiseles l'enten[den]t, [16] eles s'en tornent fuiant en un tour que prés d'iluc estoit e voident si la place que nul n'en remist, [17] si laissent l'escu tut [18] pendant a l'arbre. Mais onques ne vaistes femmes si esperdus [19] ne si esbahis [20] cum eles estoient, car la plus fort e la plus seure que i fu, comence a chaoier a [21] tere ou [22] .ij. foiz ou .iij. ainz que eles venissent a la tour, de la grant pour

36   LES ENCHANTEMENZ DE BRETAIGNE

que eles avoient del Morhaut. Mais li chevalier qui les gardoient
ne s'en [23] remuent onques, ainz aloignent les launces e saisirent les
escuz. E dit li uns a l'autre:

—Vus irrez avant e jeo irrai aprés.

Si s'acordent en ceste manere. [24] E aprés ceo ne demora gueres
que li Morhaus issoit d'une valee [25] montés [*325d*] sor un roncin [1]
fort e grant e isnel, e venu tut poignant e fu si bien armés de totes
armes qu'il [2] ne li failloit riens qui a chevalier covenist. E venoit
si grant oir qu'il sembloit qu'il fu foudres e tempeste, si droit seant
en arçons e si bien avenanz que [3] Gawain qui le voit venir dit a
Ywains son cosin:

—Certes, ore voi ci venir chevalier qui porroit bien estre pro-
domes e vaillanz, e le semble bien as armes. [4] Ore est damage
quant [5] il n'est plus cortoise as dames e as damoiseles que il n'est.

E Ywains [6] respont:

—Si vus saviez com il est pruz e vaillanz, [7] vus vus en merveil-
lerés tut, e si vus l'aviez veu ausi [8] com jeo aie, jeo quit que vus
le prissiez [9] sor toz les chevaliers que vus veissiez onques. [10]

—Bien puet estre, fait Gawain, mais ore gardoms [10] qu'il fera.

E li uns des deus [11] chevaliers laisse coure a Morhaut e li fiert
si durement sor son escu [12] qu'il fait son glaive voler en peces, mais
autre mal ne li fist. E cil qui fu pruz de cors e [13] irrés e venoit
roidement le fiert de si grant force qu'il abat e lui e le cheval tut
en un mont, ceo desuz desur, [14] si felonessement que li chevaliers [15]
ot le col brisé au chaïr e li chevax fu tut [16] afolés des jambes
deriere. E il s'en passa outre ne n'en [17] lassa onques son poindre,
ainz se dresce [18] a l'autre chevalier e le fiert si durement que li
escuz ne li haubercs nel garantist qu'il ne li met par mie le cors
e fer e fust, si qu'il [19] l'abat a tere si navré qu'il n'a de mire mes-
tier, car li estoit a mort ferus. E quant il s'est des .ij. chevaliers
deliverez en (en) tele manere, il vient a l'escu, si le trove lait e
vilaine. E quant [il] [20] voit ceo, il dit:

"Ha! Deus, tant me heent [21] les larcenesces que ensi ont mon
escu avilainé e porvilié, l'escu que jeo tenoie si chier por [*326a*]
l'amur de cele qui le me dona que jeo ne l'osoie porter pur ceo
qu'il n'usat." [1]

Lors gette jus [2] celui qu'il portoit e prent celui que a l'arbre
pendoit, si le commence a terdre e a nettoier. E quant il [l']a [3]
bien ters, si le comence a baiser e sus e jus e a faire la greignor

feste du monde. Puis le pent a son col e reprent son glaive que
oncore n'estoit mie pesciez [4] e dit que jamais n'encontera damoisele
qu'il ne face de male mort morir pur l'amur des celes.

"Car cestes, fait il, [5] m'ont faite le greinnor honte qu'eles
onques [6] poent. Si m'en deliverai e [6] vengerai si tost que j'en verrai
point. [7]

Lors s'en vet [8] a Gawain e a Ywain, car il [9] conoissoit ja bien
qu'il n'estoient mie del païs, mes estranges chevaliers. E quant
il est a eus venuz, il lor demand sanz saluer: [10]

—Beaus [11] seignors, dont estes vus?

E Gawain qui primerment parla dit:

—Nus sumes du realme d'Orquenie.

—E ci, fait il, quoi attendez vus? [12]

—Nous attendoms, fait il, [13] que nus veissoms de cest escu qu'il
en avendroit, si l'avoms veu, Deu merci. Ore si [14] nus en irroms
nostre chemin si cum nus faissoms devant. [15]

—E quoi alez [16] vus querant par ceste terre? fait li Morhaus.

—Nous aloms, fait Gawain, querant les aventures dont li autre
parolent, e [17] joustes e chevaleries, car pur autre chose ne nus par-
times nus de nostre terre.

—Puisque joste [18] alez querant, fait li Morhaus, vus n'i faudrés
mie, [19] si vus le volez avoir, [20] car veez moi ci prest de joster.

—Certes sire, [21] dit Gawain, vus estes si prodome a si [22] bons
chevaliers que de joste ne vus faudroms nus pas, sachiez le bien. [23]
E puisque vus le nus avez [24] offert, ja [25] sanz joste ne nus en parti-
roms tant [26] com jeo soie si sainz com jeo [*326b*] sui, car a mauvaisté
le nus porroit bien torner [1] si vus vus en aloiez es[c]o[n]dis. [2]

Atant se trait Gawain en sus pur joster au Morhaut. [3] E quant
Ywains le voit, si li va a l'encontre e li [4] dit:

—Beau cosin, vus me lairrés ceste jouste, e savez vus pur quoi
je le fais? Jeo sai bien que vus estes meillors chevaliers de moi e
plus pruz, si me vengeras si cist m'abat. Mais ceo ne feroi(t) jeo
pas [de] vus, s'il vus abatoit, [5] car jeo n'en auroie mie le pooir.

E il li ottroie mult a enuis. [6] E lors laisse coure Ywains [7] au
Morhaut tant com il poet del cheval traire e le fiert si durement
en mie [le] [8] pis a descovert qu'il fait son [9] glaive voler en peces,
mais autre male ne li fait. E li Morhaus qui de riens ne lui esparnie
li fert si durement qu'il li met par mie l'escu e par mie le hauberc le
fere trenchant el senestre costé e li fait plaie grant. Mais ceo ne fu

mie si en parfont qu'il ne poet bien garir.[10] Il l'enpaint bien, si le porte du cheval a terre si que li coins du heaume en fiert en sablon.[11] E li Morhaus qui onques ne li regarde, s'en passe outre e lasse celui gisant a terre qui si est coies de ceo qu'il sent qu'i[l] li semble qu'il ait tuz les oss desrompus.[12] E quant Gauvain voit Yvain[13] son cosin a terre, si en[14] est mult dolenz, si dit:

—Ha![15] tant a grant chose en un prodome. Deus, tant est cist home puissanz, tant est vaillant e tant est pruz.[16] Deus, tant est fous e musarz[17] qui tiel home aatiroit de la[18] bataille si n'i avoit droit achesçun. Pur moi le di jeo primerement. Certes si jeo n'en[19] euse enprise envers lui jouste, jeo [ne] m'entremeisse [aprés] ces .iij. [colps] que jeo[20] li a veu faire pur un chastel gaaigner, car aprés le colp de sa main ne poet nuls remanoire en[21] sele. E ceo est[22] pur quoi jeo li lassasse volunters la[23] joste si jeo le pus [326c] faire a m'onur.[1]

Lors s'aparaille de joster e quant li Morhaus li voit venir, il li laisse coure le glaive aloignie e le fiert si durement qu'il l'abat[2] ausi com il avoit fait li autres. Mais de tant li avint il bien qu'il ne fut pas grantment blesciez au chaoir. Si resaut sus mult vistement e met main[3] a l'espee e s'aparaille de celi assaillir qui a terre l'out mis e dit en son quer que voirement disoit voir Ywains, car sanz faille cist est li[4] meudres chevaliers qu'il onques veist. E quant Ywains voit son cosin a tere, il est tant dolenz que les lermes [li] vienent as olz.[5] Si dist trop coruciez:[6]

—Ha! Deus, ore nus vait il trop malement[7] quant nus sumes ambdui par la main d'un seul home abatu si vilement.[8] Jamais n'averoms honur a cort.

Quant li Morhaus voit que Gawain avoit traite l'espee, il li dit:

—Veus tu donc la bataille au brand d'ascer?[9]

—Oïl,[10] dit Gawain, pur ceo si vus m'avez abatu, ne sui pas mise[11] a outrance, car il avient que maint prodome cheent qui puis outrent lor compaignon.[12]

—Vus dites voir, fait li Morhaus.

E lors li recort sus[13] tut a cheval l'espee traite. E Gawain l'atent si bel a colp que[14] onques ne guenchi de son estal. Mais tant li dit il:

—Voirement, Morhaut, si vus ne descendez a pee,[15] vus me freez occire vostre cheval, si en serra li blames a moi e li damages a vus.[16]

E li Morhaus respont adonc:

—Or m'as tu apris [17] une cortoisie si grant que jeo la tendroie mais [18] tut mon eage pur que [19] jeo ne saie a trop grant meschef.

E lors descent e vait son cheval atacher a l'arbre la [20] ou [s]es [21] escuz avoit esté [22] pendus. Puis revient grant pas a sa bataille e dit a Gawain:

—Ore te garde de moi, car jeo ne t'aseure [326d] fors de la mort ou a destruire si Deus me doigne [1] le poer.

E Gawain n'en [2] respondi onques [3] mot, ainz li court sus l'espee traite e lui done [4] par mie le heaume un [5] si grant colp que li ascers n'en est si durs qu'il n'i face l'espee entrer en parfond [6] plus d'une doie. E pur [7] tote la force au Morhaut ne remaint qu'il ne soit tut chargiez du colp sustenir. E cil qui estoit jovens e legiers recover e le [8] quide derichief ferir. Mais li Morhaus se trait [9] arere e par ceo covint il que Gawain faillist. [10] E lors comence entre eus .ij. la mellé si grant e si merveilluse que nuls ne les veist que [11] a prodomes ne les tenist. E durra la bataille en tele manere desques a hure de midie. E lors sunt ambdui travaillé, car li [12] plus sainz avoit .iiij. plaies el cors granz e parfondes. E pur ceo avoient il tant [13] del sanc perdu que par force [14] les estuit reposer pur recoverir lor alaines. E [15] quant hure de midie fu venue, e il [16] furent un poi reposé, Gawain, qui estoit de tiel manere qu'il a cele hure li dubloit [17] sa force entur hure de midi e [18] amendoit plus que [19] nul autre home, si tost com midis fu venus e [20] il se senti legiers e vistes autretant ou plus qu'il [21] avoit esté au comencement, il s'aparaille maintenant e mette l'escu avant e hauce l'espee contremont e curt sus [22] a Morhaut la ou il le voit. Si li [23] comence a doner de si [24] granz colx e sor le healme e sor l'escu, partut [25] la ou il le poet attaindre. Si le maine si malement en poi(e) d'ure que cil en est tut esbahis, dont il dist [26] a soi mesmes:

"Par foi ore voie jeo merveilles les greignors que jeo onques mais [27] vaise, car jeo sai bien que jeo avoie orendroit cest [327a] chevalier mené ausi com desques [1] a outrance, e il est orendroit ausi fres e ausi recovrés com s'il n'eust hui feru de l'espee colp. [2] Ceste merveille ne vei jeo onques mais."

E Gawain, qui ne bee fors a lui a[n]chacier [3] e damager du tut, le haste [4] a l'espee trenchant si durement qu'il a tout pour de honte recoiver en la bataille. E nepurquant il se fie mult en [ceo] qu'il [5] n'avoit onques chevalier trové qui peust durer a lui en bataille qu'en la fin ne l'outrat. [6] E si se sent encore assez delivers e assez [7]

legeres, ne (n) n'a oncore nule plaie qui soit morteus [8] ne tant de
sanc perdu qu'il en soit trop [9] afeblis, si soffre [10] que cil gette sor lui
menu e sovent e se cover au meuz qu'il siet com [11] cil qui mult sout
d'eskermie, car il l'avoit apris de long tens. Ne ne se haste mie de
getter, ainz se maine mult sagement, car il voit bien que faire [12]
le covient, a ceo qu'il conoist verraiement que son compaignon
est li [13] meudres chevaliers qu'il onques [14] trovast, ne qu'il jamais
quidast veoir. [15]

Ensi durra la bataille desqu'a vers [16] non que li Morhaus ne fet
granment si soffre non. E lors comença Gawain a lasser auques e a
getter plus lentement qu'il ne faisoit devant, car sanz faille, cele
force que li venoit entur hure de midi ne [17] li durroit pas trés bien
desques a non. [18] E nepurquant ele li vaut en tens e en leu [19] e tant
li aida puis e valut [20] qu'il ne trova en tut sa vie chevalier qui a lui
combatit [21] a l'espee qu'il ne menast en la [22] fin desques a outrance
fors seulment .vj. Li uns en fu Lancelot du Lac, e li autres out nom
Hestor des Ma[r]es, [23] li terce out nom Boorz li Exilliés, li quart
fu Gaheries son frere, e li quinz [24] out nom Tristrans, [25] e li (si) simes
fu cil [327b] Morhaus dont il [1] parole en cest conte ci. De ces .vj.
ne pout venir Gawain au desus. [2] E sachent tut cil qui cest conte
orront [3] que li Morhaus dont il [4] parole, ceo fu cil Morhaus [que] [5]
Tristrans li niés le roi Marc occist en l'Ille Saint Sexan [6] pur le
truage qu'il demandoit de Cornuaille. Mais ore repairerai [7] a ma
matire e dirrai comment lui dui chevalier firent pais entre eus deus.

Mult dura la bataille longment [8] des .ij. chevaliers, car il estoient [9] ambdui preu e leger. E quant ceo vint aprés non que Gawain
fu auques lassez e que li bras li comença a dolir, li Morhaus qui
bien s'en aparcoivoit, li dist:

—Sire chevaliers, il est hui mais tart, e vus estes lassez e travaillez, e jeo ausi. Si a lui uns tant assaié l'autre que bien nus
devoms entreconoistre. Jeo ne le die pas pur moi loer ne pur
chose que jeo vus doute, mais [10] tant vus die jeo bien que jeo ne
quit mie que puis .x. anz eust en la Grant Bretaigne une ausi bele
bataille com ceste a esté. E pur ceo que nus en avoms tant fait
sanz ceo que nul de [11] nus n'i a honte resceu, lorroie jeo bien
orendroit en bon conseille que [12] la chose remansit autant, car
certes de plus faire ne porroit il [13] nul bien venir fors la mort ou de
l'un ou [14] de l'autre. E si vus m'occiez ou [15] jeo vus, ceo serra damage
grant a ceo que vus poez oncore venir a grant bien, si [16] Deu plaist,

e jeo ausi. E certes, sire, [17] jeo nel vus quere [18] mie pur pour que
j'ai de vus ne pur dotance fors qu'il [19] m'est avis que nus ne pooms [20]
meux faire.

Quant misire Gawain entent ceo qu'il dist, si li [21] respont:

—Sire, vostre merci, vus me faites mult grant honur qui me
requerrez de ceo dont [22] jeo vus deusse requere, car li plus jovens
si doit prier [23] a l'ainez. Certes, sire, de la bataille lassier sui jeo
tut conseillé puisqu'il vus plaist, car la querele n'est pas si granz
entre nus deus, [24] ne la haine [*327c*] si mortel que ele ne doie bien
remanoire autant. [1] Si la vus lasse, beau sire, e vus en ottroie l'onur.
E jeo le doie bien faire, car certes vus estes li meudres chevaliers
que jeo quidasse ja trover.

E li Morhaus respont:

—L'onur n'en doit mie estre moi [2] mais vostre, car vus l'aviez
bien deservi. Ore vus en taissez autant, car jeo [3] vus en prie.

E lors ost son heaume, e Gawain refait tut autretel, si s'en [4]
vont entrebaissier tut [5] maintenant e fiancent li uns a [6] l'autre que
desoremais serront leal ami e compaignon [7] ne n'aura rancor [8] entre
eus por chose que ait esté. E quant Yvains que trop fesoit grant
doel pur son cousin voit que la chose est a ceo venue, il en est tant
liez qu'il [9] tent ses mains vers ciel e [10] benoit Nostre Seignor de cest
pais qu'il a entr'ex envoié, car [11] si la bataille eust longment enduré,
il s'en fuissent entreoccis. [12]

Quant il se furent entrefiauncé compaignie ausi [13] com jeo vus
ai devisé, il relacent lor heaumes e vienent a lor cheval e montent
mult lassé e mult alenti, [14] car assez eurent le jor coups donés e
resceuz. E Yvains refait tut autretel. [15] Lors dit li Morhaus a
Gawain:

—Sire, dites moi coment vus avez nom ne [16] nel me celez mie.

—Sire, fait il, non frai jeo. Sachez que j'ai nom Gawain, filz [17]
le roi Loth, e est li rois Artus mes oncles.

—Certes, misire Gawain, fet [li] [18] Morhaus, vus estes estrais
de si [19] prodomes que vus ne porriez mie faillir [20] a estre prodome, e
vus en avez si bone comencement que jeo ne quit mie qu'il ait en
tut le monde un [21] ausi bon chevalier com vus etes de vostre age.

E il respont: [22]

—Sire, vus [23] dirrez ceo que vus voudrés, mais bien sachez que
en la curt monseignur [24] a des meillors chevaliers de mon age
que jeo ne sui.

—Ore lassons ceo estre, dist li Morhaus. Certes jeo vus conoisse meuz que vus mesmes ne vus conoissiez. [*327d*] Mais jeo vus prie par amors e par compaignie [1] que vus veignés hui mais [2] herbergier avec moi entre vus et vostre compaignon.

E il li ottroient pur ceo qu'il voient qu'il en est mestiers. [3]

Lors s'en [vo]nt tut une sente [4] tant qu'il cheent [5] en [u]ne [4] valee e voient devant eus en mileu d'une [6] praierie un rescet mult bien fermé, assez bel [7] e assez cointe. E quant il sont venue devant la porte, li Morhaus descent e dist:

—Seignor, descendez, car çainz herbergerez hui mais. [8]

E il descendent maintenant, e vallez saillent e esquier [9] qui prennent les chevaux, E dames saillent [10] encontre eus qui les mainent el palais [11] e les font desarmer erraument, qui prenent [12] garde de lur plaies au meuz que eles poent. [13] Celi nuit furent lui dui cosin servi e aaisié assez plus que si il fussent a la court [14] le roi Artur, car li Morhaus s'entremet [15] tant e tant s'en paigne [16] qu'il s'en merveillent tuit.

.Iiij. jors se [17] sojorna laeinz Gawain pur [s]es [18] plaies e por [s]es [18] blessures garir, e quant ceo fu chose qu'il [19] s'en vout partir, il prent congié a tuz ceaus de laeinz e mult les mercia du bien [20] e de l'honur qu'il li avoient fait. E dist qu'il [21] s'en irront a l'endemain si tost com il averoient oï messe. Il dit a [22] Morhaut:

—Sire, vus avez tant fait [23] pur moi e tant m'avez fait d'onur [24] que jeo ne le porrai james deservir. Sachez que jeo sui vostre chevalier en quelconques [25] leu que jeo soie.

—Oncore ne [26] prennés vus mie congié? fait li Morhaus.

—Sire, si fais, [27] jeo m'en irrai le matin.

—Ore ne vus hastez, dit li Morhaus, car [28] quant vus en irrés, [29] jeo vus convoierai e vus tendrai par aventure plus longment [*328a*] compaignie que vus ne quidez.

E il a dit que ceo li plairoit (il) bien [1] si pur son travaille n'estoit. [2]

A l'endemain si tost com li jors apparust, se leverent li dui cosin e alerent oïr messe, [3] puis prennent lor armes. E li Morhaus dit que home li aporte les soies, car il les [4] voudroit convoire une grant piece. Om [5] li aporte tantost, [6] e il s'arme maintenant, e il [7] dit a un seon esquier:

—Pren le meillor ronci[n] [8] que tu troveras çaeinz e monte sus [9] e veigne aprés moi.

E cil le fait tantost com [s]es[10] sires l'out commandé. E quant il sont monté, il s'en partent[11] tuit de laeinz. E quant il[12] sont esloigné du rescet entur[13] demie lieu, lui Morhaus dit a Gawain:

—Sire, quele part en voudrés[14] vus aler?

—Certes, sire fait il,[15] ne sai fors que nus irroms la ou aventure nus conduira.

—E que alez vus, fait il, querant?

—Sire, nos queroms aventures e chevaleries ensi com chevalier errant doivent fere.

—Certes, misire Gawain, fait li Morhaus, jeo ne m'acointai onques[16] de joven home que jeo prisasse autretant[17] com jeo vus prise ne[18] ne quidez mie que le die par gap. E pur ceo vus aime jeo de si grant amur que jeo voil estre desoremais chevaliers erranz pur ceo que jeo puis desoremais avoir vostre compaignie,[19] e que jeo vus voie plus s[ov]ent.[20]

E misire Gawain dit que de ceste compaignie est il mult leez e mult joius,[21] car il n'en a si amende non.[22]

Ausi[23] sont acompaigné li .iij. chevalier e dient qu'il ne s'en partiront jamais si par[24] mort n'est, devant c'aventure les fra departir.[25] Si chevauchent ensi tut le jour entier[26] sanz aventure trover que a conter face. [*328b*]

La nuit jurent chef une dame que mult b[i]en[1] les herberga. A l'endemain quant il se furent armé, il se remisent en lor voie si com[2] il avoient fait le jour devant. E ceo[3] estoit tut le chemin[4] vers le realme de Northgales. A l'endemain a hure de tierce lor avint[5] qu'il vindrent en une foreste grant e parfond que home apele Aroie. Il se misent dedenz, e li Morhaus dist erraument:

—Misire Gawain, de ceste foreste ai jeo oïe parler maintefoiz e me[6] dient bien sovent aucun gent que onques chevalier ne avoit entré[7] puis que cristiens vindrent en ceste terre[8] qui n'i trovas(sen)t[9] aventure puis qu'il aloit aventures querant.

—Sire, fait misire[10] Gawain, donc i troveroms nus aventure si nus ne sumes plus mescheanz que autre.[11]

—Ore sachez, fait li Morhaus, que sanz aventure trover ne vus en partirez vus ja,[12] car jeo vus menerai a une[13] fontaine que home ne trova onques a nos tens sanz aventure.

E il dist que la veut il bien aler. Lors s'en vont tut le grant chemin de la foreste. E quant il ont chevauché entur .ij. lieus, il tornerent hors du grant chemin e entrent[14] en une petite sente. E

lors vienent en une valee mult parfond que estoit tut plaine de
roches e voies. E en [15] mie lieu de cele valee avoit une grant fon-
taigne tut avironé d'arbres, si [couvroient] li eawe de bien [16] haut.
Quant il vindrent prés de la fontaigne si qu'il en virent l'ewe coure
par devant eus, [17] li Morhaus dist:

—Misire Gawain, descendez e vus e [18] misire Yvains, e aloms
veer la fontaigne la ou ele surt desus. [19] E jeo quit que ainz que
nus i avoms granment esté, [20] orroms nus aucun novele de ceo
que nus queroms. [21]

—Sire, font il, alez avant,[22] e nus vus sivroms, car nus n'i fumes
onques mais. [23]

Lors s'en vait [328c] li Morhaus tote la soursse [1] de la fontaigne
e li autre aprés. Si n'ont mie granment alé qu'il troverent desuz
les arbres .iij. damoiseles assez divers de age, que l'une [2] ne pooit
pas avoir plus de .xv. anz, e l'autre en avoit bien .xxx., e la terce
en avoit bien (de) .lx. e dis. [3] E cele de .lx. e dis anz apele [4] li contes
damoiseles, ne [5] mie pur le eage, mais pur ceo qu'ele chevauchoit
tuz jors deslié ne ja ne frait si grant frait qu'ele meist en son
chief [6] fors une chapele d'or. E si vus die qu'ele estoit tute
blaunche e chanus e aloit tut dis [7] en guise de damoisele e l'apel-
loient [8] la Damoisele Chanue. E [9] quant eles voient les .iij. cheva-
liers venir, eles se drescent encontre eus e les saluent, e cil lor
rendent lur salue. E la Damoisele [Chanue] [10] lor dit primerement:

—Ore seignurs chevaliers, [11] que alez vus querant?

E il dient qu'il vont querant aventures ne por [12] autre chose
ne se [13] partirent il de lor païs.

—Certes, fait ele, de folie vus entremettez quant [14] pur ceo
vostre terre lessastes, car jeo ne quit pas que vus eussez quer ne
hardement de prendre e mettre a chief les [15] aventures de ceste
terre e qu'oncore n'en poez vus avoir le pooir. [16]

—Noun, damoisele, fait Gawain, si n'auroms mie [17] tant de
hardement?

—Non certes, fait ele, car [18] vus n'en avez mie le cors.

E sanz faille misire [19] Gawain n'estoit mie mult grant chevalier
ne corsus, [20] ainz estoit auques bas. E il ert [21] adonc mult coruciez,
si respont [22] par coruz:

—Damoisele, quels que mes cors soit, il n'a chevalier en cest
païs que jeo n'en [23] osas bien envaïer de bataille ou attendre.

—Ore le faites donc bien, fait ele. Veez ci .iij. damoiseles [228d]. Vus en prendrés l'une e vostre compaígnon[1] l'autre, e li tierce la terce e eles vus menront par les aventures de ceste païs. Si sachiez que si vus poez mener a chef tutes les aventures que om vus mustra, onques chevaliers si aventurus ne furent.[2]

E cil respondent tut .iij. qu'il sont tut[3] prest d'entrer en la queste des aventures.

—Ore i a, fait ele, autre[4] chose que jeo ne vus voil mie celer. Il i a une de nus .iij. qui(l) ne se poet mettre en queste, si cil ne li creaunte, qui avec li se mettra, que li[5] conduiera un an sauvement e la garandira encontre tuz ceus qui riens li voudront demander.

E mesire Gawain se trait avant maintenant e ausi[6] fait li Morhaus, e ausi fait misire Ywain.[7] E misire Ywain dist:[8]

—Damoisele, jeo qui[9] sui li pires chevaliers de nos .iij., la preigne[10] en conduit en tele manere com vus le devise[z][11] puisque cist prodome le refusent.

—Grant mercie, sire, fait ele. Ore m'en irrai jeo donc, fait ele,[12] avec vus, car jeo sui cele que volt avoir un an entier le conduit d'un chevalier.

E misire Gawain li[13] dit adonc:

—Misire Ywain,[14] vus avez mult enprise. Deus vus en doint[15] a chief venir.

—Sire, fait il, ore en est il[16] einsi, ne sai qu'il[17] avendra, mais mon pooir frai de li tenir son[18] covenant.

—Misire Morhaut, dist Gawain, vus estes ainez de moi,[19] si choiserés e prendrés de ces .ij. damoiseles celes que vus amerez en conduit.[20]

E il prent maintenant cele de moine aage. E misire Gawain prent l'autre que mult estoit[21] de grant bealté. Lors dient li chevaliers as damoiseles:

—Comment le feroms [329a] nus de vus? Avez vus chevax?

E eles dient que chevax ont eles voirement.[1] Si les vait erraument [l'une][2] quere e les trove en la foreste[3] assez prés d'iluc e les baille a mener a un esquier desques a lor compaignie.[4] Lors montent les damoiseles e li chevalier autresi,[5] e li esquier[6] qui estoient .iij., car chescun des chevaliers avoit un[7] esquier. E lors dit la Damoisele Chanue:

—Seignurs, ceo que vus en avez aprise [8] a chercher les aventures de ceste terre n'est mie poi de [9] chose, ainz i demorrez plus que vus ne quidez. Mais pur ceo que departier nus covient, e que jeo ne sai mie quant nus nus entretroveroms, voil jeo que vus [10] soiez d'ui en un an a ceste fontaigne a hure de midie la ou vus nus trovastes. Lors si saura li uns de l'autre comment il [11] li serra avenu, e nus [12] irroms adonc, si Deu plest, a [13] la curt le roi Artu.

E il [14] creantent ensi, si se mettent maintenant a la voie e chevaucherent tant en tele manere ensemble [15] qu'il vindrent a un croiz que departoit .iij. chemins e s'en aloient tut [16] cil .iij. chemins en la foreste parfonde. E [17] quant il vindrent a la croiz, il s'arestent e la damoisele lor dist:

—Beau seignors, ici nus estoit departir, car li .iij. chemin le nus enseignent.

E il se [18] acordent bien. E misire Gawain ost son heaume tut primer e ausi font li autre dui, [19] si s'entrebaisent erraument e puis [20] relascent lor heaumes e departent tut en plorant. [21] Au departir dist li Morhaut a misire Gawain:

—Misire Gawain, sovieg[n]e [22] vus au chief de l'an de la fontaigne que si vus veignés [23] au jour, [ca]r [24] certes mult me tendroie a beneuré e que jeo puis [25] derichef estre en vostre compaignie, car bien sachez que jeo onques chevalier n'amai autre [329b] tant ne prisai com jeo face vus. [1]

E il l'en mercie mult e dit qu'il i serra a celi jour, s'il plest a Deu. [2] E lors dist [3] a misire Ywain:

—Beau cosin, vus entrés en questes des aventures qui ne sont pas legiers, mais grefs e anuiuses. [4] Mais, [5] pur Deu, n'enprenés mie folement vos chevaleries, car certes la ou vus ouverés au [6] plus sagement que vus purrez, averez vus assez affaire. [7]

E cil dit qu'il fra solonc ceo qu'il verra qui li covendra faire. [8] Atant [9] se departent l'un de l'autre, mais ore laist [10] li contes a parler de eus e retorne au roi Arthu. [11]

En ceste partie dit li contes que quant li rois [12] out doné congé a Yvain son neveu, mult en furent dolent tut [13] cil de la court, car mult l'amoient tout e totes. Mais li rois Uriens en fust tant dolens qu'il se [14] fust maintenant de court partis, si ne fust li rois Artus qui le retient a fine force e qui le [15] commande sor quanque il tenoit de lui qu'il remansit. E par ceo remaist il.

Au seoir demanda li rois a [s]es barons [16] ou Gawain ses niés estoit, mais il n'i eust [17] nul qui li seust enseigner. E [18] l'endemain redemanda li rois de lui [19] ausi com il avoit fait le seoir devant, [20] e meesment a [s]es [21] freres. E Gaheriez que mult estoit dolenz de ceo qu'il ne savoit ou il estoit, dist au roi son oncle:

—Certes, sire, nus nel veismes puis qu'il ala convoier nostre [22] cousin.

—Ne vint il [23] puis? dist li rois.

—Sire, nenil. [24]

—Par mon chef, dist li rois, donc s'en est il du tout alés ovec lui, ensi [25] ai jeo perdu l'un e [26] l'autre. Voirement sui jeo fous. Oncore vousise jeo meuz qu'il fussent ambdui ceinz que jeo eusse Gawain perdu, car jeo ne le verraie a pece, [27] mais par aventure s'il avient tant qu'il se mettent a quere les aventures du realme de Logres. [28]

Tieus paroles dist lui rois de Gawain son neveu, car mult en estoit esmaïez com [29] celi que il mult amoit e plus que [329c] nul autre, e autresi [1] l'amoient tut cil de son ostel.

Si vus die que pur son departement furent amati e corucé [2] tut li plus vaillant de la court, e li rois mesmes en fu assez plus dolenz que il ne mostroit le semblant. [3]

Un jour seoit li rois a son disner dedenz le chastel [4] de Cardoil, e home li servoit mult richement. E quant il out eu tuz [s]es [5] mese, e il entendoit a parler a Lucan lui Boutillier qui adonc estoit jovens home durement, [6] atant es vus laeinz venir Manasseus [7] tut armé fors qu'il eust osté [8] son healme de son chef pur ceo que li rois seoit a table. E quant cil de laeinz qui servoient le virent venir, il li [9] corurent a l'encontre e li font joie merveilluse e le desarment maintenant e li dient:

—Bien veigne, lui chevaliers erranz.

E cil [10] savoient tut de voire que il venoit de quere aventures. Quant Manasseus out mangé ovec les autres [11] de laeinz, e li rois fu levés de la [12] table, il le fist venir devant lui pur ceo qu'il venoit de hors e li demanda maintenant s'il avoit oï parler de [13] Gawain ne de Yvain ne s'il les avoi(en)t [14] veus.

—Certes, [15] sire, fait il, nenil. Ne jeo ne les vie ne jeo n'en oï parler. [16] Mais jeo vi [17] n'a mie granment Morgue vostre seore qui me out si grant mestier que ele me rescut de mort.

E quant li rois o[i]t [18] de Morgue parler, il ne vout pas que li autre en oient rien, si li [19] faite traire en sus de lui e lors redist a Manasseus:

—Die moi ou tu voies Morgue e que ele te fist?

E cil li conte erranment [qu'il ne l'en] choile tel rien de tout ceo [20] que ele li avoit fait e dit, ausi com li contes l'a devisé. [21] E quant lui rois l'entent, il [22] se comence a seigner e dist:

—Par mon chief, voirement m'enchanta ele. Mes [23] si ses enchantemenz ne fust, ele ne cunchiast jamais prodome, car jeo en eusse vengé e moi e tut le siecle. Si eus desturbé maint [24] mal a faire que ele fra oncore par son enchantement.

—E qui est, [329d] dist Manasseus, la Damoisele Chaceresse? Si cele ne fust, Morgue vus eust mort.

—Certes, fait li rois Artus, jeo l'ai maintefoiz veu e maintefoiz [1] ad ele esté çaeins, mais jeo n'en [2] sai onques trés bien qui ele estoit, fors que ele est fille du roi de la Petite [3] Bretaigne. Mais puisqu'ele m'a de mort rescus, il m'est avis que jeo la deveroie plus amer que ma seore, car ele m'a esté plus leale. E certes si en [4] venoie en lieu, [5] jeo lui guerdonerai sa bonté e [6] ma seore autresi la sue.

Ensi dist li rois Artus de la Damoisele du Lac. A l'endemain a hure de prime vint ele laeinz od tut grant compaignie de gent. E se fu si atorné par enchantement que li rois nel conoist jamais en cele [7] semblance, car il vus semblast bien si vus la veissez, que ele eust passé .lx. anz ou [8] plus. E quant ele fu laeinz descendue, li rois l'apella mult bel pur ceo que dame de eage li sembloit. E ele vient a lui e lui traist a conseil e li dist:

—Rois Artus, jeo vus aime mult, non mie tant pur vus com jeo face [9] por la bone renomee dont vus (i) [10] estes. E pur ceo ne soffrai jeo pas vostre mal si jeo le savoie, que jeo ne le vus contasse. [11]

E il l'en mercie mult e [12] puis li demande pur quoi ele le dit.

—Jeo le die, [13] fait ele, pur ceo que çaeinz vendra sempres une damoisele que est ministre Morgue vostre seore, e aportera avec soi un mantel, e [14] cil manteaus est de tele force que nuls [15] ne l'afoublira qui ne [16] chai mort maintenant qu'il [l']avera [17] mis a son col. Ele voudra que vus l'afublez primers pur vus occire. Mais gardez vus ent bien par mon conseille.

—E qu'en frai jeo donc? fait il.

—Jeo voil, fait ele, que vus la faciez afublier tut [18] [*330a*] primers. E lors [s]i[1] verrez qu'il li[2] avendra. [E][3] si ele muert,[4] Morgue ne porroit estre plus corucce de nule chose que li avenist, car ele l'aime de trop grant amur.

—Par mon chef,[5] dist li rois, si il avint ensi com vus me dites, onques dame ne servi meuz haut home com vus[6] m'auriez servi de ceste chose.

—Quant vus averez, fait ele, coneu ceste bonté, si ne seriez vus mie remembrance de tele bonté vus fis jeo ja.

E il li demande ou ceo fu.

—Jeo ne vus dirrai mie, fait[7] ele, car il n'est ore nul[8] mestier, e si le sauriez vus bien a[9] tens. Mais ore laissez ceste chose desqu'a sempres, car vus verrez bien coment il en avendra.

E il dit qu'il n'en parlera[10] plus a ceste fois.

Au seoir aprés soper quant li rois Artus[11] fu levez e li[12] chevalier estoient oncore el palais e parloient entre eus de ceo qu'il voloient, autant[13] es vus en la sale entrer une damoisele vestue d'une vermaille samit mult bel e mult cointement, e aportoit entre ses braz .i. escrin d'argent. E la ou ele voit le roi Artu, ele s'en vait droit a li e le salue e li dist:

—Rois Artus, saluz vus mande la plus vaillante damoisele e la plus bele que jeo sache orendroit el monde, cele est[14] la damoisele de l'Ille Fae. Pur[15] ceo qu'ele vus a oï prisier sor toz les rois que soient orendroit el monde,[16] vus envoie ele une garnement si cher e si[17] riche qu'a paines le porroit nuls[18] entreprisier.[19]

Lors over l'escrin qu'ele portoit e en trait hors une mantel d'un drap[20] de soie si bel e si riche par semblant que si vus le veissiez, vus ne quidissiez mie qu'il eust el monde si riche ne si vaillant.[21] [*330b*] E quant ele [l']a[1] desvolupé si que tut cil de laeinz le porent apertement veoir,[2] ele dit:

—Rois Artus, que te[3] semble?

—Certes, fait il, damoisele, il est mult[4] beax, mais jeo quit[5] qu'il serroit meuz covenable a damoisele que a chevalier, car il me semble un poi trop cort. E pur ceo vus prie jeo que vus l'ensaiez,[6] si verroms coment il vus serra.[7]

—Rois, fait ele, jeo sui femme e damoisele e[8] si ne sui mie digne que jeo met a mon col tele robe que si[9] haut home com vus estes doit afubler. E pur ceo ne m'[10] entremettroie jeo ja, car ceo serroit trop[11] grant folie.

—Jeo voil, [12] fait il, que vus le faciez, e si blasme i a[vient,] [13] li blasmes en ert tornez sor moi e non mie sor vus, e lors si n'i aurez nul honte.

E cele qui n'entendoit nule mal en cele chose ne ne conoissoit mie de quele force li manteax estoit, le [14] met a son col e l'afuble. E si tost com ele l'out afublé, [15] ele chiet a terre e s'estent, e maintenant li part l'alme del cors, si que tuit [16] cil du palais se assemblerent as [17] merveilles quant il le voient devié e dient que plus merveilluse aventure n'avint ainz mais [18] en la cort le roi Artu. E lui rois qui voit ceste chose avenir tuit ensi com home li [19] avoit devisé, regarde ceus que entur li sont e lor dist:

—Ore poez vus [20] veoir com soutilment avoit ma mort apparaillé la desleale que ceste present m'envoioit?

—Coment, sire, font il, fussez vus donc ensi [21] mort com ceste damoisele est ci mort, [22] si vus l'eussés afublé?

—Oïl certes, fait il, pur autre chose ne fu ele [23] çainz envoié fors por moi occire. Si en fusse mors si home ne m'en eust devant fait sage. [24]

E lors respondent tut: [25]

—Ha! Quele aventure ci a. [26] Nos ne quidoms jamais que ci eust barat ne [27] deceivance.

—Ore le poez, fait il, veoir apertement.

Lors fait ap[*330c*]parailler en mie la court un grant feu e merveilluse, car il mesmes le veut faire ardoir. [1] E quant il est bien espris, il fait dedenz getter le cors de la damoisele e le mantel avesque. E li fus estoit [2] grant a desmesure, si [3] out en poi d'oure ars e [4] le mantel e la damoisele. E quant il voit que tut estoit torné en pudre, il vint a la Damoisele du Lac e li dit:

—Damoisele, vus m'avez tant servie que jeo ne vus porroie jamais [5] guerdoner ceo que fait m'avez, [6] car vus m'avez rescoux de morir. [7] Si jeo vus [8] puis faire chose que vus plaise ne si jeo aie riens que vus voliez, requeriez mult e sachez [9] que vus l'auriez a vostre devise, car certes de riens que jeo puis el siecle avoir ne vus escondiraie. [10]

E ele l'en mercie [11] e dit:

—Jeo n'ai mester de chose que vus aiez, mais jeo vink en ceste païs pur ceo que jeo savoie bien que aucun qui ne vus aiment pas vus purchaçoient mal [12] e anui, e jeo [13] nel puis mie soffrir, car il m'est plus de vus que vus ne quidez.

—E pur quoi, fet il, vus est il de moi? Ja ne vus servi jeo onques de riens.

—Moi ne chaille, fait ele. Si vus ne me servistes, vus servés tantz prodomes, car si [14] vus morez, il n'est ore alme el monde que si enprist le fais de sustenir les com [15] vus faites. E pur ceo vus aime jeo, car vus amez e tenez en honur e en [16] hautesce la flore de chevalerie du monde. [17]

E il se taist atant, [18] e ele li dit: [19]

—Jeo m'en irrai le matin en mon païs, si vus comanderai a Deu, mais en guerdon de ceste servise que jeo vus ai faite, que vus devez tenir a mult grant, [20] vus prie jeo que vus pensez d'onurer chevalerie [21] ausi hautement com vus l'avez commencé [22] a faire.

E il li creaunte cum rois que desor avancer chevalerie, ne faudra il ja en tut sa vie. [23]

—Mais jeo vousisse, [24] fait il, que vus demorissiez çaeinz, s'il vus plust, e vus [25] fuissez tute dame de mon [26] [*330d*] ostel, car certes vus le deviez bien estre.

E ele li dit que ele [1] ne remaindroit en nule manere. A l'endemain s'em [2] parti la dame od tut sa compaignie, [3] e li rois remest a Carlion.

Mais ore laist li contes [4] a parler de la dame e del roi e retorne as .iij. compaignons e conte tute avant de misire Gawain. [5]

Ore dist li contes que quant misire [6] Gawain se fu partiz de ses compaignons, il chevaucha entre lui e la damoisele tut le jor entier par mie la foreste qu'il ne trova aventure dont home doit faire mencion.

Au seoir vint chiefs [7] un vavasor veil e auncien qui lor fist mult bele cher. E quant il sout que misire Gawain estoit chevaliers erranz e qu'il aloit quere les aventures, [8] il li dit:

—Beaus ostes, si vus me voliez suïr en ceste foreste, jeo vus musterai une trop merveillus aventure [9] dont jeo ne pooie onques chevalier trover qui m'en seust dire [10] la verité.

—Beaus ostes, fait misire Gawain, e quele est cele grant [11] aventure?

—Jeo nel vus dirrai, [12] fait li ostes, devant que vus le verrez.

E il dit qu'il [l']irra [13] veoir puisqu'ele est si merveilluse. Ensi dist li ostes.

La nuit e l'endemain si tost com il fu ajorné,[14] il se leva e esveilla misire Gawain e la damoisele. E quant il furent apparaillé, il monterent e s'en partirent[15] de laeinz, e s'en entrent en un chemin[16] que li ostes les maine e[17] chevaucherent tant en tele manere qu'il vindrent en .i. tertre. E li ostes monte avant[18] e li autres aprés. E quant il sont venus lasus, il trovent une plaine grant e bel e[19] duroit bien en totes [*331a*] sens une lue. Ne en tut la[1] plaigne n'avoit qu'une seul arbre, e cest arbre estoit un ormans[2] granz e merveillus, e estoit en mie leu[3] de la plaine. E delez l'orme avoit une croiz.

—Sire,[4] certes, fait li ostes, ore en venez a cele croiz e descendez entre vus e cele damoisele, e attendez un poi, si verrez l'aventure dont jeo vus ai parlé.

E il vont la e descendent. E aprés ceo qu'il sont descendu, ne demora guers qu'il voient venir desques a .x. chevaliers armés e montés mult richement, e tint chascuns .i. glaive en son poigne e s'arestent tut en mie la plaigne.

—Beaus ostes, fait li vavasor, veez [vus][5] ore toz ces .x.[6] chevaliers?

—Oïl,[7] fait misire Gawain.

—Jeo vus die, fait il, que ja en[8] vendra ceste part un seul[9] chevalier qui jostera a eus toz, e les abatera[10] l'un aprés l'autre sanz failler. E aprés quant il les aura abatuz, vus verrez faire de li[11] uns des greingnors merveilles du monde[12] que vus onques veissez.

En ceo que li prodome contoit cele parole, il regardent e voient de l'autre part venir [un chevaliers][13] tut seul, e n'avoit ovec li ne dame ne damoisele ne esquier que li fesoit compaignie.[14] E estoit li chevaliers armé mult bien e mult cointement.[15] E quant il vint prés de misire Gawain, il le salue mult bele e tute[16] sa compaignie. E misire Gawain li respont:

—Sire chevalier, Deux vus doint honur.

E cil li dit tut en plorant:

—Sire, Deus le porroit bien faire, mais non fra ci,[17] car ja tant n'i avera[18] d'onur que jeo n'i ai plus de honte aprés[19] ne jeo ne le tiegne pas a merveille, car nus prodome n'i vient que sanz honte s'en part, ne ne fist onques.

E quant il a ceo dit, il embrace l'escu [*331b*] e aloigne le glaive, puis se laisse coure a un des .x. chevaliers e le fiert[1] si durement

qu'il porte lui e le cheval a terre tut en un monte.[2] Puis lasse coure
a l'autre a l'abate ausi com il avoit[3] le primer, e puis le terce,
e puis le qart, e ensi les vait tut abatant[4] l'un aprés l'autre tant
que tuz .x. les out abatus qu'onques coup n'i out failli qu'il n'en
abatist a chescun colp un.[5]

Quant misire Gawain voit ceste chose, il dist a son oste:

—Certes, bel ostes,[6] ore vus[7] puis jeo bien dire que vus m'avez
mustré le meillor jousteor que jeo quidasse veoir jor de ma vie.
Certes, il ne[8] devroit pas faillir a honur, car il le conquert[9] bien.

E quant il a dit ceste chose,[10] il voit que tuz les .x. chevaliers
couro[i]ent sus au chevalier e li occient son cheval, puis le pren-
nent e le lient as[11] bones cordes par le peez a la keu de son[12]
cheval e son escu par desus lui. E il soffre[13] tut qu'il ne dit mot. E
quant il [l']ont bien lié, il remontent tut en lor[14] chevaus e s[e][15]
remettent a la voie e vont[16] le chevalier trainant a la keu del cheval
si grant oir que ceo est merveille qu'il n'en[17] rompent tut. E quant
misire Gawain voit ceste chose, il dit:

—Ha! Deus, qui est ceo[18] que jeo voie? Certes ore serroie jeo
plus que mauvais e plus recreans que nuls autres,[19] si jeo plus
soffre que home honissit ensi voiant moi le plus prodome que jeo
onques veisse.

E lors saut a son cheval e vout sus monter. E ses hostes li vait
au devant e le retient a force e li dist:

—Ha! sire,[20] ne vus entremettez de chose que vus voiez, mais
soffrez [le,][21] car bien sachez que chose[22] que vus faciez pur li
ne vaudroit,[23] ainz porriez bien tost faire[24] morir ou estre mahai-
gnez. Mais venez vus oncore reposer[25] e esgardés si plus en[26]
avendra des merveilles, car jeo [*331c*] ne quit mie qu'il remaigne
autant.

E il respont trop coruciez e dist:[1]

—Beaus ostes, jeo le larrai autant puisque vus (le) volez que
jeo plus ne face. Mais[2] jeo ai pour que jeo n'en soi honis e tenus a
mauvaisse tute ma vie de ceo que j'aie si bon chevalier lassié honir
devant moi.[3]

Lors revient delés la damoisele e s'asiet e atent pur savoir s'il
verra nul autre merveille. Mais ne demora pas longment qu'il voit[4]
de l'une part de la plaigne venir un chevalier tut armé fors de son
heauhme,[5] e estoit li chevaliers granz e fornis[6] e corsus e mult
beaus home de grant manere. E de l'autre part de la plaigne tut

droit encontre li, voit[7] un naim lait e hidus e petit, le plus hidus
creature que onques eust veu a son escient,[8] e estoit montés sor
un destrier grant e merveillus. E fu li naims trop bien armés de
toutes armes a sa mesure, ne mais d'un heaume que un vallet a
pee li aportoit.[9] E li naims venoit grant oir tut aval[10] la plaigne.
E quant il vint prés du chevalier, il li dist sanz saluer:[11]

—Danz chevaliers, veistes vus puis la damoisele?

—Nanil, voir, fait il. Mais ele doit ci venir prochainement.

E li naims dit qu'il voudroit ja que ele i fust venue,[12] car il
est prest de sa bataille maintenir. E li chevalier ne lui respont
mot.[13]

Lors se regarde[14] misire Gawain e voit venir une damoisele sor
un[15] palefroie e fu la damoisele mult bien faite e moute avenante,
e li hernois beaus e riche. Avec lui venoit .ij. damoiseles[16] qui
le conduissoient e li faisoient compaignie, e estoient les dames de
grant prise[17] e de grant eage. E quant ele fu venue desques a la
croiz, li naims saut avant, si l'aert par la frain e lui dist:[18]

—Damoisele, ore en vendrés vus avec moi, (si l'aert par la
frain) puisque jeo [331d] vus ai.[1]

E li chevaliers resaut d'autre[2] part e dit:

—Fui, naims, laisse le moi. Tu n[e l'][3] enmenrés pas, car ele
est moie.

—Si vus l'en volez mener, fait li naims, combatre[4] vus estuit
od moi[5] cors a cors. E[6] si Deus [vus][7] doine l'onur de la bataille,
jeo [la][8] vus clameroie si quite que james ne m'en orrés parler.

—Coment, naims, fait li chevalier, voudriés tu donc combatre
od moi?[9]

—A combatre, fait li naims, vus covient il,[10] ou vus n'enmenrés
mie la dame,[11] car jeo ai[12] ausi grant droit cum vus i avez, si
maintendrai mon droit meuz que vus ne freez le vostre.

—Ja, si Deu plaist, fait li chevaliers, ne ne m'avilerai tant[13] que
jeo a toi me combate, e si enmenerai la damoisele maugré teon.[14]

—Si m'aït Deus, fait li naims, non ferez. Ja ne l'enmenrés por
poeir que vus en[15] aiez.

E li chevaliers aert maintenant la damoisele par le frain,[16]
e li naims li dist:

—Que est ceo, danz chevaliers? Freez vus tele[17] desraison que
vus a tort ceste damoisele enmenez ou jeo aie ausi grant droit
com vus avez. Certes, voirement estes vus mauvais e desleaux,

quant jeo vus offre tout raison, e vus sor ceo, l'en volez mener a force. [18]

—Te fraie donc tort, [19] fait li chevalier, si jeo l'enmenoie?

—Oïl, dit li naims, le greignor que onques [20] tu fais.

—E jeo m'en mettroie, [fait cil,] [21] sor ceo que cil chevaliers en dirra iluc, qui ne conoit ne moi ne toi.

—E jeo certes, dit le naims. Ore en face ceo qu'il [22] voudra.

Lors apelent misire Gawain pur mettre pais en ceste contencion. [23] E il li dient:

—Sire chevalier, veez vus ceste damoisele ci? Nus le conquesimes [24] avant ier entre nus .ii., e [25] chescuns de nus [26] le vot aveir, mais ceo ne poet estre que [27] li uns [332a] n'i a pas nient plus que li autres. [1] Ore en faites pais entre nus .ij. en tele manere que li uns n'en peut a l'autre desoremais en avant riens demander.

E il lor respont:

—Seignors, jeo sui un joven chevalier, [2] si ne sai oncore prou [3] des coustumes de ceste païs, par aventure jeo n'en porrai faire chose que vus pleust ne dont vus vus tenissez a pais. [4] E pur ceo m'en entremettroie jeo mult enuis. [5]

—Vus n'en freez ja chose, font il, [6] que nus n'en [7] teignums.

—Crantés le donc, [8] fait il.

E il le [9] creauntent leaument que ja n'istront de ceo qu'il en fra ne ja maugré ne l'en saveront. E il lor dit erraument:

—Amez [10] vus mult ceste damoisele?

E chescuns respont endroit soie:

—Jeo l'aime de trop grant amur.

—E voudrez vus, fait il, que ceste damoisele alast a son gré, a celi qu'ele voudroit? [11]

E il respondent:

—Oïl, bien autrement ne li [12] voloms pas.

—Par mon chief, fait il, donc ne [13] serrai jeo ja blamés de rien que j'en face?

Lors redit a la damoisele:

—Damoisele, ne ferez vus de cest chose ceo que jeo [vus] commanderai? [14]

—Sire, fait ele, oïl sanz faille. Ja ne m'en istra [15] de chose que vus en volez faire.

—Ore vus comand jeo donc, [16] fait il, que vus en alez a celi de ces .ij. que vus meuz amez.

—Voire? fait ele. Est il ensi?
—[Ouïl, fait il.
E elle les appelle maintenant et leur dit :
—Beaux seigneurs, il est ainsi] [17] que li uns de vus ad failli de moi [18] e que li autres m'avera. [19] Ore voil jeo donc que [vus] me fiauncez [20] que vus ne me [21] saurés maugré de chose [22] que jeo face de ceste affaire. [23]

E il li ottroient erraument. Ele [24] s'en vait tantost au [25] naim e li dit :
—Amis, jeo me renk [26] a vus e me met en [*332b*] vostre manaie, si ferez de moi desoremais ceo qu'il vus plerra com de la vostre amie. E vus, sire chevaliers, alez vus [1] quere une autre amie, [2] car a moi avez vus failli a toz les jurs de vostre vie, car [3] certes en si grant beauté cum vus avez, ne quidasse jeo pas que [4] si grant desleauté [5] se herberjast com il i a. Ore vus en poez aler quele part que vus voudrés, car jeo m'en irrai avec cesti que jeo meuz aime de vus.

E apele [6] les dames que estoient venues od li, si les amaine. [7] E li naims prent son esquier, si s'en vait en tele manere liés e biaus e joianz com cil [8] qui a sa querele gaigné a sa volunté. E quant li chevaliers voit ceo, il comença a faire le greignor doel del monde e dit a misire Gawain :
—Ha! sire chevalier, [9] que porrai jeo faire? Jeo sui honis e mors quant ceste damoisele va ensint ovec le naim, car [10] jeo n'amoie riens tant com li, ne n'amerai jamais tant com jeo vive. [11]

E misire Gawain se [12] seigne de la mervaille qu'il en a e puis li [13] respont :
—Jeo ne sai que jeo die de [14] ceste chose. Onques mais femme ne fist si grant diabl[er]i[e] [15] com ceste a faite. Voirement a [ele] [16] ben quer de femme qui vus a laissié e a pris ceste faiture, ceste chose despit. [17]

E li chevaliers respont tut lermoiant : [18]
—Sire, teles sunt li guerdon d'amurs que cil que aime leaument n'avendra ja a ceo qu'il covoite le plus. [19]

E quant il a ceste parole dit, il comande a Deu misire Gawain. E lors s'en vait faisant trop grant doel e fiert ses [20] poinz ensemble e maudist l'ur qu'il fust nez. E li cheval l'enporte si grant oir com il poet aler, si [21] que misire Gawain en a perdu le veu en poi de tens. E quant il n'en [22] voit mais, ne il ne siet qu'il est devenus, il dist a son ost:

—Par Deu, beaus ostes, teus [23] merveilles [*332c*] m'avez hui mustrés dont vus me faites mult merveiller.[1] Quidiez vus que nus en voioms plus hui mais?

—Oïl certes, fait il, si vus oncore i [2] demorés.

—E jeo [3] demorrai, fait il.

—E jeo ausi,[4] dit li ostes.

E la damoisele redit tut autretiel.[5] Ensi demorerent tut .iiij. devant la croiz e attendent iloc les aventures.[6] Mais il n'i unt mie [7] grantment demoré quant il voient venir en la place [8] .ij. chevaliers [9] armés dont li uns lui [10] crie a haute voice:

—Gawain, Gawain, a joster te covient:

E quant Gawain [11] entent que cil li nome si droit, il s'en [12] merveille qui [i]l [13] puet estre. Si saut erraument a [14] son cheval e prent sa launce e son escu e se paraile de joster [15] e lasse coure au chevalier e cil a li. Si s'entrefierent si durement qu'il s'entreportent a tere [16] les chevax sor lor cors. E quant li autres, qui estoit tout montés, voit qu'il sont [17] entrebatu, il vint a la damoisele e li dist:

—Damoisele, s'il vus plaisoit a laisser Gawain en quele [18] conduit vus venistes (venistes) [19] en ceste terre, jeo serrai vostre chevalier e [20] vus enmeneroie avec moi e vus tendroie tut mon eage e ma dame e m'amie.[21]

—Certes, dit ele, jeo le voile bien, e jeo le larrai e m'en irrai ovesque vus, car certes ceo est li plus mauvais e li plus faillanz de quer que jeo ja ne quidasse de veoire.[22]

E lors monte el cheval sor quoi ele estoit [venue] [23] e dist a l'esquier qui de court s'estoit partis avoc Gawain:

—Vien ent avoc moi e lasse cel mauvaise chevalier a qui tu es, car certes [24] tu ne poes avoire si honte non en lui servir. En as tu veu coment [25] il a laissé trainer devant li le bon chevalier, que onques n'eust quer li aidier ne secore?[26] Certes aprés ceste mauvaisté ne doit ovec lui aler damoisele [27] ne esquier, ainz le devroient tut laisser cum mauvais e recreant.

—Par foi, fait li vallez, donc li lerrai jeo. Ore garde sa mauvaisté tut [*332d*] par soie, car jeo me voil partir.[1]

Lors [2] monte erraument sor son ronci[n] e [3] s'en vait avec la damoisele. E cele acuilt son chemin avec le chevalier.[4] E quant li ostes voit ceste chose, il remonte sor son cheval e dist qu'il ne demorra plus ici, si s'en revait avec les autres.

Ensi remistrent li dui chevalier tut seul en mie la plaine, e il orent les espees traites, si s'entredounent des granz colx par mie les heaumes e par mi les escuz e s'entremainent un hure avant, autre[5] ariere. Si dure tant la bataille[6] e tant foiz se sont entresailli[7] que li plus forte e li plus vistes eust[8] mestier de reposer. Mais li chevalier est tant lassiez e travaillez qu'il[9] ne poet soffrir[10] en avant, car il avoit el cors des plaies granz e parfondes plus de .iiij.[11] Si avoit ja assez perdu du sanc,[12] e pur ceo se traist il ensus de son adversaire e met son escu a terre e s'espee en costé lui[13] e dist:

—Danz chevaliers, que me demandés vus?

—Mais, vus, qu[e][14] me demandés, fait misire Gawain, qui ci me venistes assaillir? Jeo[15] ne vus forfesoie[16] rien.

—Jeo ai fait ceo que jeo doi,[17] fait li chevaliers, [e vus][18] ausi. Si poet bien la[19] chose remanoire, car bien nous sumes entreprové. E certes vus poez bien dire qu'il a en vus .x. tant de pruesce que jeo ne quidoie. Pur[20] ceo vus claime jeo quit[21] vostre bataille.

—En nom Deu! fait misire Gawain, ensi ne vus en irrez mie.[22] A outré vus covient tenir ou morir. E si vus estes outrés, il vus covendra que vus contés por quoi vus deistes que vus aviez[23] fait ceo que vus deustes, e jeo ceo que jeo doie.[24]

—Certes, fait il, a outrés me tendroie jeo ainz que jeo en face plus, que jeo[25] quit vus m'avez navré a mort e si ai trop del sanc perdu.[26]

—Ore vus i tenez donc?[27]

E il li ottroie.

—Ore me redites,[28] fait misire Gawain, pur quoi vus me[29] deistes ceste parole que jeo vus ai demandé.[30]

—Jeo le [333a] vus dirrai, fait il. Voirs est que jeo sui de ceste païs e ai un chastel bel e bone au pee de ceste tertre [c]i[1] desouz, enclos de la foreste de totes parz. Si le tiegne del roi de Norgales en fee, mais li servise en sont si mauvase e[2] si anuius a mon oes[3] qu'il covient que jeo me veigne combatre[4] toutes les foiz qu'il vien(en)t[5] chevaliers erranz qui aille querant aventures. E si jeo n'i veigne, si i vient par[6] moi aucuns[7] chevaliers de mon ostel. E si plusurs i vienent ensemble, nus i venoms plusors. Mais ja n'i venroms[8] sanz faille fors un encontre un autre. Ensi covient que[9] jeo vus assaillis, e jeo le fis, e si fis ceo que jeo (le) dui.[10] E vus i avez bien fet[11] ceo que vus deustes, [car vous vous deviés deffendre et si feistes vous si bien que vous en avés l'onneur et moy la honte.

Si vous en est mieulx avenu qu'a homme qui onques mais y venist,] [12] car certes chevalier n'i vient ainz mes que ni fust outrés. [13] Mais por ceo que vus estes de si vaillante gent estrais e que jeo voudroie mult avoir la vostre acointance, [14] vus prie jeo [15] par amur e par curtoisie que vus veignez hui mais herbergier avec moi. E certes jeo [16] serrai plus liez que si vus me doignez .i. greignor don que cist n'est. [17]

E il dist qu'il [18] remaindra si la damoisele l'ottroie. E il [19] quidoit bien que la damoisele fust oncore aprés lui [20] e ses esquiers e ses ostes. E cil li demande de quele damoisele il parole. E il regarde, [21] si le voit mustrer, mes quant il ne la voit, il en est [22] tuz esbahiz. E ausi fait il de son esquier e de son ost. [E li chevalers li demande:] [23]

—Coment sire, fait il, ne sustes [24] vus mie quant ele s'en ala?

—Certes nanil, fait Gawain.

—Ore le vus dirrai jeo, fait li chevaliers. Sachez [25] que celi chevalier qui vus veistes venir avec moi l'en a amenée, [26] mes non mie par force, ainz l'enmaine par sa bone volunté.

E lors li conte tute ausi com [27] il avoit esté. E quant [*333b*] il a tute ceo [1] escouté, il se seigne e dit:

—Par foi, en ceste plaigne n'avient si merveille non e aventures.

E li chevaliers respont:

—Sire, pur [2] ceo l'apel home la Plaine Aventurus, que home n'i voit rien avenir fors aventures e merveilles.

E misire Gawain respont que de la Plaine Aventuruse a il mainte foiz oï parler mais onques ne sout ou il [3] estoit. Ore li est bel que aventure l'i a amené.

—Mais de la damoisele, fait il, que avec moi venoit, me merveille jeo coment e pur quoi ele [4] m'a guerpi. Certes [5] jeo ne quidoie pas que ele eust oncore en moi veu mauvaisté pur quoi ele le deust faire.

—Sire, fait li chevaliers, ore est ensi, ore ne vus en chaille. Tele [6] est la manere de femme que ele ne regarde nule chose fors que [7] sa volunté.

E il s'en taist autant trop hontuse e mat, car il quide bien que la damoisele l'ait faite pur [8] aucun mauvaisté que ait [9] en li veu. E [10] lors dist li chevaliers:

—Sire, il n'i eust fors del monter e d'aler a vostre recet, car si demorroms nus pur nient.

E il dist qu'il monterast mult voluntiers, mais il ne siet quele part ses chevax est. E il li dist:

—Sire, veez le la, ou il passe(nt).

E il mostre auques long. Puis s'en vont cele part e [10] puis montent e s'entrevalent tut contreval la montaigne, non mie le chemin que Gawain estoit devant venue, mais un autre. Si n'ont [11] mie granment alé quant il furent [12] au pee de la valee qu'il virent devant eus le chastel, e il entrent einz. Si s'en vont trés [13] par mie les rues tant qu'il veignent a la maistre rue. [14] E li [15] vallet lor vien[nen]t [16] a l'encontre qui les descendent e [17] les desarment.

Cele nuit fu Gawain servis a aise de totes choses [18] que cil de laeinz poent penser que [19] bons li furent. E li sires mesmes li fist tant de feste e tant d'onur [20] com si ceo fust le cors le roi Artu. E encore li eust mult plus faite si il fust sainz, [*333c*] mais les plaies qu'il avoit el cors li faisoient getter a force l[e] jeu(e) e l'envoisure. [1]

Au seoir quant il eurent mangié, demanda misire Gawain a son ost:

—Sire, pur Deu, car me dites la [2] verité du [3] chevalier que jeo vie hui en la Plaigne Aventurus.

E lors li conte en quele manere il [l']avoit [4] veu e a quele honte mener. [5]

—Ha! misire Gawain, fait li sires, sachez que ceo est la greignor dolor que soit en tut cest païs, e le chevalier que jeo plus plaigne, car certes ceo est li meudres chevaliers que jeo sache en ceste terre. E tut cest dolur e cest honte [6] que vus veez que home li fait est pur une dame de cest païs qu'il aime de si grant amur que onques a m[o]n [7] escient home n'ama autretant femme. Il l'aime e [8] l'a amé de long tens, mais onques nel pout avoir pur [9] ceo qu'il est de bas lignage, e ele est estraite de haut gent, Il n'a pas [10] long tens qu'il out crié en cest païs .i. tornoiement, e a cel tornoiement [11] alerent les damoiseles de cest païs pur [12] veoir le. E ausi i [13] vindrent chevaliers e dames d'estranges terres e de lointaignes [14] pur l'assemblé regarder. Si avint que cele damoisele que home apele Arcade i vint e cil bons chevaliers, dont jeo vus conte, que home apele Arcade i vint e cil bons chevaliers, dont jeo vus conte, que home apele Pellias i vint. [15] Lor tornoiemenz [16] estoit assemblés en tele manere que cele que prové ert a la plus [17] bele enporteroit por loier de sa beauté une cercle d'or que estoit mise sor [18] une glaive en [19] mie leu del tornoiement. E cil qui esleus en [20] serroit a meillor [21] chevalier de tute la place e qui meuz le feroit el tornoiement, averoit pur loier de sa chevalerie une espee la meillor de toute le païs.[22]

Quant cil tornoimenz, dont jeo vus conte, fu ensi assemblés, il fu voirs que assez i out des prodomes e des bons chevaliers qui estoient[23] venue e de loing e de prés. Mais sanz faille cil Pellias le fist icel jor si bien que /si bien/ faire ne vist onques chevalier en leu ou il fusse.[24] E pur ceo li fu ottroié cele espee [333d] voiant tuz,[1] car tuz disoient communement qu'il avoit vencu l'assemblé. E cil vint maintenant al cercle d'or, si le prist e le porta a la damoisele qu'il amoit, si li[2] dit:

"Tenez, damoisele,[3] cest cercle, car vus[4] le devez avoir par raison, que certes[5] il n'a en ceste place si bel ne si avenant com vus i[6] estes. E si il i avoit nul si hardi qui l'osast contredire, jeo serrai apparaillez de prover encontre[7] son cors par si que jamais ne portaisse escu au col,[8] si jeo n'en renderoie mort[9] ou recreante."

Quant il out dit ceste parole, il n'i out nul si hardi qui l'osast contredire, car il le conissoient ausi prodome[10] e a si preu chevalier e hardi qu'il ne s'oserent drescier encontre li.[11] E nepurquant il le[12] voient tut apertement que en la place en avoit assez de[13] plus beles que cele n'estoit, mais il n'oserent[14] plus parler.

Quant il out ceste chose faite e la damoisele s'en fut ralee en son païs mult lee e mult joiuse com cele que quidoit[15] bien estre la plus bele de totes les autres, cil Pellias qui tant l'amoit de grant amur qu'il ne pooit durer, vint un jur a lui.[16] E cele que estoit orgoilluse e oncore[17] plus que nul autre, li dit que ja ne l'ameroit, car il n'estoit pas de tiel lignage[18] que ele lui deust amer.

"Non, dame," fist il, "donc sui jeo malbaillis e cheus en dolor e en le greignor langur ou onques home[19] fust, car jeo languirai desoremais ne ne porrai morir ne vivre, car il n'est nul dolur fors la mort seulment qui me peust faire morir tant com jeo vus seusse vive.[20] Ne nul paine ne nul dolor[21] que jeo soffrise por vus ne me puroit de vostre amor oster."

"Non?" fist ele. "Si ne porroie faire chose dont vus[22] me haïsez?"

"Dame," [fait il],[23] "non!"

"E jeo quit," fist ele, "que si ferai."

"Dame, ceo ne [334a] porroit.[1] E si l'assaiés quant il vus plerra."

"Jeo ne l'assoieroie mie," fait ele, "volunters, mais tant vus deffent jeo que desoremais [2] n'ailliés en la Launde Aventurus, [3] qui est mon [4] heritage, car bien sachez si vus i aliez, jeo vus frai prendre e mettre [ç]ainz [5] en prison en tiel lieu dont vus n'istrés pas a vostre volunté. E alez vus ent de devant moie, car ceo ne [6] me plaist mie que vus i soiez plus."

A tant s'en parti [7] li chevaliers plus a [8] maleisse qu'il n'estoit devant. E ele se tient en [9] tiel lieu que cil ne la [10] poet veoir nul foiz e [11] si se mettoit en tuz les lieus ou il pooit pur ceo que ele le veist. [12] Mais ceo ne pooit estre, car ele s'en gardoit bien. [13]

Quant il vit qu'il nel porroit en nule manoire veoir, adonc fu il tant a malaisse qu'a poi qu'il ne morroit de doel. Si se pensa qu'il mesferoit as gens a la [14] damoisele e qu'il se larroit prendre tant que home le menroit [15] devant le e que il le verroit hontuse [16] ou joiuse. E [17] autant li chaloit si hom li faisoit honte com honur, mais que ele le vaist. [18]

Lors s'en vint [19] en la Plaine Aventurus tut armez. E il estoit adonc ensi qu'il ne fausist ja jur que [20] la damoisele n'envoiast en la plaine aucun des chevaliers [21] de son ostel pur joster as chevaliers trespassanz que aventure i amenat. E Pellias quant il vint, les comença chescun jour a abatre. E quant il les avoit abatus e outrés, si les queroit e [22] les envoioit armés a [23] lor dame. E quant ele voit qu'il les servoit [24] ensi e qu'il venoit jor sou deffens, [25] ele fist armer desqu'a .x. de [s]es [26] chevaliers e lor dist:

"Vus irrez la au chevalier [27] que ensi me maine [28] e justerez a li l'un aprés l'autre. E s'il avient qu'il vus [*334b*] abate tuz, nel lessez pas adonc que vus nel prennez as poins sanz combatre, [1] car je ne voudroie mie [2] que vus l'occiez, mais esprovés adonc si il m'aime tant cum il dit. E li defendez donc [3] de par la foi qu'il me doit qu'il ne se mue [4] pur chose que home li face. E si il ne se muet, liez le tut [5] maintenant a la keu de son [6] cheval sur son escu [7] e le trainés desqu'a [8] moi. E jeo vus die que ainz que vus li [9] avez faite ceste honte un foiz ou .ij. qu'il n'avera plus [10] volunté de moi amer, ainz m'en harra [11] sur toutes femmes."

Tut ausi com la damoisele le dit, le firent li chevalier, car il s'en alerent el tertre tut armé e tut monté. E li chevalier les abati tuz l'un aprés l'autre ensi cum vus veistes hui. E [12] quant il les out tuz abatuz, il li distrent ceo que lor damoisele lor [13] avoit comandé. E il se tint tut [14] erraument tut cois, e il le pristrent e le firent tut autretant cum vus veistes [15] qu'il le firent hui devant vus. [16] E quant il [l']eurent [17] a tiel hure trainé desques a la [18] damoisele, ele li dist:

"Ore, sire chevalier, ave[z] [19] vus ore cure de [20] moi amer?"

E il le respond adonc: [21]

"Certes, [22] dame, ore vus aime jeo plus que onques mais, [23] car jeo quit que aucun guerdon me renderez vus de ceo que vus me faites soffrir e cele esperance re(e)mplit mon quer de tute joie e de tut bone aventure. E certes si jeo ne [24] prennoie plus a ceste foiz en [25] guerdon de ceste travaille ne mais que [26] jeo vus voie, si m'en tienge a bien [27] paiés."

Quant ele oie cestes parole, ele respond:

"Ceo n'a mest[ier.] [28] Certes tost [29] en serrez ostez de moi amer."

Lors [l]e [30] fist deslier e oster de [31] devant lui e dist que jamais ne [32] l'ameroit. E quant cil ne la pooit veoir, si s'en ala [33] a son rescet. Si vus die bien [34] que en ceste manere l'ont ja trainé a grant honte [35] plus de .x. foiz. E il tut le [36] seoffre ensi debonairement cum vus veistes hui, car bien sachiez [*334c*] de veoir que si il voloit son pooir faire de soi deffendre, il ne li porroient faire chose que li desplust, car il es trop prus. [1] Mais totes voies la [2] honte qu'il li font lui semble honur trop grant pur ceo qu'il siet bien qu'ele l'a comandé, ne oncore ne li veut ele aver ne amer, si [3] com ele dist.

Ore vus ai dit la verité del chevalier pur [4] quoi hom li fait si grant honte cum vus veiestes.

—Certes, fait misire Gawain, ceo est damage qu'il aime de si grant cuer quant cele ne li veut amer, e que il i a mis si s'ente[nte]. [5] E si Deus me consaut, jeo n'oï onques mais parler de damoisele si orguilluse ne si vilaine cum ceste est. Ne il ne me semble [6] que ele soit de si vaillant gent cum vus dites, car certes si ele fust estrait de gentis genz, [7] au mains eust ele tant de cortoisie en soi qu'ele ne [8] fait ja par son comandement honte ne viloinie a home que tant l'amast com cist faite. E si Deus me consaut, si jeo estoie bien de l'un ou de l'autre, jeo feroie mon pooir que li chevalier eust de la damoisele totes ses voluntés. E mult me peneroie si ceo puet avenir. [9]

—Certes, fait li ostes, vus auriez droit, car onques dame ne damoisele si [10] felonesse ne si orguilluse ne fu [11] cum ceste est.

—Sire, fait misire Gawain, puisque vus m'avez fait certaine de ceste damoisele e de cest chevalier, ore vus prie jeo que vus me

diez qui est li chevaliers qui vi(e)nt [12] en la montaigne tut seul que
la damoisele [13] lassa pur le naim qui tant estoit hidus e lais. [14]

E lors li conte l'aventure [15] tut ensi cum il avoit [16] veu.

—Certes, misire Gawain, fait il, de ceste chose ne vus sai jeo
que dire, fors que jeo quit que la damoisele lessa le chevalier
pur aucun mauvaisté qu'ele savoit en lui e prist le naim. [17]

—Jeo ne sai, fait il, que j'en die, mais tant sachiez [18] que jeo
ne serrai jamais a [19] aise devant que j'ai finé de ces .ij. aventures
e que ne conseille chescun [20] de ces .ij. chevaliers, [21] si jeo onques
puis, en [*334d*] tele manere qu'il serront venuz au desus de ceo que
il plus covoitent.

Ensi parolent entre eus .ij. de mult des choses. [1] E misire
Gawain dit que il se merveille mult pur quoi sa damoisele la
laisse e ses esquiers.

—Certes, sire, [2] fait li chevaliers, ausi m'en merveille jeo.

Cele nuit fu mult bien servi e aaisé misire Gawain de quanque
li sires de laeinz pout avoir e mult li firent honur li un e li autre. [3]
A l'endemain remist laeinz e sojorna pur ceo qu'il estoit un poi
plus travaillez qu'il ne vousist. E quant il s'en parti, [4] il comanda
a Deu le seignur de laeinz. [5] E il estoit si matin que li soleaus
n'estoit pas oncore levez. E il chevaucha tout jour par mie la
foreste ausi com li chimins le menoit. Si li avint ainz qu'il en est
alez un leu englesche [5] qu'il encontra en un valee le bon chevalier
qui [6] se fesoit trainer pur l'amur de la damoisele. Quant il le voit
venir, il s'areste e le salue au plus bel qu'il sout. E li chevaliers
estoit si pensis qu'a paines l'entendi il, e neporquant il respont:

—Deus vus gard, sire chevaliers. Dont estes vus?

—Sire, fait misire Gawain, jeo sui uns chevaliers erranz de cel
estrange [7] païs qui mult voudroie estre acointés de vous se [8] il vus
plesoit. E sachez que si vus me volez rescoiver a estre compaignes [9]
d'armes, jeo quideroie tant faire ainz bref terme que jeo mettrai
en vostre saisine cele pur qui vus avez soffert tant paine e tant
travaille si que vus [10] en porrés faire totes vos voluntés.

Quant il entent ceste novele, il en [11] est tant liez qu'il ne poet
mie croire misire Gawain de ceo qu'il li dit. E neporquant il li
respont:

—Sire, si vus ceo [12] me poez faire que vus me [13] promettés,
jeo ne [*335a*] purrai plus [1] avoir chose que me plust, [2] car adonc
auroi [3] acompli toz mes desires. E certes, s'il avenoit par vostre

purchase qu'il ensi fust, vus i⁴ auriez gaigné a toz jors un tel
chevalier com jeo sui. Ne ne serrai⁵ puis cum vostre compaignes
mais com vostre chevalier e cum vostre sers. E pur Deu, dites le⁶
moi, si vus le porroiez⁷ faire ensi cum vus le m'aviez dit, car adonc
m'auriez vus rendu la vie.

—Certes, sire, fait misire Gawain, jeo quit bien que jeo le
porrai bien faire, e que jeo le frai.⁸ Mais ore me baillés vos armes
e prennés les moies.

—E que⁹ ferez vus, sire? fait li chevaliers.

—Jeo ferai entendant, fait misire Gawain, que jeo vus averai
occis, e jeo sai bien que la damoisele en serra mult lez e mult
joiuse¹⁰ puisque ele vus hiet si durement.

E li chevalier dit:

—Jeo ferai quanque vus me loerez.

E¹¹ lors s'entrecreauntent a tenir droit¹² compaignie desore en
avant. E puis se desarment. Si prent misire Gawain les armes au
chevalier, e cil rep[r]ent¹³ les seons. E quant il sont am[b]dui¹³
armé, (e) misire Gawain li dist:

—[Ou]¹⁴ m'atendrez vus (ci)¹⁵ que jeo vus trosse quant jeo
revendrai? Car jeo m'en voise de ci el rescet a la damoisele orguil-
luse.¹⁶ Si parlerai a lui e m'en acointerai pur savoir si jeo purrai¹⁷
trover nule debonerté.

—Sire, fait li chevaliers, en une praieraie qui ça est a .ij. pa-
villons¹⁸ tendus qui sunt mien. La i viegne chescun nuit reposer
aprés le travail du jour.¹⁹ Illoc irrai jeo²⁰ orendroit e vus atten-
drai²¹ si que vus me troverez quant vus i vendrez.²²

—Ore me²³ menés, fait misire Gawain.

E il l'i maine tout erraument²⁴ e li mostre / les .ij. pavillons/ en
une praierie. E sachez que les pavillons estoient bele e riche d'une
drap de soie vermaille.²⁵

—Sire, [335b] fait li chevaliers a misire Gawain, ici me porriez
trover toutes les fois qu'il vus plerra hui e demain¹ car bien²
sachez que jeo ne me remuerai mais devant que jeo vus reverrai.³

—Ceo me plaist bien, sire, [fait misire Gawain.]⁴ Ore sachez,
sire, (fait misire Gawain) que [j]eo revendrai au plus tost que jeo
averai esploitié de vostre bosoigne.⁵

Si s'en vait maintenant, e lui chevaliers remaint laeinz⁶ mult
liez e mult joiuse de ceo qu'il li a promis. E misire Gawain, qui
bien avoit apris ou⁷ il porroit la damoisele trover, i ala.⁸ E tant

en avoit demandé qu'il savoit de voir qu'il la conoistroit bien, si
tost com il la verroit apertement. [9] Si chevauche par mie la foreste
tant qu'il vint a un rescet ou la [10] damoisele a une tour fort e haut
que estoit au pié de la montaigne. [11] E li avint ensi qu'il trova la
damoisele seant en un seon pavillon que ele avoit fait tendre devant
la tor en un praiel. [12] E avoit [13] ovec lui .ij. chevaliers qui li fai-
soient compaignie. E quant ele voit venir devant lui misire Gawain
qui avoit les armes Pellias vestues, ele quide bien que ceo soit
il, si [s']escrie [14] erraument a ceus que ovec lui estoient:

—Ostez moi, [15] seignor, ceste anemi, cest deable de devant [16]
moi. Ceo que jeo le voie seulment m'aura ja mort.

—Damoisele, [17] fait misire Gawain, ne soiez pas si effraié male-
ment, [18] sachez que jeo ne sui mie Pellias, ainz sui uns chevaliers
erranz de cel estrange païs [19] qui ai occis celi Pellias dont vus
avez si grant pour. E veez ici ses armes que jeo aporte en tes-
moigne. [20]

Quant la damoisele [21] entente ceste parole, ele est tant lee que
ele ne poet pas croire [22] que ceo soit voires. [23] Si dit:

—Danz [24] chevaliers, ostez vostre heaume, si verrai si ceo est
verités, car autrement ne vus crai jeo mie.

E cil ost verraiement son heaume. [24] E quant ele [*335c*] le voit
en apiert, ele quide bien qu'il ait celui occhis. Si saut a monsengnur
Gawain e li fait maintenant [1] descendre e li dist:

—Ha! chevaliers, [2] vous soiez li tréz bien venus, car [3] vus
avez [4] mise toute la joie du monde en mon quere [5] quant vus avez
mort celui que jeo haïoie sor touz hommez. Vous ne me pussiez
de rienz eu [6] monde si servir a ma volunté cum vus avez fait de
ceste chose. Ore vus desarmez, si remaindrez anuit mais [7] avoque
moi e demain, e tant cum vus plairra. Si vus aaisromz, [8] car bien
sachiez qui pour ceste chose m'aviez vous gaagnié a tuz jours. [9]

E il l'en mercie mult, si se fait desarmer erraument a .ij.
vallez qui illuc vindrent. [10] Si [11] est mult liez de che que il est si
bele resçus, car par cest chose quid [12] il bien faire sa bosoing au
chevalier ainz qu'il s'en part. E [13] quant il l'ont desarmé, il li
aportent robe bele e riche a vestir. E il le veist, e la damoisel[e] [14]
le fait asseoire de joste lui e li mette en parolez de mult de
chosez. [15] E li comenche a demander dont il est e de quele païs e
de quele gent. E il ne li ose celer, ainz lui dist verité de quantquez
ele li demande. [16] E quant ele entente qu'il est niez le [17] roi Artu

e de si haut linagie cum cil qui est fiz de roi e de roine, ele le
prise mult en son quere pur che que ele avoit ja oïe assez [18] parler
de sa chevalerie. E si le voit jonle bachiler e bel durement. Si
li est maintenant avis [19] qui mult serroit boneeurée la damoisele
qui bien [20] serroit amée de tiel home qui est estrais de tel lignage. [21]

Ensi chaï en amour la damoisele qui onques n'avoit amé e qui
si [22] avoit est[é] [23] orgoulluse e felenesse vers amors e si s'emploie
e amolie e i met de tout [24] [335d] son cuer e aime ja plus hardie-
ment e plus desveement c'une auter [1] ne feist qui eust long tans
servi de che mestier. Si esprent e art e eschaufe plus, [2] e che fait
che que ele voit devant li celui qui si l'a embrassé. Si pense que
ele purrai faire, car ele voit celui si jonle e si honteus a son avis
qu'ele siet bien qu'il ne la requeroit jammais s'ele ne le mettoit
en voie. Ensi pense la damoisele e regarde celui qui tant li plaist e
atalente que poi s'en faut qu'ele ne li court au col pur li acoler
e baisier. E miesir Gawain qui li voit coulour muer [3] aucune fois
n'est pas si niches qu'il ne s'en aparcoive bien e a coi [4] ele bee. Si
en a mult grant joie, car mult serroit liéz s'il pooit tant faire que
li chevaliers qui pour li se muert en eust sez voluntés. [5] E la da-
moisele, quant ele ne se puet plus tenir que ele ne die partie de
che qu'ele pense, dist a monseignor Gawain:

—Misir Gawain, mult se puent joier [cil] de [6] vostre païs, car
om les tient quemunement as meillors chevaliers du monde e
as plus curtois. [7] E encore ont il une auter teche dont jeo lez prise
plus. [8]

—Damoisele, fait il, quele?

—Il aiment tuit per [9] amurs, fait ele.

—Chertes, fait il, vous dites voire. Poi en a [10] en la court mon-
seignur qui n'ait aimie. [11]

—Voire? fait ele. Puisque chascuns a amie, dont sai [12] jeo bien
chertainement que vus avez la vostre. [13]

—Ha! damoisele, fait miesire Gawain, jeo ne die mie que
tout l'aient, mais plusurs (fait il) [14] l'ont.

—E vus, [15] fait ele, coment en vait? Ditez le moie, si Diex
vus garde.

—Par mon chief [16] fait il, jeo n'oi onques amie ne onques n'amai
par amours. Si ne m'en doit mie om blasmer, car encore sui jeo
trop jonles, n'en (n)a encore gaires [17] [336a] que jeo sui chevaliers.

E neporquant, si Diex me gard, jeo sai cele [1] damoisele que jeo ameroie par amours s'ele voloit.

—E qui est ele dont? [2] fait la damoisele. Ele [3] ne serroit mie curtois s'ele vous refusoit. E [4] dites moi s'il vus plaist [5] qui ele est [6] que vouz amariés se ele vous voloit amer.

—Pur coi, fait il, le vouz dirroie jeo? Par aventure, vus ne (n) m'en querriez mie.

—Chertes, fait ele, si ferai bien, [7] car jeo ne croi [8] mie que vouz encore soiez si malicious que vous mentissiez si légierment. [9] Mais [10] ore le me ditez toute asseure, car vus ne m'en dirrés ore parole dont jeo vous croie.

—Par foi, dont je vus dirrai jeo puisque m'en vous assewés. [10] Sachiez que ch'estes vous, car jeo vus amerai si vous me deignés amer.

—Coment? fait ele, si m'amez [11] ne onques mais ne me veistes! Coment puet [ce] [12] estre?

—Par dieu, fait il, je ne le sai fors que einsi me est avenue. Or en faites ceo que [13] vous plaira. Si il vous plaist, vous me resceiverés a vostre ami. [14] E se il [ne] [15] vous plaist, vus ne le feriez mie, car jeo n'ai nul pooire sor vous se de vostre bone volunté ne vous [16] vient.

—Chertes, fait ele, puisque vous m'amez, jeo serroie trop dezdeignouse si jeo ne vous amoie, car vous estes ausi biax cume jeo sui bele, e ainsi jonles, [17] e de plus haut lignage estes vous que jeo ne sui, e bons chevaliers estes vous. E pur che qui vous estes si [18] grassieuse e si vaillans el(e) comenchement de vostre chivalrie e pur ceo si [19] m'otroie del tout a vus e vous doins mon quer e mon cors affaire toute vostre volunté. [20] E jeo voille que vus me creantez tuit autertiel.

E il li creant, e ele le comenche maintenant a coler e a baiser e il li tout [21] autresi. E [22] sachiez que [s']il [23] feussent en lieu privé, ele perdist [336b] ja le non de pucele, [1] car maintenant en fu misir Gawain si ardans e si enchaufez qu'il a en poie d'eure oblié le covenant qu'il avoit fait a Pellias.

E cele qui estoit [2] /la/ l'acole e qui sovent [3] le trait a soi [4] l'a ja si atorné en poi d'eure [5] qu'il ne l'aime mie mains que ele fait li. Ainz dit a soi mesmez qui mult serroit mauvais e recreans [6] qui tiel damoisele traïroit e qui a estrange homme en feroit partie.

Ainsi est amors estrange e merveilleuse e poissans qui si tost turne e flequist lez quers [7] des hommez e dez femmez a sa volunté. Ore estoit misir Gawain venus a la damoisele pur la bosoing au chevalier e pur oster [le] [8] de la grant dolur ou il estoit. Or ne l'est a riens, ainz [9] l'a del tuit oblié. E si baiot au cummenchement a la damoisele desçoivoire, il n'i a mais point de [deceivance] ne de gas, [10] car il l'aime bien autertant ou plus que cele ne fait lui. [11] E il i a en li mise si son cor outreement [12] qu'il varroit miex avoire Pellias occis qu'i[l] [13] li eust la damoisele liveré. Ne il ne hiet orendroit nul homme autertant [14] cum il fait li pur ceo qu'il bee [15] a la damoisele avoire, ne il ne li sovient ne des covenant ne des cumpaignie qu'il li ait creanté, ne de chose nule fors de cele qu'il tient enter sez bras dont il bee prochainement a avoire ses voluntés. [16] E chele qui a mise en lui tuit son quere [17] li fait grant joie e grant feste e lui dist:

—Ami, se [18] je feusse boneeuree, se tout dis me puis durer cest joie, je [19] ne quessisse jammois [20] avoire autre paradice ne aut[r]e [21] deduit fors que jeo vous eusse touz jours avoque moi.

E il li redist tout autretiel. En tiele manier sont ensamble le plus de joure misir Gawain e la damoisele. Li uns n'ose atouchier (li uns) a [22] l'auter fors acoler e baisier, [23] pur lez chevaliers qui la [24] estoient. Mais il s'acordent a che [336c] que sempres que [1] la nuit sera venue e la damoisele serra couchié en un pavillon tuit seul fors d'un damoisele, misir Gawain va [2] couchier avoque lui e ensi porront ester [3] grant pieche que ja [4] li auter nel sauront. A che s'acordent ambdui, si le firent tuit ainsi cum il l'avoient dist. E quant che fu chose qu'il furent ensambel venue e il s'enterconeurent charnelement, tout i eust il piechié. Si [5] fu il voirs que li uns e li autres [6] perdi la floure de virginité, car il estoient ambdui sanz faile pucel, qu'il n'avoit onques aillours femme coneu ne ele homme. [6] E quant il en out fait che qu'il [7] lui plout, il s'en ra[l]a [8] couchier en son lit assez plus liez e joianz qu'il n'estoit devant. [9]

A l'endemain quant il furent levee dist (a) [10] la damoisele a cheus qui avoque lui estoient:

—Jeo vus comant que vous servez e honeurez monseignor Gawain, car je l'aim e amerai tant cumme jeo viverai. [11] E pur l'amur que jeo ai a lui en ai jeo fait mon ami. E il a de moi fait s'amie. Si nel voile [12] celer, ainz le vus die tout en apert pur che que je ne m'en vaudroie mie covrir [13] envers vous dezormais, [14] car je voile qu'il fache de moi tout sa volunté e en apert e en repost com de s'amie.

E il en sont mult lié e dient:

—Chertes, dame, nos ne vus blameroms ja de lui amer, car il est si bons chevalier e de si haut lignage que vus n'i pooez avoire dishonur se vous en avez fait vostre ami. E puisqu'il vus plaist, nos le serviroms cum nostre seignur lige e honeroms de quantque nus purroms. 15

Einsi ama misir Gawain la damoisele dont il se quidoit gabier, e ele aime 16 autersi lui. Si ont si mise Pelleas en oblie qu'il n'en sovient ne l'un ne l'auter 17 e n'en tendent fors a mener lor joie e lor deduit. 18 Mais cil qui languist e art du fu d'amour 19 demure toute voies a sez pavillons e [*336d*] atent pur savoir si sez cumpains vendroit, il qui il se ! fie e ou il espoire 2 qu'il lui aport bones novelez. Ensi muse tout le joure e l'endemain aprés. E quant il voit qu'il ne vendraie mie, il se claime dolans e chacis e dist: 3

"Chevalier maleeurés, 4 pur coi nasquis tu onques pour user ta vie en si grant dolure e en si grant destresse cum tu soeffres e nuit e joure? Las! faudra ja ta paine e tes travax, truveras tu ja fine ne por mort ne por auter chose de la grant doloure que tu endurez? Ha, las! Voirement es tu le plus mallereus e li plus chatifs 5 du monde, car tu ne poez trover fine de ta grant mesais ne pur 6 toi ne pur 6 auter. Ou est 7 alez tez cumpaignes qui s'est travailliez au plus qu'il puet pur toi 8 qu'il le te fist avoire? Mais il n'i puet metter pais ne 9 fin. E pur che sai jeo bien qu'il n'ose a moi retorner pur che qu'il ne puet faire che qu'il m'avoit en covenant." 10

En tiel manier 11 parole Pellias a soi mesmez e soi maudist e laidenge e purvile l'eure qu'i[l] 12 fu nez. Si demorra 13 en tiel manier en ses pavillons tuit le joure entiere 14 qu'il ne boit ne 15 mangue, ainz plure touz jours e fait son duel. 16 Et quant il voit le nuit venir, il comande que om li fache son lit e om si fait. 17 E il se couche maintenant. 18 E quant il se doit dormir, il recomenche son doel e le fait assez greignur qu'il n'avoit fait devant. 19 Si en fait tant qu'il se occhist. Ne 20 nus ne poet entoure lui dormir, car il crioit a chief de piche a haut voise:

"Ha! 21 Las, las chatifs! si 22 morras que ja n'auras secors de ta doloure."

E che dissoit il assez souvent. En tiel dolur e en tiel [23] (l)angoisse fu Pellias toute la nuit. Il ne dormi ne reposa,[24] ainz se tourna plus de .c. fois.[25] E quant il plout a Nostre Seignor que[26] li jours aparust, il se leva [*337a*] de son lit palez e[1] travaillez cum cil qui avoit la nuit assez soffert paine e doloure.[2] Si prist sez armez en monta en son cheval e se parti maintenant de sez[3] pavillons e pense qu'il irroit vers le rechet a la damoisele qu'il amoit pur savoire s'il purroit trover[4] par acun aventure son compaig[n]un,[5] e se il porroit oïr novelez que de riens le reconfortassent.

Einsi chevalche toz seus mult dolans e[6] mult pensis. E il estoit encore si main[7] que li solaus n'estoit mie encore levez. E quant il vint prés dez pavillons a la damoisele, il deschent e atache son chival a .i. arber e pent son escu a un branche e mette son glaive de jouste. E quant il a che fait, il pense qu'il irra vers sez[8] pavillons e se il trueve la damoisele, il li charra a sez[9] piés e li priera que ele ait merci de lui, car il se muert. Einsi pense qu'il le fera. Si se mette en un pavellon dont il avoit .iiij. tendus en mie la[10] praierie. Si vient tuit belement[11] cele part e entra el pavillon[12] e trova laeinz en .ij. couches .ij. chevalierz gisanz qui se dormoient encore mult fermement. E che estoit tout droit a l'entré de may e a lor piés se dormoient .ij. esquier.[13]

Quant il voit que la damoisele n'est pas laienz, il s'en ist fors[14] e reclost l'uis del pavillon. Puis enter en un autre e trove dedenz .iiij. dames qui se gisoient en .iiij. liz e dormoient mult bien.[15] Il vient prés d'elez e voit que[16] cele n'i est pas que il a tant desierree.[17] Si s'en revient fors[18] maintenant e enter en l'auter pavillon. E quant il est laeinz venus, il treeve en un mult riche chambre couchié monseignor Gawain qui se gisoit avoque la damoisele e dormoient[19] ambdui bras a bras[20] mult fermement. E pur che qu'il faisoit adonc un poi de chaut,[21] se istoient [*337b*] il auques descovers, si qu'il aparoient nue dusques outer le pis en tiel maniere que vous puissez[1] veoir(e) tout[2] apertement le chare d'ambiez .ij. blanche e tendre.

Quant il a la damoisele visée[3] e le chevalier, [e] il les eust conust[4] bien, il dist:

"Ha! Las! Traï m'a chil chevalierz en qui[5] jeo avoie m'esperance e mon confort qu'il m'aidast enveres ceste damoisele. E il s'en est[6] acointiés e le m'a souztraite. Onques si grant treison ne fist nus homme morteus."[7]

Lors traite l'espé du furre e dist qu'il [l']occhierra tout maintenant.[8] E quant il l'a dreschié contermonte, il se purpense[9] que che serroit plus que desloiauté s'il occhioit en dormant e esceive si[10] haut homme cume fiz du roie[11] e si bone chevalier cum il est qui encore porra venir a mult grant chose. E [s']il [l']avoit[12] occis en tiel maniere cumme il l'a trové orendroit,[13] nuse n'en orroit parlere qui nel tenist a traiter e a desloial. E pur che remet il ariere s'espee e s'en pense a vengier plus hautement e a honoure,[14] car il le bee a apeller[15] de traïson en la court a[16] aucun haut homme e a[16] colper li illuque le chief en colp de bataille[17] a che qu'il se sent si poissant d'armes[18] qu'il ne quide mie que[19] s'il estoient mis en .i. champ que Gawain peust mie[20] longement durer a lui. Lors s'en ist fors[21] du pavillon faisant trop grant duel au retorner, car il ne veut pas esvailler chiax qui laeinz dormoient.[22] E quant il est un poi esloingés, il li est avis qu'il n'ait mie assez[23] bien esploitié quant il n'a tant fait que cil conoissent verraiment qu'il ait est[é] entr'ax quant[24] il s'ezveilleront e qu'il nes ait pas laissiez a[25] occhiere pur che qu'il nel peust bien faire,[26] mais pur sa desbonereté.

Lors returne ariere en le[27] pavillon e traite l'espee,[28] si l[a] mette[29] sor le caveth du lit deu travers tuit nue si c'a peu qu'ele n'atouchoit a l'un ne a [337c] l'auter.[1] E quant il a che fait, il s'en ist fors[2] du pavillon. E quant il est un poi loins, il comenche a faire trop grant duel e dist:

"Ha! Diex, qui quidast que en .i.[3] filz de roi se peut harbergier si grant treïson cum [c]il[4] disloiaus ha veres[5] moi fait. Ha![6] Diex, qui se queroi jammais en chevalier quant cil desloiaus qui est estrais de si haut lignage comme de roie purpensa si grant traïson.[6] Ha! Gawain, pur ceo se tu m'as esté desloiaus, nel serrai[7] mie, tuit soie je estrais dez povres vavasures, ainz serra[8] loiax. Si me vaudra encore, si Diex plaist, ma loiauté la ou ta (desloiauté te fera oncore) desloiauté te fera encore de[9] morir a honte e a vileté. E chertez encore voille[10] jeo miex pour ma leauté acomplire que je t'ai [laissié vivre que je t'occeisse en dormant.][11] Si ne pute il mie grantement caloir en quil manier om te fist morir pur que tu[12] de traïson faire t'entremes. E nepurquant se je regardaisse au grant duel que tu m'as mis el cuer, jammes seure ne me[13] tenist

que jeo ne t'ouchisse, mais loiauté que j'ai tut dis maintenue [14] me
retient. Si en morrai de dul, si le sai [15] bien chertament. E chertez
jeo voile miex morir pur loiauté faire que vivre pur disloiauté
maintenir. [16]

[17] Ensi vait [17] li chevaliers plaignant e dolousant e blasmant [monseignor Gawain] [18] de la desloiauté qu'il a vers [19] lui pensee. Si prent son escu e son glaive, si [20] monte sor son cheval. Si [20] se'n revait tuit la voie [21] qu'il estoit devant venus. E quant il est venus a son pavillon, il descent e gette jus son escu e son glaive e [s]e [22] lasse chaïr sor son lit. E lors comenche a plorer trop fort e [23] affaire si grant duel que nus nel veist qui tuit petié n'en deust avoire. Si se [337d] pasme sovent e menu. E quant il revient de pamuison et il peust perler, il dist:

"Ha! Jhesu Crist, pur quoi suffritez vus onques que jeo nasquis quant ma destiné est si dure [qu']il [1] covient que jeo fine ma vie en dule e en tristesce e que jeo perde l'alme [2] de moi? Sir, mauvais guerdon vus renderai dez bien que vous m'avez fait en cest siecle, car jeo m'en [3] sui fort enlasciez es ouvrez de l'anemi que jeo li [4] ai baillié e ottroié che que [jeo] devoie [vus] render, che est l'alme de moi. [5]

Lors se fait desarmer pur lui [6] un poi plus aleger. E quant il est [desarmé], [7] il apele .ij. [8] chevaliers qui devant li estoi[e]nt e [9] estoient si cumpaignun d'armes [e lor dist:] [10]

—Seignur, fait il, [11] jeo vus ai mult amé e mult vous ai esté loial. Il est voirs que jeo ne puis plus viver, car jeo sui a la mort venus. Mais tant cum j'ai puissans (d'aler) [12] de parler, vus prie [13] que aprez ma mort fa[ciez] [14] un chose que jeo vus requerrai.

E il li [creantent.] [15]

—Fianchez le moi, fait il.

E il li fianchent. [16] Il lor dist:

—Or m'avez vus bien servi a gré, [17] les voz mercis, quant vus m'avez acreanté [18] que vus ma requeste ferrez. E savez vus quele ele est?

—Nenil, [19] font il.

—E jeo le vous dirrai. [20] Si tost cum jeo serrai trespassez que vus conistrez qu'il n'aura mais en moi point de vie, jeo voil que vus traiés fors [21] de mon venter mon cuer e le mettez dedens cele esceuele d'argent.

Si lor mostre l'escuiele qui estoit a son caves.[22] Si li[23] avoit doné Arcade quant il li conquesta le cercle d'or. E pur che avoit il[24] le vassel si chier comme si se fust uns saintuairez.

—Biau seignor, quant vous auurez mise mon quere en ceste escuiele, si le porterés a m'amie e l'en faistes present e li [338a] ditez que jeo lui envoie e qu'en morant prie a[1] dieu d'amor qu'il li envoie greignor joie de sez amurs que j'en ai eu de moies. E si vous trovez laienz Gawain le nevu le roi Artu, si li poez dire se je ne doutache plus desloiauté qu'il /ne/ le doute, jeo l'eusse occis. Car quant jeo l'a[i][2] trové ensambel nu a nu gisant en .i. lit avoque m'amie,[3] jeo l'eusse bien occis s'il me pleust.[4] Mais jeo ne m'en vaus[5] entermetter de faire tiel desloiauté.

E lors lor[6] cuntte tuit[7] maintenant coment il[8] avoit ouvré e de l'espee[9] qu'il avoit lassié a lor caves pur mustrer lor [ceo][10] qu'il avoit fait pur eus quant il ne les occhist.[11] Quant il o[ï]ent[12] ceste aventure, il se seignent de la mervaile qu'il en ont e dient que onques mais chevalier ne fist si grant debonaireté ne si grant loiauté[13] cum ceste a esté. E Pellias se fait despoiller e faire son lit. Si couchie tuit nus.[14]

E quant il sunt issi de laeinz,[15] il recomenche son duel trop[16] grant e mervelous, mais atant laist ore li countes a parler de li e retorne a Gawain e a la damoisele.[17]

[O]re[18] dist li countes que tant dormi Gawain enter lui e la damoisele que li solaus aparust cleres e comencha a raier sor lor caves. E il fu voires que la damoisele s'esveilla primiers.[19] E quant ele vit que misir Gawain dormoit, ele nel vaut pas esvailler, ainz se trait ensus de lui pur soi removoire[20] un petit. E au removoire qu'el[e][21] fist, ele se hourte au poing de l'espé, si le trueve dure. E ele se regarde maintenant. E quant ele voit l'espee nue reflamboire conter le roie du solail qui desus se feroit,[22] ele devint tout esmarie,[23] car ele ne siet que penser de cest chose. Si esveille tout belement[24] [338b] monseignor Gawain. E cil esveille[1] les oiez e dist:

—Ma damoisele, que vous plaist?

E ele li mouster maintenant l'espee e li demande qui l'i mist.[2] E il se seigne de la merveille qu'il en a e dist:[3]

—Voirement nel sai jeo,[4] ainz m'en[5] merveile mult pur coi ele i fu ainsi lassié.

Lors se vestent ambedui. E quant il se sunt vestue e (il) aparail-
lié, il pr[enn]ent[6] l'espee e le comenchent a regarder d'un part e
d'auter.[7] E misir Gawain dist:

—Chertez il ne fu mie [l'uns] de nus qui l'i mist,[8] ainz fu
aucuns estrangez chevalierz. E sachiez qu'i[l] le[9] mist ichi pur au-
cune senifianche[10] d'aucune chose. Ne sai si [c]e[11] fu ou pur
male ou pur bien. Mais mult voluntiers saureie pur coi il l'i mist.

—Qui qu(i)'il[12] fust, dist la damoisele, s'il nus hait grantment,
il nus puet bien avoire fait tuit anui a ceo qu'il nus trova nus e
endormis.

—Chertes, fait misir Gawain, vous ditez voire e a tuit le
mai[n]s[13] le tien jeo a curtois de che qu'il ne nus esveilla mie.

Lors comenche la damoisele a regardere l'espee. E quant ele
a bien avisée, [ele][14] dist en riant:

—Ha! misir Gawain, ore vous tieng[15] jeo a mençoingner.

—De coi, damoisele? fait il. Ditez le moi.

—De che, fait ele, que vous me faissiez entendant que vous
aviés Pellias occis. Mais non aviés, car ceo est il que çaenz a esté
e qui nus a trovez ensambel. Mais pur la grant loiauté qui est en
lui ne nus vait il fere male,[16] ainz lassa l'espee[17] a nostre caves
pur ceo que nus sussums bien[18] qu'il eust esté enter nus.

Quant misir Gawain out [oï] la damoisele,[19] il se repente mult[20]
de la viloinie qu'il a faite enveres lui. Si[21] se tient trop a vilains e
a messçus de che qu'il a si desloiaument ovré envers lui[21] pur la
grant loiauté qu'il conoist que cil li a faite orendroit, car che set
il bien qu'il le peust ore[22] avoire occis se il vausist. E si il l'occist,
nus ne poet[23] grantment [*338c*] blasmer pour (qui)[1] la desloiauté
e la traïson qu'i[l] li a fait.[2] Lors se repent mult de la traïson[3]
qu'il a fait vers lui,[4] car che voit il bien qu'il a[5] vilainement
ouvré e desloiaument. E tant en[6] est li mesfais granz qu'il ne voit
pas coment il le puet jammais amender.

Lors comensa mult durment a penser e la damoisele li dist:

—Sire, que pensez vous? Sir,[7] jeo vous prie que vous le me
diez en tiel maniere que vous ne m'en celez rienz.[8]

—Jeo [ne le][9] vous dirrai mie, fait il, si vous ne me creantés
loiaument que vous en ouvrés[10] a ma volunté.

E ele li creante sor sa cristianté. E il li conte tout[11] maintenant
coment il s'estoit acumpaigniez a Pellias e li avoit acreant[é] a

porter foi e loial cumpaignie e pur [12] l'amor de lui estoit il [ç]a [13]
venus.

—E je [14] l'ai, fait il, si vilainement traï que jammais a nul jor
ne sarrai [n]us [15] la verité de ceste chose qui [16] ne me [ti]egne [17]
a traitour e a desloial. Ne nus n'arra [18] jammais parler de sa leauté
e de sa grant curtois[i]e [19] de che qu'il ne [20] nus occist quant il nus
trova gisant [21] ensambel qui(l) [ne le] doie trover [22] au plus loial
chevalier du monde e au plus curtois. E pur ceo que jeo voie
apertement sa grant loiauté e ma grant felonnie, sui jeo tant dolans
que jeo vauroie bien [23] estre mors, car onques [24] homme de mon
lignage si s'entermist [25] de desloiauté faire vers chevalier pro-
dhomme e loial. [26]

—E de che, fait la damoisele, que volez vouz faire? Il ne puet
mais remainoir qu'il ne soit ainsi avenu. Mais si vous estez mes-
fais, ore pensez de vous amender [27] au miex que vous purrez.

—Jeo li amenderai, [28] fait il, si vous ne m'en [29] failliez de con-
venant. E chertez on li doit bien amender, car, si Diex me [*338d*]
consaut, che est li plus loias chevalier que jeo quidasse ja trover
en toute ma vie. [1] E por la grant loiauté que jeo conoisse en lui,
creant jeo maintenant [2] a Dieu cum loiax chevalier [3] que jammais
tant cum il [4] vive n'aurai affaire a vous, ainz me [5] garderai pur
amor [6] de lui. Si ne(l) [7] die jeo mie que jeo ne vous aime tous jourz
en quelconques [8] lieu que jeo soie e que jeo ne soie vostre chevalier
dezoremais si vous tant volés faire pur l'amor de moie [9] que vous
de lui faciés vostre ami ausi [10] cum vous aviés fait de moi. E cher-
tez se vous ne m'octroiez [11] que vous ensi le ferrez, [12] bien sachiez
que vous aviez failli e a moi e a quantquez jeo purrai faire. [13]

Quant [14] ele entent ceste parole, ele se trait un poi ariere e dist:
—Comment, misir Gawain, le ditez vous dont a chertez?
—Oïl, si Diex m'aït, fait il. E bien sachiez que se vous le
faitez [14] qu'il vus en venra plus de bien e d'onor qu'il ne ferra [15]
de moi, car certes si vous m'amez ore, [16] ne porroie jeo [17] loing
tans demorir avoque vous. E pur che vous loe jeo, se Diex m'aïte [18]
que vus ainsi le fachiez, car il vous en venra e [19] bens e honours
e plus vus en serroit encore bel [20] qu'il ne serroit de moi.

—Comment, fait ele, le porroie jeo amer? Je l'ai touz jours
haï si [21] mortelement.

—Ne vous chaile, fait il, mais faistez [22] par mon los. E [23] jeo
vous die, si Diex m'aït, qu'il serra encore plus bel e tele euré que

vous en tendrez a bien paié e a boneeuree de che que vous l'arrés einsi fait. E ja Diex ne m'aït, se jeo le vous loiasse en nul maniere se jeo inveïse vostre preu.[23]

Tant[24] dist misir Gawain a la damoisele e tant[25] amoneste que ele respond:

—Sir, jeo ne sai que fere.

—Faistez le, fait il, ainzsi cum jeo le vous lo.[26]

—Le[27] ditez vous, fait ele,[28] sor vostre loiauté que vous quidiez que che soit mes prus?[29]

—Oïl, [339a] fait il, si Diex m'aït.

—E jeo le ferrai, fait ele, pur[1] vostre los. Or doint Diex qui bien m'en viegne e que jeo[2] ne m'en repente.

—Chertez, fait il, non ferez vous.

—Ore, me ditez, fait ele, coment homme li ferrai savoir.

—Mult bien, failt il.[3] Jeo m'en irrai sor mon cheval droit a lui[4] e li conterai ceste chose.

—Alés dont, fait ele.

E il saut sor son[5] destrere e s'en vait grant air la ou il quide trovere Pellias. E quant il est venus a sez[6] pavillons, il descent e atache son chival a une arber. Puis enter la ou Pellias estoit e le trueve gisant en un lit tuit seul[7] faisant si grant duel cum cil qui jammais ne quide avoire joie. E misir Gawain se genoille devant lui e li tent le pan de son mantel e li dist:

—Tenez, sir chevaliers, en senifiance de l'amende de che que jeo vous ai mesfait.

E li chevaliers qui tant estoit dolens que nus plus lieve la teste e dist a Gawain:[8]

—Coment[9] me porriez vus amender[10] che que vous m'avez occis e mort?

—Jeo le vous amendrai, fait il, si que en tendrés[11] a bien paiés

E cil demande coment che purroit estre.

—Si jeo puis tant faire, fait misir Gawain, qu'il ait pais entre vous e la damoisele en tiel maniere qu'ele vous reschoive de bone volunté a son ami e a son chevalier e que ele ne [le][12] fache mie a forche, ne vous en[13] tendrés vous bien[14] a paiez?

E li chevaliers torne la teste d'auter part e dist a Gawain:[15]

—Auter foiz, m'avez vous gabé e escharni assez vilainement. E[16] certes homme estrais de si grant[17] lignage cum vous estes ne se deust pas entremetter de si grant desloiauté faire[18] cum vous avez fait envers [19] moi. Que ne [20] dirroie jeo? Mare [21] vous vie, car vous me ferez assez plus tost murir que jeo ne feisse si jeo n'eusse veu vostre desloiauté si apertment comme jeo ai, [22] e che me fait la mort haster.

—Ha! sir, fait misir Gawain, pur Dieu, aiez mercie de vus maimez e [ne vous] [23] tormentez si durement, car ne [24] quidiés pas que jeo vous gabe de ceste chose que [*339b*] jeo vous die. Si Diex me consaut [1] jeo ai tant parlé pur vous e pur [2] la grante loiauté que jeo ai trové en vous que vous avez si outreement vostre pais vers la damoisele qu'ele [3] vous mande par moie que vous veingiez parler a lui.

—Coment serroi jeo asseure de chest chose? fait li chevaliers. Car jeo ne vous en croie mie bien, fait il. [4]

—Jeo sui prés que jeo le vous jeure sor sainz, [5] fait misir Gawain, car jeo vous die tut verraiment que jou ai si vostre pais fait [6] en tiel maniere que vous le troverez abandonn[ee] [7] a vous servir e affaire toutez vos voluntiés. E ore vus en venés oveque moie e vus [8] ferrai orendroit certaine de ceste chose.

E quant li chevalier entent que misir Gawain ne li dist mie a gas, [9] il saut de son lit toz nus en (pur lez) [10] braies e lui chiet as piés e dist a miesir Gawain: [11]

—Vous m'avez rendue la vie. Chertez ore m'avez vous bien amendé che que m'avez mesfait. Jou estoie pur vous mise a la morte mais ore ai par vous vie recovré.

E misir Gawain l'en lieve e dist: [12]

—Sir, vestés vous e apparaillés vous [13] e venez avoque moi, car la damoisele vous aitent.

E cil se vest e apparaile tost e isnelement au plus bel e au mieux qu'il siet [14] e monte sor son chival .i. mantel a son col d'un drape de soie. Ne onques ne [15] fait savoire a nul de sez cumpaingnons ou il vait, car encore ne poiat il pas trés bien [16] croire que che peust ester voires. [17] Taunt ount alé en tiel maniere [18] qu'il sont venue la ou la damoisele lez [19] atendoit.

Quant il furent descendu, assez i out vallez e esquier[s] [20] qui lor chivax lor tindrent. E [21] misir Gawain prent le chevalier par le main e le maine [22] droit la ou la damoisele lez atendoit qui se seoit sour une grant couche. E a ses piez a tere se seoient doi chevalier qui joient as tables. E misir Gawain li dist:

—Damoisele, veés ichi .i. chevalier qui jeo vous amaigne. Pour Dieu, faistez lui tel prison qu'il se tient a pais.[23]

—Biaux sir, fait ele, pui[s][24] qu'il est[25] chaiens enbatus en vostre conduit, il ne trovera ja qui li fache chose qui [339c] li doie desp[l]aire.[1]

E (que)[2] li chevaliers s'agenoile tantost devant lui e li joint lez mains e li dist:

—Damoisele,[3] pur Dieu, resceivez moi, (pur Dieu)[4] s'il vous plaist, a vostre chevalier ne ne me faistes miex s'il ne vous siet.[5]

—Sir, fait ele, avez vous donc si grant desirrer[6] que jeo vous tienge a mon chevalier?

—Dame, fait il, jeo ne desire plus de chose au[7] siecle.

—Par foie, fait ele, ja pur[8] che ne perdrez vostre desirre,[9] car jeo vous i rescoive e voile qui[10] dezoremais le soiez. E certez jeo serroie trop vilaine si jeo plus vous refusoie.

Lors le fait asseoire deliez li a dester e monseignur Gawain a senester. E li chevaliers se voloit aseoire plus bas que la damoisele,[11] mais ele nel vaut suffrir, ainchois li dist tantost:[12]

—Sir, seez cha, car plus devez vous seoire haut que jeo ne doie, car[13] vostre dignité l'aporte e chou est la hautesche de chevalerie qui le commande.

E il s'i assit[14] puis qu'ele [le] command.[15] E ele li dist:[16]

—Jeo vous prie par[17] cele foie que vous me devez que vous me diez si vous fustes hui mais çaiens.

—Dame, fait il, vous m'avez tant conjuré que jeo ne vous mentiroi pur riens. Oïl, jeo i fui sans faile.[18]

—Ore me contés dont que vous i feistes quant vous nous trovastes enter nous .ij.[19]

—Dame, fait il, jel[20] vous conterai [puis]qu'il[21] vous plaist e si m'en teusse jeo voluntiers. Mais a faire le me covient puis que vostre voluntiés i est.

Lors commenche a counter oiant touz ceus de laeinz quantqu'il avoit[22] dist e fait e coment il traist l'espee pur monseignur[23] Gawain occhiere, e coment il s'en retraist pur che qu'il ne fait desloiauté, e de l'espee coment il [la] mist[24] a lor cavez pur che qu'il seussent verraiement qu'il avoit esté a eus.[25] Puis lor devise le doel qu'il mena quant il vint a son[26] pavillon e che qu'il avoit comandé que om faist de son quere quant il serroit deviez. E quant il a [27] tout che [28] conté, il base la teste e se taist. E misir Gawain parole [29] e dist:

—Ausi m'aït Diex, sir chevalier, vous avez passé de loi [*339d*]auté e de loiament amer tous les chevaliers du monde dunt jeo oïsse onques parler [1] a mon vivant. E se Diex me consaut, si ge estoie la plus gentis dame du monde e jeo seusse verraiment que vous m'amissiez si loiament cum vous amez ceste [2] dame, ja Diex ne m'aït, si jeo lassoie [3] ja pur ma hatesce que jeo ne vous preise a seignur se il vous plaisoit. [4]

E li chevaliers se taist qu'il ne respunt mot. [5] E la damoisele parole adonc e dist a sez chevaliers:

—Seignors, que vous sambel de ceste chose?

—Dame, font il, se vous en ouvriez a vostre volunté, [6] nos vous conseilleriens bien e loiaument.

—Vous n'en dirrez ça, fait [7] ele, chose que je n'en fache puisque jeo en voi mon preu e m'onour. [8] Einsi, fait ele, l'octroie je que [jeo] i aie [9] cez .ij. chosez sauvez.

—Si aurés vous, font il.

E lors dient a Pellias:

—Se [10] madame vous deignot prendre [11] e faire de vous son seignur, ne vous plairot il mult? [12]

E il respont: [13]

—Si Diex m'aït bien, seignor, [14] jeo ne serroie si liés por tout [15] le monde se om le me donoit comme jeo serroie de ceste chose, se il plaisoit a ma dame. [16]

Si les font erraument enterfiancier.

Ensi out Pellias a femme la damoisele que il tant desirroit, si en furent faites les noces granz e beles. E sachiez que la primier nuit que il jurent ensamble engendrerent il Gwioret [17] le Petit qui fu chevaliers bonez e preus e [18] fist tant de proesches en la Grant Bretaigne que li rois Artus le retient avoque [19] soie e en fist puis cumpaignum de la Table Roonde ensi cum la droit estoire le devise.

Quant les noecez furunt finées, [20] misir Gawain prist congié. Si s'en partie au congié de [21] chevalier e de la damoisele. [22] Si se remist en son chimin ensi cum il [23] avoit fait auter fois. Einsi cum il chevalchoit li [24] avint qu'il encontra en un lande grant e bele [25] la damoisele [26] e son esquier e le chevalier qui de la Pla[*340a*]igne Aventurous les avoit fait departir.

Quant il lez voit venir, il cria maintenant au chevalier:

—Sir chevaliers, gardés vous de moi, car[1] jeo vous defi.

E cil li redist tuit autertiel. Lors laisse coure li uns vers l'auter tant cum il puent dez chivax traire e s'enterdonnent granz colx sor lez escus. Li chevalier brise son glaive au parhurtir. E misir Gawain, qui li prist bas, l'enpaint si durement qu'il le porte du chival a tere. E au chaoire qu'il fist brisa le[2] bras senester. E[3] misir Gawain nel regarda onques, ains le laisse a tere tuit coi gisant e s'en[4] vait a la damoisele e li dist:

—Ore[5] poez veoire si vous estes engingni de lui prendre e de moi lassier.

—Ha! Sir, fait ele, jeo ne seu[6] que jeo fis. Pur Dieu, pardonés le moi. Jeo[7] quidoie bien faire, si fis mal. Mais pur Dieu, pardonés le moi, car jeo ai trop male fait.[7]

—Jeo le vous pardones, fait il, mais oveque moi ne vendrés vous plus, si Diex plaist. Querrez auter[8] cumpaignum.

—Coment, sir, fait ele, ne me devez vous avoque vous mener e conduire?

—Je le devoie, fail it, faire, mais puisque vous en partistes[9] e me lessastes pur autrui, il n'i a riens du recouvrere a moi.[10] Vous irrez vostre voie.[11]

E lors s'en vait[12] grant aleure e lassie ensi la damoisele e chivalche tuit le joure entiere[13] sanz aventure trover qui a conter fache.

Au tierce joure a eure de tierce li avint qui aventure le porta[14] en un forest assez grant qui mult estoit bele de[15] grant maniere e espesse. E[16] lors oï sor destre .i. crie grant e merveillouse e bien sambloit que che fut cris de femme qui eust besoing. Il reste[17] pur miex oïr e ne demorra gaires que [il oï][18] la voise qui auter fois s'escria:

"Aide! Aide!"

Quant il oï[19] la voise, il s'adresche cele part par un petit sente, car bien conoist que sanz besoing n'est chie mie.[20] Si n'a gaires alé qu'il vint en un praarie la[21] ou il avoit .iij. pavillons tendues. E devant [340b] les pavillons avoit chevaliers dusqu'a(s) .vj., tous armés qui(l) fasoient a un leur esquier[1] trainer un damoisele par mie le praarie a le queue de son ronchin.

E[2] misir Gawain vint[3] cele part grant aleure(e)[4] si tost cum il aperchoit que c'est damoisele qu'il maine[5] si vilement. E quant il est venu prés d'eus, il voit le petit naim qui[6] avant ier se voloit cumbater au grant chevalier pour la damoisele. E che ert il qui a cele damoisele fasoit tiel viloinie faire,[7] e che estoit cele meisme qui le bele chevalier avoit lassié e s'estoit prise au [naim].[8]

Quant misir Gawain vit[9] la damoisele si malemener, il en est trop dolens pur che qui damoisele estoit. Si point as chevaliers ne onques ne lez salua,[10] ainz traist l'espee e trenche lez cordes de coi cil le trainoit,[11] si que cele remaint en mie le pré. E il hauce l'espee e en donne au vallet du plat qui le trainoit[12] par mie le chief si qu'il le fait a tere flatir. E puis li dist:

—Dans gars, a poi que[13] jeo ne t'ouchi pur la viloinie que tu fasoiez ceste[14] damoisele.

E cele se fu ja toute deslié e deliveré. E miesir Gawain le regarde, si le reconoist[15] maintenant e puis[16] li dist:

—A![17] Damoisele, en estes vous che qui[18] preistez l[e][19] naim vile e chatif e laiastes le bele chevalier? Chertes aprés cele fait, ne[20] vous deust (ne vous deust) jammais chevalier aidier ne secorre, car vous faistes a vostre pooir honte a touz prodhommez e a touz chevaliers.

—Ha! sir, pur Dieu, mercie, fait ele. Ne m'en[21] blasmez pas. Je fis cum femme, si l'ai puis chierment comperé.

Lors saut avant li naims, si[22] aert monseignur Gawain par le frain.[23]

—Estez, sir chevaliers, par[24] Sainte Crois. Vous ne vous en irriez pas. Ainsi jeo vous enmenrai come mon prisonier *[340c]* dusques autant[1] que vous aurez[2] amendé le forfait de ceste esquier.

Misir Gawain le regarde, si tint a mult grante despite che qu'il [l']a[3] pris par le fraine. E cil tuit vois le tint pris e dist qu'il ne s'en irrai pas ainsi.

—Oste ta main, fait misir Gawain, chatifs naims.[4] Si Diex m'aconsaut,[5] je nel lais fors pur ta chative person que jeo ne te fache tout anu[i]e e tout honte, car[6] tu l'as bien deservi quant tu a cest damoisele feis faire tiel viloinie.

—Che n'a meistier, fait cil, par Seinte Crois, ainsi ne vous en irriez.[7]

Lors saillent avant lui auter chevalier e assemblent[8] entour lui e prennent monseignur Gawain par le frain. E il est adonc mult corouchiez, si lor dist:

—Si vus n'ostés vos mains, jeo vous mesheignerai, si Diex me consaut.[9]

E il nel laissent mie atant,[10] ainz le tien[nent][11] miex qu'il ne fasoient devant e dient qu'il le tresboucheront a tere, se il ne deschent.

—Voire, fait cil, par mon chief, je n[e][12] descenderai mie por vous, e si le comperez.

E[13] lors en fiert un de l'espee, si qu'il le colp le bras dester e puis fiert l'auter si qu'il [le] fent dusqu'es denz.[14] E quant li auter voient che, il turnent en fuiez, car il voient bien que cil ne lez esparnira pas. E miesir Gawain fiert le naim du plat de l'espee[15] si durement qu'il le fait flatir a tere tout plat,[16] e li vait adonc par desus le cors tuit a cheval.[17] E li auter chevalier se [furent][18] feru a garison en la forest la ou il le virunt[19] plus espees, car mult ont grant pooure que cil qui est[20] sor aus venus (est) nes occhie. E mezsir Gawain nes enchaça onques, ainz vint a la damoisele e li dist:

—Damoisele, que volez vous que om fache de vous[21]

—Sir, fait ele, si vous me volez mener a sauveté, jeo ne vous demandroi plus.

—E ou serroit che, fait il, que vous serriez a sauvetee? A il [340d] grantment dusques la?

—Sir, nanil.[1] Nus i serroms tost.

—Ores muntés,[2] fait il, sor che chival la iluque.[3]

Si li mouster une pallefroie qui estoit atachiez devant un dez pavillons.[4]

—Voluntiers, fait ele.

Si vient la, e il li aide tant qu'ele est sus.

—Ore me ditez, fait il, quele part nus en irroms?[4]

E ele li moustre, lors[5] aqueut son chimin tout einsi cum cele lui enseigne.[6]

—E coment estoit che, fait misir Gawain, que cil chevalier vous fasoient si vilainement mener?

—Che vous dirraie jeo (vous)[7] bien, fait ele. Il avint hui matin que li chevaliers que jeo refusas ier matin devant vous, encontra avant ier en la forest ce naim[8] od tuit la compaignie que vous veistez ore e[9] estoient adonc tuit armé. E[10] il estoit tuit[10] seus, e il estoient .vj., si se fierent en che qu'il estoi[en]t[11] plus de lui, si l'assaillirent erraument. Mais il n'i[12] gaagnierent riens, car il se defendi si bien e tant fu vistez e preus qu'il lez mist erraument a desconfeture si qu'il lor fist guerpir le champ. E[13] quant il furent [ç]a ¹⁴ revenu, il estoient tant dolente de ceste aventure c'a peu qu'il ne murroient de duel. Si ne se sorent a coi vengier fors a moi e distrent entre aux que ceste honte lor estoit por moi avenue e que(n) j'en estoie acoison, si s'en vengierent ¹⁵ de moi. Si me firent maintenant trainer ¹⁶ en tiel maniere cum vous le veistez ¹⁷ e m'eussent morte sanz faile se Diex (e vous) ne fust que vous i a amené par aventure. ¹⁸

—Ore me ditez, fait il, si Diex vous aït, coment ceo peust ester que vous laiastez ceo prodhome qui tant est bones chevalier a tesmoigne de vous meismes e preistez cele diable, cel anemi au point que vous estiez a çois de prendre ceolui qui miex vous serroit.

—Je fis, fait ele, folie e deverie trop grant, si aie ma folie trovée e comperée chire[341a]ment. ¹

—Chertes, fait il, si devez vous bien faire.

Einsi parlant de maint chosez vont tant lor chimin qu'il ² issirent de la forest. E lors voi[en]t devant eus en une champaigne un petit chastel ³ mult bien clos de mures e de fossez.

—Sir, che dist la damoisele, cist reschesse ⁴ est miens. Ichi vous reposerés anuit ⁵ mais ⁶ e demain, car jeo pense bien que vous ne sojournastes piech'a. Encore ne sumes nus venu pas jusques la. ⁶

E ⁷ quant il sont a la toure venu, la damoisele descent a la porte ⁸ e apele cheus de laeinz. E il saillent maintenant hors e resçoivent la damoisele ⁹ mult lié e mult joiouse. E ele dist a monseignur Gawain :

—Sir, que targiez vous a descender?

—Damoisele, fait il, ¹⁰ vous ai jeo bien mise a sauvetee?

—Sir, fait ele, oïl, la Dieu merchi e la vostre.

—Ore vous comant jeo donc, fait il, a Dieu, car jeo ne descendroie en nul maniere. ¹⁰

—Non, sir? fait ele. Che me poise mult, e ¹¹ jeo sa bien que vous le lassiez pur corous.

Lors remet ¹² Gawain en son chimin touz seus sanz compaignie. ¹³ Si chivalcha en tiel maniere tuit le joure e l'endemain sanz aventure trover qui a conter fache.

Mais ore laist li contes a conter ¹⁴ de lui e retorne a Morhaut pur conter dez aventurez qui lui avin[dren]t. ¹⁵

VARIANTS

The variants have been grouped according to manuscript folio columns and numbered consecutively as they appear in each column. Further remarks concerning the variants are made in section VII, *The Present Edition.*

Folio 314c

[1] *H* la ja devisé; [2] ça en ariere *not in H*; [3] lur *not in H*; [4] *H* se herbega; [5] *H* et a lui; [6] *H fesist [rien M]; [7] *H* pas gramment avoec li estre quil ne; [8] e de nigromancie *not in H*; [9] *H* de canques elle; [10] ses]ces; *H* lavoit si que je vous ai dit autre fois si atorné par; [11] un *not in H*; [12] *H* tost que elle en verroit son point; [13] un *not in H*.

Folio 314d

[1] *H* qui toute estoit plainne de pierres et de roches et loing; [2] *H* chastiel; [3] *H* esche; [4] dun chastiel ou il orent le jour esté; [5] ci]si; *H* chi p.; [6] *H* que je sache; [7] *H* faite a chisel; [8] que qui] qui que; *H* que qui; [9] *H* je cuic que jamais nen isteroit; [10] *H* que entre ches roches a; [11] ne *not in H*; [12] *H* ni repairast; [13] *H* un roi; [14] *H* mult preudomme et boin chevalier; [15] qui rois estoit *not in H*; [16] joven chevalier *not in H*; [17] et m. vaillant chevalier; [18] M Anasteu; *H* Anasten; [19] tant *not in H*; [20] e dit *not in H*; *H* moult et moult len; [21] *H* onques pour chou nen ama chis m.; [22] *H* toutes voies; [23] *H* li rois; [24] ≠*H* il len mena cha et la et li; [25] *H* brieront [*emended to* brievement *in* M] sa; [26] od lui *not in H*.

Folio 315a

[1] Pur ... destruire *not in H*; [2] *H has* Et il dist je nessaiera [*emended to* lairai *in* M]; [3] *H je ten destruuirra [*emended to* dessevera[i] *in* M car je les [*emended to* la *in* M] destruirai devant toi; [4] *H* entent ceste; [5] *H* et la on [*emended to* en *in* M] merroit; [6] *H* ill i seroient illuec; [7] *H* moult de fois; [8] *H* si vint maintenant cha; [9] od lui *not in H*; ses]ces; [10] *H* que il plus amoit; [11] *H* et cheus qui de chambre faire et de maisons savoient auchune chose; [12] *H* naïve a chisel chambre et sale belle; [13] *H*

cha; ¹⁴ *H* q. quil c.; ¹⁵ *H* tant que; ¹⁶ ambdui *not in H*; *H* tout en; ¹⁷ *H* mis en terre; ¹⁸ *H* a mon vivant; ¹⁹ *H* p. maintenant que; ²⁰ *H* ne forche; ²¹ *H* aidier a feme.

Folio 315b

¹ *H* mavés ichi; ² *H* car il laissierent toute gent et le; ³ *H* siecle pur mener ensamble lour goie et lour feste; ⁴ Damoisele *not in H*; ⁵ *H* fait, dame, que jou; ⁶ *H* boineuré par aventure; ⁷ *H* chose se vous volés que elle soit faite que; ⁸ ne]en; *H* ne poés; ⁹ *H* pas ore, fait elle, que; ¹⁰ *H* s. assés a tans; ¹¹ *H* chambre dont; ¹² *H* en aim; ¹³ **H* fait p. tortis a deus varlés; ¹⁴ *H* petite sentele; ¹⁵ *H* fier assés; ≠*C* fer en serre; ¹⁶ l' *not in H*; ¹⁷ *H* la dedens; ¹⁸ *H* truevent; ¹⁹ *H* toute painte a or musique ouvree si richement; ²⁰ *H* li meudres ouvriers de tout le monde; ²¹ *H* damoisele chi a moult riche lieu et biel et bien; ²² *H* por grant joliveté et envoisie gent; ²³ la *not in H*; ²⁴ *H* mengoient il.

Folio 315c

¹ *H* fer si luevre et; ² la *not in H*; ³ *H* entrent maintenant ens; ⁴ *H* seur [*emended to* sous *in M*] le t.; ⁵ *H* bele maison; ⁶ *H* biele et cil furent biel qui ensi la firent faire; ⁷ *H* damoisele une tombe moult; ⁸ *H* toute nuit parlé; ⁹ *H* la bien; ¹⁰ e *not in H*; ¹¹ *H* gent et pour jolie; ¹² *H* il i fu; ¹³ *H* estuide toute vous en; ¹⁴ coment *not in H*; ¹⁵ *H* levee par maint houme; ¹⁶ si ... cors *not in H*; ¹⁷ La ... terriene *not in H*; *H has* Nennil, dist Merlins, et si la leverai; ¹⁸ *H* pas a veoir; ¹⁹ d'ome *not in H*; ²⁰ *H* tant ont [*emended to* eussent *in M*] geut en terre; ²¹ *H* cist ont fait; ²² bon ne *not in H*; ²³ *H* Toutes, fait Merlins, voel; ²⁴ *H* gros chief.

Folio 315d

¹ le *not in H*; ² que iluc]quele; **H* croire que plus li valut illuec ses sens que sa forche; ³ *H* chose vraiement; ⁴ *H* Quant il; ⁵ *H* par de; ⁶ *H* regarde illuec et; ⁷ **H* veoir ne les membres ne les figures fors que les cors tout ensi ensevelis coume il; ⁸ *H* .ii. gens; ⁹ en paradis *not in H*; ¹⁰ *H* ames ensamble en la joie qui tous jours mais lour durast; ¹¹ *H* de lor; ¹² *H* mais *not in H*; *H* c. ains demouerai toute nuit; ¹³ *H* Merlin [s *M*] pour vous faire compaignie; ¹⁴ *H* le feroit; ¹⁵ Certes *not in H*; ¹⁶ *H* si liés ne si joius; *M* joi[a *M*]ns; ¹⁷ tut *not in H*; ¹⁸ **H* tout le sens et toute la memoire dont il avoit devant esté garnis; ¹⁹ *H* vient la; ²⁰ si le] sen; *H* si le commenche a e. encore plus; ²¹ *H has only* pooir de soi remuer, elle; ²² puis *not in H*.

Folio 316a

¹ la *not in H*; ² se gisoit; ³ *H* atorner che dessus desous et chou devant derriere; ⁴ *H* dist errannment; ⁵ *H* qui devant li; ⁶ que dites ... avis *not in H*; *H has only* Ore dites signour est chis; ⁷ *H* atorner; ⁸ *H* moi despire et pour; ⁹ a *not in H*; ¹⁰ *H* fiex de dyable et danemi.

VARIANTS

Le fil de dyable ne p.; [11] *H* prenge conseil; [12] *H* faie [*emended to* fais *in* M] orendroit que jen; [31] *H* orendroit; [14] *H* querant ne devisant; tut *not in H*; [15] *H* vus en; [16] *H* men d.; [17] *H* je lochirra[i M], fait il; [18] *H* se ja rechoit mort; [19] le *not in H*; [20] le]se; *H* le; [21] .ij. *not in H*; la]ta; *H* la; [22] *H* teste et jeter en la; [23] *H* il lont.

Folio 316b

[1] ses]ces; [2] [s]es enchauntemenz e *not in H*; *H* ses conjuremens si joint si et seele la; [3] *H* et par; [4] *H* peust remuer; [5] *H* nus qui Merlin oïst parler; [6] *H* se ne fu baudemagus qui i vint .iiij. jours aprés chou que Merlins i avoit esté mis et a chelui point vivoit encore Merlins qui parla a lui la ou baudemagus sassaioit a la lame lever car il voloit savoir qui cestoit qui en la lame [*emended to* tombe *in* M] se plaingnoit; [7] *H* tu ne hom ne la; [8] ci]si; *H* chi ma; [9] m'i]me; *H* mi mist; [10] *H* pas chis livres; [11] *H* maistre helies; [12] la *not in H*; [13] *H* toutes voies que il; [14] *H* feme a le sien sens; [15] De]E; *H* Et del brait; [16] *H* vous parole; [17] *from H*; [18] *H* moult de merveilles.

Folio 316c

[1] *H* si coume la branke le devise mot a mot mais en cest livre nen parlerons nous pas pour chou quil le devise la, ains vus conterai chou qui nous apartient; [2] *H* dedens la fosse; [3] *H* que ele sot; [4] #*H* riens, ains geut la nuit ou bouge de la maison entre lui et sa maisnie; [5] ele ... e *not in H*; [6] *H* cuidoit que; [7] *H* ore atant; [8] *H* sa bataille, et conment il sout; [9] *H* cel agait basti; [10] *H* li avoit; [11] *H* que il feroit; [12] a *not in H*; [13] .i. *not in H*; [14] *H* a desraisnier; [15] *H* acreantee; [16] *H* dautre par si; [17] *H* sans faillir; [18] *H* conseil et li dist.

Folio 316d

[1] #*H* fuerre et de lespee que che soit; [2] sa ... espee *not in H*; [3] *H* contrefaite a escalibor; [4] *H* en m. moult la; [5] ses]ces; [6] *H* oste et li dist; [7] *H* hastés si fait; [8] *H* ne se haste; [9] *H* volentiers de chou qua delivrer; [10] *H* sen d. bien; [11] #*H* a vous se doit; [12] *H* venus tous apparelliés et dassaillir et de desfendre; [13] sest]cest; [14] *H* mais se a dieu plaist et a cel; [15] #*H* encore en qui moult remis arriere.

Folio 317a

[1] *H* en la plache ou la; [2] *H* se traisent ensus del camp; [3] *H* les preudoumes del païs; [4] *H* que chiex terra; [5] la terre a qui; [6] *H* en donra; [7] *H* el camp; [8] *H* retraient arreire; [9] *H* des plus; [10] *H* ensamble parti des autres lune [*emended to* luns *M*] dune part et lautre dautre; [11] #*H* encontres des; [12] *H* des destriers; [13] *H* ne; [14] *H* nen i ot nule plaie; [15] *H* gisent a la terre g.; [16] *H* orent pris; [17] *H* pas bien a.; [18] #*H* rois ot fait.

Folio 317b

[1] *H* aussi lavoit; [2] dui *not in H*; *H* encommenchier; [3] *H* encontre lautre; [4] *H* eussent ja; [5] *H* pooir quil en euussent [M *adds* ne pour mal gré qu'en euussent] chil qui ens el camp les avoient mis; [6] *H has* sus les espees traites et; [7] *H* des bras; [8] *H* hyaumes et empirent a chou que li chevalier; [9] *H* et sous les bras et sous les; [10] *H* cuer coume; [11] *H* plus avoit; [12] *H* de trop grant; [13] com ... orez *not in H*; [14] *H* portoit; [15] Artus *not in H*; [16] *H* ne perdist toute hounour terriene; [17] la *not in H*; [18] e en force *not in H*; [19] *H* la vertu du fuerre de lespee; [20] *H* douner et rechevoir; [21] chaus]sainz; *H* si caus; [22] *H* regarda par aventure as ses; [23] *H* qui de ses plaies issoit; [24] *H* chou il devient; [25] *H* car il *not in H*; *H has* et saperchoit; [26] *letters illegible*; [27] *H* sespee desaisis t.

Folio 317c

[1] *letters illegible*; [2] *H* sains assas; [3] tost]dit; *H* si tost coume il se fu auques reposés, il li dist; [4] *H* s. devant lespee drechie c.; [5] #*H* si haut et si g. de f.; [6] *H* fait tout; [7] *H* daussi grant; [8] porfendu]deffendu; *H* porfendu jusques; [9] #*H* grans et ferus de trés grant; aïr *not in H*; [10] *H* trait; [11] *H* cargié dou retenir; [12] **H* tant laissiet de sanc quil en estoit moult alentis et moult mains vertueus. E li chevaleirs nen avoit encore riens perdu, si en estoit moult plus legiers et moult plus fors; [13] *H* moult de f.; [14] *H* esmaiiés pour; [15] *H* combatirent entre le roi et le chevalier en; [16] de sa ... asseures *not in H*; [17] E *not in H*; [18] *H* quil a si m. e. quil; [19] *H* garde loure que il le b.; [20] *H* doute.

Folio 317d

[1] *H* puet prendre; [2] bien *not in H*; [3] *H* que li plus fors hom del monde en; [4] tut *not in H*; [5] *H* plus aperechis; [6] mais *not in H*; [7] *H* fust chou dont; [8] *H* entreus .ij.; [9] *letter missing*; *H* entresailli lun contre lautre; [10] *H* onques tel bataille ne fu el païs ne en la terre nentrerent mais; [11] pais *not in H*; [12] **H* car il dient que trop; [13] **H* damages et grans duels se nus; [14] *H* i muert; [15] *H* la pais estre faite; [16] **H* Ore dist li contes que aprés; [17] *H* quant; [18] *H* par mi le hyaume; [19] li coups ... haut *not in H*.

Folio 318a

[1] *H* avint que elle brisa; [2] *H* a chelui caup; [3] *H* pas aisé; [4] *H* que ses [enemis *inserted in M*] chevaliers est boins; [5] a *not in H*; [6] *H* cop toute ensi; [7] sil]cil; [8] *H* toutes voies de lui desfendre; [9] *H* le prise en son cuer seur; [10] *H* onques veist; [11] e]ou; *H* hardis et li; [12] *H* coume del tout a le desconfiture; [13] *H* p. traire; [14] vus *not in H*; [15] *H* meismes savés bien; [16] *H* navés mais dont; [17] *H* avenist; [18] *H* car certes se; [19] e prus *not in H*.

VARIANTS 89

Folio 318b

¹ *H* vostre preu que; ² *H* ains finerons a vostre honnour et a la moie; ³ *H coume jou estoie quant; ⁴ *H* jou entrai; ⁵ loerai jeo pas ne ne *not in H*; *H has* ne vous terroie jou pas; ⁶ *H* parole que on tenist a; ⁷ *H* recreandise; ⁸ vus *not in H*; ⁹ *H onques que je me tiegne a outré; ¹⁰ car ... menriez *not in H*; ¹¹ donc *not in H*; ¹² *H* hui si prés coumme vous cuidiés pour pooir que vous aiiés; ¹³ *H* cil qui le jour avoient veut ceste proueche; ¹⁴ *H morra devant eus le millour.

Folio 318c

¹ *H* onques portast armes ou païs; ² *H* ot perdu sespee; ³ *H* nonne et li; ⁴ *H* enduré comme il puet et quil; ⁵ *H fust piecha mors; ⁶ *H* mais toutes voies a la; ⁷ *H* anchois; ⁸ *H* qui fu la por aidier le roi se elle veist *and rest from H*; ⁹ Et ... elle *from H*; ¹⁰ E]mais; *H* et Merlins; ¹¹ *H* porteroit; ¹² que]car; *H* accalon que la; ¹³ *H* chaï de la main sour lerbe et tainte et vermeille; ¹⁴ avant *not in H*; ¹⁵ *H* et le prent et le lieve; ¹⁶ tut *not in H*; *H* contremont et la regarde et maintenant connoist que; ¹⁷ #*H* tant joians que; ¹⁸ *H* sespee recouvree; ¹⁹ #*M emends to* et [si est moult] dolans; ²⁰ *H* serour qui si mauvaisement la; ²¹ *H le fuerre que cil avoit; ²² le furre *not in H*; ²³ loing *not in H*; ²⁴ #*H* lors redetint.

Folio 318d

¹ e en la force *not in H*; ² *H* avoit hui faites; ³ *H* ne saingnoit; ⁴ *H* alés. Certes vous estes venus; ⁵ matin *not in H*; ⁶ *H* grandira; ⁷ e si *not in H*; ⁸ *H* vous neuustes; ⁹ *H* m. si malement en poi deure; ¹⁰ *H has* puet mais mais aidier; ¹¹ *H* si lahiert au hyaume et le tire viers soi; ¹² *H* del bon hyaume; ¹³ *H* voies si loing coume il puet voiant tous chiaus; ¹⁴ *H* saillir par mi les mailles del haubert et li dist que il lochirra; ¹⁵ *H plaist sire chevalier car; ¹⁶ *H* vous en estes bien; ¹⁷ *H* outranche; ¹⁸ de ma ... issir *not in H*; ¹⁹ #*H* Artus quil saura qui il est anchois que il lochie car il pense quil est de son ostel; ²⁰ *H* sire chevaliers.

Folio 319a

¹ *H* qui; ² *H* estes anchois que je plus atouche a vous; ³ *H* respont errramment; ⁴ *H* mal la presisse; ⁵ *H* ma ja fait; ⁶ *H* je; ⁷ bien *not in H*; ⁸ #*H* ja ne mochesissiés, ne; ⁹ *H* chose pour moi aleger de mon pechié et pour; ¹⁰ *H* me creanterés que; ¹¹ *H* ensi que je le vous ferai orendroit a savoir; ¹² *H* dist erraument: Ore; ¹³ *H* saciés de voir que; ¹⁴ *H* pour chou que je en deusse occhirre le; ¹⁵ *H* ni a; ¹⁶ ele]il; *H* elle; ¹⁷ *H* hee si morteument que elle; ¹⁸ en *not in H*; ¹⁹ *H* le roi Artu(sM) o.; ²⁰ *H* je moult bien; ²¹ *H* il i a; ²² *H elle volentiers la.

Folio 319b

¹ *H* se elle en euust le loisir et me fesist courouner dou roiame de logres se elle peuust en nule guise; ² me *not in H*; ³ *H* venus a ma mort; ⁴ e que vus *not in H*; ⁵ *H* ne le celés mie par; ⁶ *H* que vous plus amés el monde; ⁷ *H* men a.; ⁸ *H* sui chis artus; ⁹ si s'iscr[i]e(nt) e *not in H*; *H has* p. il d.; ¹⁰ *H* soiiés; ¹¹ *H* chou que; ¹² *H* vous creant sour; ¹³ *H* que che fuissiés vous ja combatus ne mi fuisse, car; ¹⁴ *H* jou plus desloiaus dou monde se je a ensient me combatisse a vous; ¹⁵ #*H* connois a vous bien par; ¹⁶ si *not in H*; ¹⁷ *H* venir; ¹⁸ prenderai la venganche si grande que onques de feme desloiaus ne fu si grande prise, si; ¹⁹ *H* en parleront cil dou roiame de logres; ²⁰ *H* car nous [nous *M*] connissons et estions si ami que se nous le seuussons au commencement aussi que nous faisons orendroit li uns neust mis main a lautre dusques au sanc traire por; ²¹ a *not in H*.

Folio 319c

¹ *H* estant; ² *H* que; ³ *H tous et a droit car; ⁴ *H* navés pierdu par; ⁵ *H* navés occhis v. s. lige; ⁶ *H* aussi; ⁷ quant *not in H*; ⁸ *H* repourpensé et vienent; ⁹ *H* li d.; ¹⁰ *H* sire, pour dieu, meirchi; ¹¹ #*H* pardoing [fet il par tel covent *M*] que cil autre ne sachent qui je soie devant chou que je soie venus a camalaot; ¹² *H* il sachiés, que; ¹³ *H* Lors le mainnent as; ¹⁴ #*H* ceste bataille car ceste; ¹⁵ *H* estre ferue; ¹⁶ *H* que; ¹⁷ *H* mort ki i mainnent, car; ¹⁸ tiex ... bataille *not in H*; ont]a; bataille]parole; ¹⁹ *from H*; ²⁰ *H* qui ceste bataille ont faite; ²¹ *H* lotrient; ²² *H* sentrebaisent; ²³ les ... monter e *not in H*; ²⁴ au roi plout *not in H*; ²⁵ *H* qui assés estoit; ²⁶ #*H* roi et regardent ses.

Folio 319d

¹ #*H* les a.; de ... poent *not in H*; ² *H* a accalon; ³ *H* que li chevaliers ne; ⁴ dedens le quart jour; ⁵ *H et lors se trova si allegié et si gari quil; ⁶ *H* quil demoura l.; ⁷ *H* chevaleresse; ⁸ *H* le merrés a camalaoth; ⁹ e ... Morgue *is a superscript and not in H*; ¹⁰ *from H*; ¹¹ *from H*; ¹² *H* que onques traïsons ne fu si bien vendue coume ceste sera se diex; ¹³ *H* santé, ja ne saura fuir en si lontaingne terre ne en si estrange; ¹⁴ *H* lour; ¹⁵ *H* avoec eus le cors de[l *M*] chevalier; ¹⁶ le ... porent *not in H*; *H has* tout d.; ¹⁷ tous *not in H*; ¹⁸ Artus *not in H*; ¹⁹ #*H* sesmiervilla; ²⁰ *H* point; ²¹ souvenoit pas ne dou roi; ²² *H* encore.

Folio 320a

¹ si *not in H*; *H* endormi, elle a. maintenant; ² ses]ces; ³ *H* et a laquele elle; ⁴ *H* orendroit; ⁵ *H* ja; ⁶ *H* por coi; ⁷ *H* sesvillast anchois; ⁸ ne loseroie jeo]le lesseroie jeo; ⁹ *H* ne loseroie jou emprendre a occhirre; ¹⁰ *H* car certes je; ¹¹ *H* que je leuusse fait; ¹² *H* ne f. pas; ¹³ *H* sespee; meisme *not in H*; ¹⁴ la *not in H*; ¹⁵ e mult ... desleauté *not in H*; ¹⁶ *H* veult ensi faire; ¹⁷ en un lit *not in H*; ¹⁸ *H* si p.

Folio 320b

¹ *H* entreus deus fors une; ² *H an exact reading impossible due to a tear*; *M* car [il cuide] ja avoir fait a ta[rt et] quant; ³ #*H* se quatist pour; ⁴ *H* sa; ⁵ *H* chambre cele qui lespee; ⁶ *H* si sauras c.; ⁷ tut maintenant *not in H*; ⁸ *H* vait; ⁹ *H* veult toutes voies occhirre son pere, il li crie; ¹⁰ *H* chis qui l. estoit si; ¹¹ *H* le brac; ¹² *H* de la main; ¹³ *H* leuussiés b.; ¹⁴ *H* lespee, car jamais; ¹⁵ bien *not in H*; ¹⁶ **H* desloiaus chose que je onques veisse, qui volés occhirre en dormant vostre signour espouse le plus loial et le plus preudomme que je sache el roiaume de logres. Voirement; ¹⁷ en]e; *H* en; ¹⁸ **H* qui de ceste desloiauté faire vous estiés; ¹⁹ il i] le; #*H* et vilainne se il fust qui vous i mesist; ²⁰ *H* en son f.; ²¹ en *not in H*; ²² *H* tant de vous quil; ²³ *H* je non f. car; ²⁴ *H* s. trop g.; ²⁵ #*H* marme.

Folio 320c

¹ *H* coume; ² *H* estes. Et anemis et dyables; ³ vus *not in H*; ⁴ *H* comme; ⁵ *H* et d.; ⁶ *H* de quoi; ⁷ *H* que che ne soit merlins; ⁸ oït] out; *H* ot; ⁹ *H* ha fiex p.; ¹⁰ *H* men e.; ¹¹ *H* que je faisoie; ¹² *H* diex ti amena p.; ¹³ *H* ensi avenu; ¹⁴ pur Deu *not in H*; ¹⁵ **H* la descouverroit plus; ¹⁶ *H* cele chose que; ¹⁷ *H* ne[n *M*] fu; ¹⁸ *M* [il se] *letters effaced;* ¹⁹ *H* [si se *M. letters effaced*] commencha a esmierviller et a s.; ²⁰ qu'il avoit *not in H*; ²¹ #*H* et [ses gens li dient: sire nous *M, letters effaced*] ne s.; ²² *H* ausi nous esmervillons nous comment vous estes chaiens venus que nous nel seuusmes. Mais: ²³ *H* mais ou cuidiés vous estre; ²⁴ *H* avoec mon signour le roi; Artu *not in H*; ²⁵ mes *not in H*; ²⁶ *H* beles et courtoises; ²⁷ *M* la ja devisé; ²⁸ *H* nouviele elle fait samblant que elle soit trop esmaiié si dist; ²⁹ *H* quil se lieve.

Folio 320d

¹ *H* et voist atout grant gent la; ² *from H*; tant de chevauchier quil vint a liaue et t.; ⁴ *H* qui dejouste lui se [gisoit *M letters effaced*]; ⁵ *H* ne sen es [toit peu re *M letters effaced*] mué; ⁶ *H* mais de la nef [ne de *M letters effaced*]s damoiseles ne trouvent nule nouvielle si en sont moult a malaise; ⁷ *H* le matin et lendemain aprés et l.; ⁸ nel]len; *H* mais [por noient et for]che [estoit *letters effaced M*] quil nel t.; ⁹ *H* court si a.; ¹⁰ *H* nen i; ¹¹ *H* i fache; ¹² *H* p. cuidier de ceste aventure; ¹³ **H* reviegnent; ¹⁴ *H* De ceste chose si coume il dient; ¹⁵ du roi *not in H*; ¹⁶ *H* la verité; ¹⁷ *H* a quoi; ¹⁸ **H* en oïssent n. ¹⁹ *H* au sieptime jour; ²⁰ *H* sen; ²¹ *H* il furent en; ²² lor]len; *H* lour.

Folio 321a

¹ *H* pour demander nouvieles se; ² *H* d. tuit de; ³ *H* tout moult lié de; ⁴ *H* cuident; ⁵ occis *not in H*; ⁶ *H* moult plus lié que elle nestoit devant et; ⁷ *H* que li .iiij. chevalier avoient ja mis a terre le chevalier occhis; ⁸ *H* Quant il la voient; ⁹ *H* il la c. bien; ¹⁰ que ... roine *not*

in H; ¹¹ H le; ¹² H le mande erramment; ¹³ H chelui chevalier que vous amiés; tant not in H; ¹⁴ H accalon; ¹⁵ letters illegible; H il; ¹⁶ H estraigne; ¹⁷ H ni si lontainne vous ne saurés fuir; ¹⁸ H has only ot; ¹⁹ H quil pueent bien dire verité.

Folio 321b

¹ H por soi c.; ² H mie moult sage chevalier m. quant; ³ H freres vous ait ceste chose commandé pour moi dire; ⁴ mais not in H; ⁵ H ne le manda; ⁶ H s. pas c.; ⁷ H coupable pour la biele chiere que ele fait; ⁸ le not in H; ⁹ H la d. si grant comme ele; ¹⁰ *H duel a son cuer que feme nen porroit plus avoir; ¹¹ *H la mort; ¹² H amoit plus que riens qui adont fust; ¹³ ses]ces; ¹⁴ H leur c.; ¹⁵ #H fioit plus, et elle lor dist tout son afaire. Et les ot traites loing en une chambre hors de toute gent et lour dist tout son estre et dist; je ne vous le; ¹⁶ H tant ichi que; ¹⁷ li roi not in H; ¹⁸ H apercheu che que je v.; ¹⁹ H que il nen aura ja m.; ²⁰ ore]ou; ²¹ H ore convient dont que je; ²² H lieu quil ne me s.; ²³ H vous bien, f.; ²⁴ si not in H; ²⁵ H me partirai de chi adont.

Folio 321c

¹ mon frere not in H; ² H vois ore de; ³ H ne demourra mie que je ne; ⁴ mult]nuit; H encore moult c.; ⁵ H comparer chou qil ma occhis lomme; ⁶ en not in H; ⁷ ses]ces H de teles p.; ⁸ H elles auront si apresté lour afaire; ⁹ H del; ¹⁰ H Lors; ¹¹ Morgue not in H; ¹² H garlot; ¹³ H mesmes ni estoie; ¹⁴ H ne lamoit mie moult pour; ¹⁵ H onques veut bien en lui; ¹⁶ H sans jamais r.; ¹⁷ H venus; ¹⁸ H que je ne porroie en nule maniere r.; ¹⁹ H en alés; ²⁰ H mais que je; ²¹ H bien sil v. p. que vous encore r.; ²² H nel; ²³ H elle, faire que; ²⁴ tut not in H; ²⁵ si se partent erraument; ²⁶ H lour ja dounoit [emended to lour (ja) donnoit in M]; ²⁷ H poi dessus la; ²⁸ il voient que not in H.

Folio 321d

¹ H se remisent; ² s'en not in H; ³ tut dis not in H; ⁴ H s. la ou li rois artus estoit; ⁵ H baoit a nule chose fors; ⁶ en not in H; ⁷ H m. qua labbeie vint; ⁸ la ... estoit not in H; ⁹ H fist sans faille r. sa compaignie; ¹⁰ H qui dalés labbeie estoit; ¹¹ H et vint en labbeie toute seule fors; ¹² H elle; ¹³ Artus not in H; ¹⁴ la not in H; ¹⁵ H poing; ¹⁶ ses]ces; ¹⁷ H lavoit; ¹⁸ Artus not in H; ¹⁹ bien not in H; ²⁰ from H; #C ne porra avoir quil ne li meschaïst e maintenant se leva par devant lui; ²¹ H sen t. a moult bien; ²² puis not in H; ²³ *H li amena; ²⁴ en not in H; ²⁵ e lui dit not in H; ²⁶ H montons, dist elle, et alons nous ent erraument.

Folio 322a

¹ H Montons tout et pensons; ² H a. que li; ³ H li avoit; ⁴ H et commencha a regarder; ⁵ en not in H; ⁶ H dessus; ⁷ H le; ⁸ H en une sale; ⁹ H Dites moi qui chaiens a esté tant coume je dormoie; ¹⁰ H il

VARIANTS   93

nous; ¹¹ *H* dame; ¹² *H* v. si [i M] fu; ¹³ *H* moi; ¹⁴ *H* sa; ¹⁵ *H* si dist tantost trop courechiés; ¹⁶ H riens; ¹⁷ #H fuir que je ne pense de cachier; ¹⁸ seler]celer; *H* mestre une sele sour le.

Folio 322b

¹ *H* mie sans grant c.; ² *H* li feroit volentiers faire anui se; ³ *H* fait aussi m,; ⁴ E *not in H*; ⁵ *H* armé et monté chascuns seur boin cheval; ⁶ *H* se p.; ⁷ *H* amenoit; ⁸ M Li rois; ⁹ *H* oïl, sire; ¹⁰ *H* il a ja; ¹¹ *H* li et sa damoisele qui; ¹² *H* elle sen fu de chi alee, elle sen ala d.; ¹³ la *not in H*; ¹⁴ *H* venue, il acueillirent adont lour voie; ¹⁵ E *not in H*; ¹⁶ *H* tut *not in H*; ¹⁷ que *not in H*; ¹⁸ Quant ... novele *not in H*; ¹⁹ *H* Li rois est moult liés de ceste nouviele, si sen part erraument del vachier; ²⁰ *H* en une plaingne; ²¹ *H* a; ²² *H* maisnie; ²³ #*H* erraument; ²⁴ mult *not in H*; ²⁵ *H set bien que la se quatiront il et se reponront se il pueent riens; ²⁶ E *not in H*; ²⁷ *H* contreval; ²⁸ *H* les; ²⁹ *H* veut venir dist.

Folio 322c

¹ monseignur *not in H*; ² *H* a coite desperon. Il nous sieut; ³ *H* nous ataint, nous soumes mort; ⁴ nul *not in H*; ⁵ *H* e. illuec en une; ⁶ *H* et; ⁷ *H* afondra; ⁸ *H* quil ne fist puis bien; ⁹ *H* au roi; ¹⁰ *H* a une seule b.; ¹¹ *H* marsique; ¹² *H* li bailla chelui meisme fuerre si quil le; ¹³ puis *not in H*; ¹⁴ *H* sot puis que il; ¹⁵ *H* en sera; ¹⁶ *H* elle; ¹⁷ mort et malbailli; ¹⁸ *H* vi[e M]nt; ¹⁹ *H* il nous het; ²⁰ *H* nous; ²¹ #*H* connoistre; ²² *H* il nen aura ja merchi quil ne cope a chascun le chief; ²³ *H* porroie; ²⁴ car.

Folio 322d

¹ ci]si; ² *H* je bien; ³ *H* parlé tant coume il aura crestiiens en la grant bretaigne; ⁴ *H* si que vous les v.; ⁵ *H* de pierre naïve; ⁶ qui a pié aloient pierdu lour droite samblance et [erent mué en M] fourme de pierre. Et li enchans les tenoit si fermement quil ne se peuussent mouvoir se on lour caupast les testes. Ne daus; ⁷ #*H* fu[n M]s; ⁸ *H* alainne ne plus que se; ⁹ *H* f. tout v. de roche naïve et aussi fu; ¹⁰ *H* les eures que; ¹¹ *H* a celui point; ¹² *H* quil ne desist tout; ¹³ #*H* ne fust; ¹⁴ *H* peuust encerkier [*emended to* enterchier M] fors pour figure[s M] de pierre ensi les laissa; ¹⁵ delés]en mi; *H* dallés le; ¹⁶ *H* v. par illuec; ¹⁷ aprés eus *not in H*; ¹⁸ sil li avint]sil kavint; *H* se li avint; ¹⁹ ceus]eus; del]el; *H* trespassa cheus qui del; ²⁰ *H* aloit; ²¹ ausi *not in H*.

Folio 323a

¹ les *not in H*; ² #*H* il aproche che; ³ *H* il vait cele part pour; ⁴ *H* il en est si; ⁵ *H* puet auques r.; ⁶ *H* mais anchois se s. por la; ⁷ *H* qui; ⁸ *H* puisque li mondes fu estorés si grant merveille navint; ⁹ *H* les commenche a r. ¹⁰ *H* morgain et pluiseurs de cheus qui illuec estoient, si les; ¹¹ *H* morgain et dist veschi; ¹² *H* si; ¹³ *H* ensi en vait nommant t. le; ¹⁴ *H* sire le fuerre dont; ¹⁵ *H* lavés; ¹⁶ *H* rois, je lai pierdu. Tout est torné; ¹⁷ sa]ma; *H* sa; ¹⁸ E *not in H*; ¹⁹ *H* a; ²⁰ *H* qui la suivoient; ²¹ en *not in H*; ²² *H* retorne; ²³ de s'espee *not in H*.

94   LES ENCHANTEMENZ DE BRETAIGNE

Folio 323b

[1] *H* naviens nes poissanche de; [2] *H* e. del tout aussi; [3] vus *not in H*;
[4] *H* car che vous a; [5] *H* vont droit viers le r.; [6] *H* quil [emended to quelle
M); [7] *H* en ses bra(ie M)s; [8] *H* li; [9] H estoit. E estoit chis puis plains de
vermine anieuse. Morgue; [10] *H* qui devant vous est ensi d.; [11] *H* repris;
C has p. en une folie; [12] *H* en une si grant besoigne de felounie et une
d. tele quil me; [13] *H* sa; [14] *H* puich apriés ma feme que ge i ai getee
pour la d. ou je le trouvai; [15] *H* me d.; [16] *H* morir malvaisement et v.;
[17] *H* mie, ensi maït; [18] *H* nen fui; [19] *H* et; [20] me *not in H*.

Folio 323c

[1] *H* manasses de gaule; [2] *H* f. parens a accalon; [3] *H* monde que je plus
amai en ma vie, et; [4] *H* sera tout a vostre; [5] *H* soi; [6] *H* r. tout mainte-
nant; [7] **H* Pour qui, fait il, que vus maiiés; [8] *H* il, dieu merchi, bien
avenu quant; [9] **H* et moi; [10] *H* serviche a vous et bien le doi canques
je porroie faire pour vous; [11] H Nen; [12] *H* qui ensi vous tenoit court;
[13] *H* le m.; [14] *H* autant; [15] *H* coume celle en qui cuer merchis nestoit
onques entree; [16] *H* sen; [17] *H* gete tout nu el; [18] il *not in H*.

Folio 323d

[1] *H* Or vous pri jou en; [2] jeo vus prie *not in H*; [3] mult *not in H*;
[4] *H* comment che fu que li c.; [5] *H* elle, ne vous dirai je pas mais; [6] *H* a
mon; [7] *H* d. bien avoir; [8] meine] mesme; *H* faire, car jou oi pooir de ma
maisnie muer en pierre; [9] *H* euusse je fait; [10] *C has* moi e que jeo ne
me puis muer par enchantement que tuz; *H* moi que je ne li puis nuire
par enchantement. Et cele sans faille set plus de nigromanchie et des
enchantemens que tous; [11] *H* li a apris. Itant; [12] *H* diex le laisse revenir
a la; [13] en *not in H*; [14] *H* sen vait el; [15] *H* que elle na fait m.; [16] *H* Ensi
chevauche tant par ses jornees que elle vint el; [17] #*H* venue pour remanoir
i(l M) del tout, si.

Folio 324a

[1] e *not in H*; [2] *H* el; [3] *H* c. et moult; [4] tugan; [5] *H* En chelui c.
establi elle une; [6] *H* mi la maistre sale de laiens une t.; [7] e *not in H*;
[8] i *not in H*; [9] la *not in H*; [10] li *not in H but supplied in M*; [11] *H* que
vous en [emended to vous en cel M] escrit ne veés, car bien s.; [12] *H* ne;
[13] de *not in H*; [14] *H* ne del roi; Arthu *not in H*; [15] *H* puis qui v.; [16] *H*
lanscelos qui andeus les euust; [17] *H* avint quil les connut ansdeus et il
connurent lui; [18] *H* on kieche a c. la.

Folio 324b

[1] la vie *not in H*; [2] sa seore *not in HS*; [3] si com ... conté *not in S*;
[4] *HS* se parti; [5] *S* quil; [6] *HS* si armés; [7] E *not in HS*; [8] *HS* joie grant
et feste mervilleuse qui[l M] [*S* quilz] li; [9] *H* cuidoient lui avoir pierdu;

VARIANTS 95

S ilz le cuidoient comme avoir perdu; [10] *HS* lorent; [11] #*H* li demandent n.; *S* il demande nouvelles; [12] *HS* devant lui et li dist; [13] *HS* avint; [14] *H* avint il m.; car ... mauvaisement *not in S*; [15] *HS* men; Uriens *not in H*; [16] *HS* je me trouvai le matin couchié el lit la [*S* lit de la]; [17] *H* pas aisé; *S* pas aussi aisé; [18] en *not in HS*; [19] *S* en une chambre noire et obscure et parfonde; [20] *S* encore demourer; [21] *H has tear*; *M* je peuusse enc[ore demourer] se je neuusse [fiancié] que je feroie pour [le seigneur] de laiens une b[ataille et] pour chou deliv[rai et moi] et; [22] *S* d. je et moy; [23] *S* ja tel; [24] *H* la bataille menee a chief que; [25] porter] portés; *HS* porter; [26] *HS* gringnour paour; [27] del tut *not in S*.

Folio 324c

[1] *H* del; *S* du; [2] *H* que piecha; *S* qui pieca mais advenist a moy; [3] *S* vous en a.; ensi *not in H*; [4] *HS* Voirs est; [5] ent *not in HS*; *HS* laventure; [6] *HS* Certes nennil; [7] *H* rois artus; [8] *S* pas; [9] *HS* morgue ma seror qui est vostre feme mi avoit [i *not in S*] si vilainnement; [10] *H* desloiauté [comme celle est *M*] que elle avoit faite pour mi faire morir; [11] *H* par cui conseil; [12] *H* tout [cil qui *M*, *H has tear*] par; *S* de par; [13] s'en alassent e and jamais *not in S*; [14] #*H has tear*, *M* ma [court et] certes (ja mais) ja m[ais tan com]me je viverai ne [amerai je un] hou[me qui] bien soit de li [ne] ne me s.; [15] li] le; *HS* ne li mande; [16] *S* saillistes delle; [17] que] qui; *HS* et que vous la v.; [18] *S* vous feussiés p.; [19] *S* pour la desloyaulx; [20] *H* ne voel je mie mon ostel deffendre; [21] ne ... plest *not in S*; [22] *H* loial dusques chi, si ne; *S* jusques icy; [23] *S* c. pas jamais; [24] *HS* si honteus quil ne set; [25] *S* scet que repondre; [26] *HS* se part; [27] *HS* v. bien estre; [28] *H* mors. Et envolepe son vis; [29] *HS* de son.

Folio 324d

[1] *HS* que on ne voie les larmes qui li chieent des iex tout c.; [2] *H* venu dusques a son hostel en la chambre; *S* venus en la c.; [3] *HS* le commenche trop biel a; [4] *HS* caille de ceste parole ne de; [5] *S* car certes; [6] si] ci; [7] *HS* en son; [8] ne vus i verra] vus venra; *HS* ne vous i verra; [9] *S* jeunez, sain et haictiés et p.; [10] *H* des ore en avant; *S* des or mais; [11] *H* vous sai a; [12] a si *not in S*; [13] *HS* feris li; [14] i *not in S*; [15] *H* Ha, biaus cousins; [16] *HS* la moie amour; *H* que vous laissiés le [*M has* laissis (le)] la court; [17] *HS* dont ne; [18] *HS* se [je *S*] jamais ni entroie; [19] en *not in HS*; [20] *S* eussent desir de moy veoir; [21] ainz ... terme *not in S*; [22] en *not in H*; [23] *HS* biaus cousins; [24] *HS* vous moult que jou i alaisse.

Folio 325a

[1] *H* puisque vous tant; [2] puis ... desirrez *not in S*; [3] *H* lour; [4] e font ... si *not in S*; *S has* Et quant ilz sont appareilliés et monté ilz dient; [5] *S* aprés eulx; [6] montent ... seignors *not in S*; *S has* et cilz le font; [7] tut .iiij. ... esquier *not in S*; [8] *HS* vient; [9] *H* et dist; que *not in S*; [10] *HS* aït et li saint; [11] ja *not in HS*; *S* mais .ij. ans en la court le roy Artus, se force; [12] le roi Artu *not in H*; [13] *HS* il a; [14] *H* escuiier, il remontent et se metent en la forest; *S* remonte et lors se remettent en la forest; [15] tut le chemin ferré *not in S*; [16] *H* si jurent; *S* si vindrent

c. s. en; ¹⁷ *S* r. bien et; ¹⁸ *H* moult bien les r. et moult biel les s. de; *S* les s. de tous les; ¹⁹ pur ceo ... homes *not in S*; ²⁰ *S* quilz; ²¹ *HS* remisent; ²² *H* aussi; *S* ainsi; ²³ entier *not in S*; ²⁴ *HS* camalaoth et venut en; ²⁵ *H* dusques a eure; *S* jusqua heure.

Folio 325b

¹ en *not in HS*; ² *HS* entour un. ³ *S* jusqua; ⁴ *HS* tous armés; montés *not in S*; ⁵ *HS* failloit fors que [que *not in S*] del poindre; ⁶ *S* a cel a.; entor *not in S, supplied by Sm*; ⁷ *S* s. autre e.; ⁸ damoisele *not in H*; ⁹ *H* rakoit; *S* crachoit; e escopissoit *not in S*; ¹⁰ *H* qui tel set [*emended to* qui te suelt *M*]; ¹¹ *HS* recommenchoit sa c. et respondoit avoec les autres. Gavains; ¹² *HS* la; ¹³ *HS* d. a son cousin; ¹⁴ *HS* fait il; ¹⁵ si eles chantent *not in S*; ¹⁶ *H* le vit antan a un t.; *S* vy na pas .i. an en ung t.; ¹⁷ tant *not in H*; ¹⁸ *HS* quil est uns des millours c.; ¹⁹ *S* chevaliers du monde et est frere; que jeo ... prus *not in S*; ²⁰ *HS* quil; ²¹ tutes les *not in S*; ²² savez vus] sachiez; *HS* Et savez vous; ²³ *HS* vilment; ²⁴ si ceo ... Morhaut *not in HS*; ²⁵ au Morhaut] avec moi; *HS* il fu au morhout; ²⁶ *H* col, ou c.; ²⁷ *H* quil ne p.; ²⁸ *H* escu ou il ait se b.; *S* col ou autretel quil nestoit se blanc non; ²⁹ *letters effaced*; *HS* ne; *HS* cil; ³⁰ * *HS* mors ou emprisonnés quant.

Folio 325c

¹ *HS* vilment; ² *HS* en son delivre pooir; ³ en *not in HS*; ⁴ *HS* yvains, car cil dui chevalier qui chi sont armet les g.; ⁵ *HS* les vaurroient g.; ⁶ *S* sen; ⁷ * *HS* seurté karolent elles si h.; ⁸ *HS* vous veés; ⁹ *H* m. puiskil het si les; ¹⁰ *HS* de; ¹¹ si] ci; *H* par si quil; *S* par cy [*emended to* si *Sm*]; ¹² *H* mal ne lait et; *S* nul mal ne lait et; ¹³ *HS* escu, car che que [*S* escu, tuz ce que] je voi que elles en font me fait mal, pour chou que chou est armé a chevalier; ¹⁴ e *not in HS*; ¹⁵ en] el; *HS* estoit a mont en larbre commencha a crier; signeur veschi; ¹⁶ *HS* lentendent; ¹⁷ *H* nen i r.; e voident ... remist *not in S*; ¹⁸ *H* tut ester p.; tut *not in S*; ¹⁹ *HS* espoente [e *M*]s ne; ne si esbahis *not in S*; ²⁰ que i fu *not in S*; ²¹ *H* fust co[uvint cheoir *letters effaced M*] a; *reading of* ou .ij. foiz *impossible in H*; *S* seure convint il a cheoir a; ²² ou *not in S*; ²³ en *not in S*; ²⁴ *H* tel m.; ²⁵ *H* sourst dune valee; *S* sort dune.

Folio 325d

¹ *HS* destrier; ² *H* grant et tost courant et fu bien armés de t.; *S* grant et fort a merveilles et fu si bien armés quil; ³ *H* d. est es a. et si bien seans que; *S* fouldre, et estoit si droit et si bien seans que; ⁴ *H* et vaillant a armes; *S* vaillant aux a.; ⁵ *HS* quil; ⁶ *HS* li r.; ⁷ *HS* preus as armes, vous; ⁸ *S* aussi bien; ⁹ *S* p. darmes; ¹⁰ *H letters illegible, M has* je [lai] veut, [bien sai] que v. le p. [dar]mes seur t. l. c. q[ue vou]s onques v.; *H* puet [estre]; *H* ore regar[dons]; *S* regardons; ¹¹ deus *not in S*; ¹² sur son escu *not in S*; ¹³ prus ... e *not in S*; ¹⁴ *H* cheval a terre et fait voler tout en un mont che dessus desous; ¹⁵ *S* abat a terre ly et le cheval si felonneusement que le chevalier; ¹⁶ tut *not in S*; ¹⁷ en

not in *H*; ¹⁸ *S* outre et sadresse; ne n'en ... p. *not in S*; ¹⁹ qu'il *not in HS*; ²⁰ *HS* il; ²¹ *HS* morteument les desloiaus les l.; les l. *not in S.*

Folio 326a

¹ *S* ne se usast; ² *S* sus [*emended to* jus *Sm*]; ³ *HS* la b.; ⁴ *H* depechie; ⁵ fait il *not in S, supplied by Sm*; ⁶ onques *not in S and* d. e *not in HS*; ⁷ *HS* si tost comme je verrai [*S* je vendray] en point et en lieu; en point et *not in S*; ⁸ *H* sen vint; *S* sen vient; ⁹ *HS* ywain, et il; ¹⁰ *H* saluer les; ¹¹ Beaus *not in HS*; ¹² *H* que a.; *S* et que [fait il *Sm*] feites vous icy; ¹³ fait il *not in HS*; ¹⁴ si *not in H*; ¹⁵ *H* aussi c. n.; si ... devant *not in S*; ¹⁶ *HS* que a.; ¹⁷ e *not in H*; ¹⁸ *H* vous jouste; ¹⁹ *H* f. ore mie; ²⁰ le *and* avoir *not in HS*; ²¹ sire *not in S*; ²² si *not in S*; ²³ *H* ne nous faurriés pas, che savoie je bien; *S* ne nous fauldriés vous pas; sachiez le bien *not in S*; ²⁴ *H* vous vous a.; ²⁵ ja *not in H*; ²⁶ *HS* ne vous en partirés tant.

Folio 326b

¹ *HS* nous porroit on atourner; ² *H* escondis; si ... e. *not in S*; ³ *HS* Lors se trait en sus pour laissier courre au morhout, et; ⁴ li *not in H*; ⁵ *HS* pas de vous; s'il vus a. *not in HS*; ⁶ *HS* otroie a moult grant painne; ⁷ Ywains *not in H*; ⁸ *H* le pis; en mie ... descovert *not in S*; ⁹ *HS* a g.; ¹⁰ *H* si p. que il nen p.; *S has* g., mes ce ne fu mie mortel. Il; ¹¹ *H* fiert el sablonnier(e *M*); si que ... sablon *not in S*; ¹² *H* qui si est quassés del cheoir quil ot fait qui[l *M*] li semble quil; a terre ... desrompus *not in S*; ¹³ Yvain *not in S*; ¹⁴ *H* terre, il en; ¹⁵ *H* ha diex; tant ... prodome *not in S*; ¹⁶ *H* p. tant il vaut et tant il puet. Diex; tant est v. ... pruz *not in S*; ¹⁷ *HS* tant esteroit fols et desmesurés qui; ¹⁸ *HS* dune b.; ¹⁹ en *not in HS*; ²⁰ *C* jeo mentremeisse a piece e pur ces .iij. choses que; *HS* viers lui jouste, je ne men entremesisse apriés ces trois cols que je; ²¹ *H* nus hom demorer en; *S* nul homs; ²² E ceo est *not in HS*; ²³ *HS* l. del tout la.

Folio 326c

¹ *HS* a hounour; ² *H* il le rabat; ³ *HS* le main; ⁴ *S* yvain quil estoit le m.; ⁵ li] les; *H* les larmes li chieent des iex; ⁶ trop c. *not in S*; ⁷ *H* nous vient si malement quant; il trop *not in S*; ⁸ si vilement *not in HS*; ⁹ *HS* li demande; veuls tu [*S has also* donques] la bataille as brans; d'ascers *not in HS*; ¹⁰ *HS* oïl certes; ¹¹ *H* je mie mis; ¹² *HS* chiet qui puis outre son c.; ¹³ *H* lors se li keurt sus; *S* lui court; ¹⁴ *H* atent tout a cop si biel que; si ... colp *not in S*; ¹⁵ a pee *not in HS*; ¹⁶ *HS* li b. miens et la honte vostre; ¹⁷ *S* Tu mas aprise orendroit une; ¹⁸ mais *not in HS*; ¹⁹ por coi; *S* pour ce que; ²⁰ la *not in HS*; ²¹ ses] ces; ²² *S* a. devant p.

Folio 326d

¹ *HS* fors de mener a mort ou a outranche se diex men d.; si D. ... poer *not in S*; ² *HS* ne li r.; ³ onques *not in S*; ⁴ *HS* len; ⁵ un *not*

98   LES ENCHANTEMENZ DE BRETAIGNE

in HS; ⁶ en p. *not in S*; ⁷ *H* par; ⁸ le *not in HS*; ⁹ *H* retrait; ¹⁰ *HS* il gavain faillir; ¹¹ *HS* que nous hom [hom *not in S*] ne la veist qui a; ¹² *HS* a. lasset et t. moult durement mais che nestoit mie merveille car li; ¹³ tant *not in S*; ¹⁴ *HS* ka forche les; ¹⁵ *HS* r. forche et alainne; E *not in HS*; ¹⁶ *HS* il se f.; ¹⁷ *HS* m. que en [tou M]tes saisons li d.; ¹⁸ *HS* et croissoit et a.; ¹⁹ *H* puis qua; *S* plus qua; ²⁰ e *not in S*; ²¹ *HS* autretant ou plus quil navoit; ²² *H* commenchement. Et il saisist maintenant lespee et lescu et court sus; ²³ *H* voit et c.; la ou ... voit *not in S*; ²⁴ si *not in HS*; ²⁵ *HS* et p.; ²⁶ *HS* en devint t. e. et dist [*S* e. dont il dist]; ²⁷ *S* m. et la greigneure que je onques veisse.

Folio 327a

¹ *H* aussi bien comme a; desques *not in HS*; ² *S has only* f. despee; ³ *HS* lui encauchier et; ⁴ *HS* h. toutes voies a; *S* h. toutes foiz a; ⁵ ceo] pruesce; *HS* moult en che quil; ⁶ *HS* onques en toute sa vie trouvé chevalier qui a la parfin peuust durer a lui; ⁷ assez *not in S*; ⁸ *HS* nule plaie mortel ne t.; ⁹ *HS* soit moult a.; ¹⁰ *HS* s. et endure que; ¹¹ *S* quil puet com; ¹² *HS* ka faire; ¹³ *H* est tous li; ¹⁴ *S* o. mais t.; ¹⁵ *H* v. ne trouver; ne... veoir *not in S*; ¹⁶ *HS* la mellee jusques v.; ¹⁷ hure de *not in H*; *HS* miedi acoustumeement, ne; ¹⁸ *S* jusqua heure de n.; ¹⁹ ≠*H* en tant liex; ≠*S* tant de l.; ²⁰ e valut *not in H*; puis e v. *not in S*; ²¹ *HS* se c.; ²² *H* a la; ²³ *letter effaced*; *HS* mares; ²⁴ *H* Li quars ot non gaharies. Li quins; ²⁵ *H* t. li amoureus li niés le roi march.

Folio 327b

¹ *S* lac, ly autres bo[h *Sm*]ors li essiliez, ly autres hector de mares, ly quart gaherietz et fu frere gauvain, le quint fut tristan lamoureux le niepz au roi marc, le vjᵉ fut le m. dont je p.; ² *HS* De tous cheus a cui [*S* has ausquelx] Gavains se combati cors a cors pot il bien a chief venir ne mais de ces .vi., mais nul de ces .vi. ne pot il [*S* onques] a outranche mener. Et s.; ³ *HS* lisent; ⁴ *S* je; ⁵ *HS* p. chi fu cil morhous que; que] qui; ⁶ *H* sanson; *S* sanxon; ⁷ *H* repairrons a; *S* retourneray a; ⁸ longment *not in HS*; ⁹ *HS* car moult e.; ¹⁰ *HS* pas ne por vous loer ne por moi mais; ¹¹ *S* nous [y *Sm*] avons esté si longuement que nulz de; ¹² *HS* bien or [or *not in S*] en droit conseil que; ¹³ il *not in HS*; ¹⁴ *HS* mors de lun et de; ¹⁵ *HS* mochiés et je; ¹⁶ *HS* g. hounour; *S* sa d.; ¹⁷ sire *not in HS*; ¹⁸ *HS* requier; ¹⁹ *HS* p. ne pour doutanche que jaie fors pour che quil; ²⁰ *H* p. pas; ²¹ *H* li devise, il li; *S* entent ce, il ly r.; ²² *H* de che que jeo; ²³ *H* se doit supplier; *S* se doit humilier; ²⁴ deus *not in HS*.

Folio 327c

¹ autant *not in HS*; ² *H* d. pas estre; *S* ne d. pas estre mien; ³ jeo *not in H*; ⁴ *S* se v.; ⁵ tut *not in S*; ⁶ a *not in H*; ⁷ *HS* s. ami(s *M*) et loial c.; ⁸ *HS* rancune; ⁹ *S* il en t.; ¹⁰ *HS* v. le c. et; *S* et dist; Et benoist soit; ¹¹ *S* car je cuide que se la bataille; ¹² *HS* eust gramment plus duré, il sentre fuissent ambedui occhis [*S has* quilz se fussent tous deux occis]; ¹³ *H* c. ensi comme; ausi ... devisé *not in S*; ¹⁴ *H* lassé

et travillié; mult l. ... resceuz *not in S*; [15] *S* et yvains autressi; [16] ne *not in HS*; [17] *HS* ai a n. g. li fius; [18] *HS* li m.; [19] *S* si hault p.; [20] *H* p. faillir pas; *S* ne p. pas f.; [21] un *not in H*; [22] *H* il le renie [*emended to* mercie M] moult bel et dist; *S* Et il le remercie moult bien et dit; [23] *S* certes vous; [24] *HS* m. mon oncle a.

Folio 327d

[1] *S* pour [*emended to* par Sm] a. et par courtoisie que; [2] *HS* venés anuit mais h.; [3] *HS* otroient volentiers por chou quil [*S* voient quil] les em prie si biel; [4] *letters effaced*; *HS* vont toute une sentele; [5] *S* quilz viennent en; [6] mileu d' *not in S*; [7] *H* fremet; assez bel *not in S*; [8] *S* descent et ly autres aussi; seignor ... mais *not in S*; *H* h. vous anuit mais; [9] il descendent *not in S*; *HS* et m. saillent v. et e. [et e. *not in S*]; [10] *HS* d. issent e.; [11] *HS* p. de laiens et; [12] *HS* e. [erraument *not in S*], si se p.; [13] *HS* plaies et de lour blecheures [de ... b. *not in S*] et les aaisent de canquil pueent; [14] *H* en la c.; *S* en lostel le; [15] *HS* sen e.; [16] e tant ... p. *not in S*; [17] *HS* se *not in H*; [18] ses] ces; e por ... blessures *not in S*; [19] ceo ... qu' *not in S*; [20] du bien *not in S*; [21] *S* et leur dist quil; [22] *H* sen iroit a lendemain si tost coume il auroit messe oïe, si d. au; *S* sen yroit a lendemain et puis redist au; [23] *H* v. avés fait [tant M] por; [24] e tant ... d'onur *not in S*; [25] *S* en quelque l.; [26] *H* nen p.; [27] *HS* car je; [28] *H* h. si che dist li m.; car *not in HS*; [29] *HS* i. le matin, je.

Folio 328a

[1] il *not in HS*; *S* moult bien; [2] si ... n'estoit *not in S*; [3] *HS* m. et puis; [4] #*H* le; [5] *H* convoiier une pieche, et on; [6] tantost *not in H*; car il ... tantost *not in S*; *S has only* les siennes, et on si fait et il sarme; [7] il *not in HS*; [8] *letter missing*; [9] çaeinz *not in H*; *S* de ceans; que tu t. *not in S*; sus *not in S*; [10] *H* fait prés daussitost comme; ses] ces; [11] *H* se p.; [12] E *not in H*; E cil ... monté *not in S*; *S has* et il si fait et lors se partent de leans. Quant ilz; [13] *HS* sont loing del r.; entur *not in S*; [14] *H* mesire G. q. p. vaurrés vous; sire *not in S*; [15] fait il *not in S, inserted in Sm*; *HS* je ne; [16] *H* je nacointai o.; *S* a. mais de; [17] *HS* autant; [18] *HS* je faic vous; ne *not in H*; ne ne ... gap *not in S*; [19] *HS* puisse miex avoir v. c.; [20] *letters effaced*; *HS* souvent; [21] *H* joians, car; [22] *H car il ne puet se amender non et avoir hounour de lui en tous les lieus ou il venra; e m. g. ... non *not in S*; [23] *HS* Ensi sont; [24] *S* les trois compaignons et d.; *HS* quil ne se departiront ja mais se pour; [25] *HS* devant che [che *not in S*] que a. les departe; [26] entier *not in S*.

Folio 328b

[1] *letter missing*; *HS* une veve dame qui moult bien; [2] *H* aussi comme; [3] *S* lendemain si tost com il fu jour, sarmerent et se mistrent en leur voye et cestoit; [4] *H* c. droit vers; *S* droit le chemin vers; [5] *S* Norgales. Si chevaucherent jusqua heure de tierce lors leur advint; [6] me *not in S, inserted in Sm*; [7] *HS* ni estoit entrés; [8] puis ... terre *not in S*; [9] *H* quil ni trouvast; *S* trouvast; [10] misire *not in H*; [11] *H* des autres; [12] *H* ne

nous departirons nous ja; [13] HS a la; [14] grant *not in HS*; e entrent *not in S*; [15] H p. qui estoit toute plainne de roches naïves et en; S plaine de roches vives. Et ou milieu; [16] couvroient] corout; H toute aornee darbres qui couvroi[en M]t liaue de b.; S fontaine qui sourdoit au pié des roches, et estoit celle fontaine toute avironnee darbres qui couvroient leaue de bien; [17] si ... eus *not in S*; [18] e *not in S*; [19] HS lassus; [20] HS g. demouré, o.; [21] HS nous alons querant; [22] S devant; [23] mais *not in S*.

Folio 328c

[1] S la soise de; [2] HS en aage, car lune; [3] H .lxx.; [4] H de .lxx. apiele; anz *not in S*; [5] HS non; [6] HS ne ja ne fesist [si M] grant yvier que elle euust el chief fors; [7] HS toute blanche de channies; [S has de cheveux] et pour chou que elle estoit si chanue et aloit toutes voies en guise; [8] e *not in HS*; HS lapieloit on communaument la; [9] E *not in HS*; [10] H chenue; Sm inserts chenue; [11] chevaliers *not in H*; [12] S ne par [*emended to* pour Sm]; [13] H sen p.; [14] HS e. qui pour; [15] HS de[m M]prendre a metre a chief les; [16] H terre. Certainnement che que vous nen avés le pooir; S terre, entendu que vous nen avez le pooir; [17] S a. nous; [18] HS que v.; [19] S monseigneur; [20] ne corsus *not in HS*; [21] HS est; [22] H si dist par; [23] en *not in HS*.

Folio 328d

[1] HS compains; [2] H o. c. aventureus ne furent plus eureus; [3] tut *not in HS*; [4] H ele une a.; [5] H qui[l M] la; S quil la; [6] HS g. se taist maintenant et aussi; [7] e ... Ywain *not in HS*; [8] HS y. saut avant et dist; [9] qui *not in H*; [10] H trois, je la p.; [11] *letter missing*; [12] fait ele *not in HS*; [13] li *not in H*; [14] HS y., biaus cousins, vous; [15] H d. bien a; S a bon chief; [16] en *and* il *not in HS*; [17] HS quil men a.; [18] HS ferai je; son *not in H*; [19] de moi *not in HS*; [20] H amerés miex a conduire; S mieulx amerés a conduire; [21] H m. e. plainne de.

Folio 329a

[1] S dient que oïl; [2] HS maintenant lune; [3] e ... foreste *not in S*; [4] H dusqua la c.; S jusqua la c.; [5] S aussi; [6] H e. autressi qui; [7] HS a. son e.; [8] HS vous avés empris; [9] de *not in S, inserted in Sm*; [10] H entrouverons [*emended* to encontrerons M] mais (mais M) je vous pri que vous s.; S entretrouverons mez vous pry je que vous s.; [11] il *not in H*; [12] H Et en i.; S nous en i.; [13] H en la; [14] H il li c.; S ilz le c.; [15] H m. tout e.; [16] tut *not in S*; [17] E *not in HS*; [18] HS si a.; [19] dui *not in S*; [20] puis *not in H*; [21] H se d.; e puis ... plorant *not in S*; [22] *letter missing*; [23] HS si que vous i v.; [24] *letters effaced*; HS car; [25] HS moult me targera que je voie chelui jour et que je puisse d.

Folio 329b

[1] HS autant comme je faich vous [H *has also* ne ne prisai]; [2] HS se dieu plaist; [3] HS redist; [4] HS greveuses et anieuses durement; [5] Mais

not in HS; ⁶ *H* en o.; au *not in H*; ⁷ *HS* a. a faire; ⁸ E cil ... faire *not in H*; *S* et il dit quil fera ce quil le convi[en *Sm*]dra a fere; ⁹ *H* Et lors se; *S* Lors se; ¹⁰ *H* des autres, si laisse ore; *S* si laisse ly; ¹¹ *S* deulx tous et retourne a parler du roy artus; ¹² *S* r. artus; ¹³ tut *not in S*; ¹⁴ *H* il en fust; ¹⁵ *H* quil; ¹⁶ *HS* d. assés li; ses] ces; a ces barons *not in HS*; ¹⁷ *H* il nen i ot; ¹⁸ *HS* A; ¹⁹ de lui *not in H*; ²⁰ ausi ... devant *not in S*; *H* jor d.; ²¹ ses] ces; ²² *H* son; *S* c. yvain n. c.; ²³ *S* il onques puis; ²⁴ *S* non; ²⁵ *HS* lui, si ai perdu; ²⁶ *HS* por lautre; ²⁷ *H* car il nel v.; *HS* en pieche; ²⁸ s'il ... Logres *not in S*; ²⁹ *HS* c. de c.

Folio 329c

¹ *HS* amoit plus tenrement que nul autre et aussi lamoient; ² *S* f. aneanti; e corucé *not in S*; ³ *H* dolans quil nosoit moustrer; *S* en fu moult doulant; que ... semblant *not in S*; ⁴ *HS* la chité de; ⁵ ses] ces; ⁶ qui ... durement *not in S*; ⁷ *H* venut; *HS* Manasses; ⁸ osté *not in S, inserted in Sm*; ⁹ *H* si li c.; ¹⁰ *H* il; *S* ilz; ¹¹ *HS* autres chevaliers de; ¹² *HS* sa; ¹³ *S* avoit oÿ nouvelles de; ¹⁴ *HS* avoit; ¹⁵ Certes *not in S*; ¹⁶ *H* ne le vi ne je nen oï onques p.; Ne ... parler *not in S*; ¹⁷ *H* je (ne *M*) vi; ¹⁸ oit] out; *HS* ot, *emended to* o[i]t *in Sm*; ¹⁹ *H* les; ²⁰ que il ne l'en] que l'en ne; *H* quil ne len choile riens tout chou; qu'il ... rien de *not in S*; ²¹ *HS* ensi comme li contes la ja d.; ²² *H* si se; ²³ mes *not in HS*; ²⁴ *HS* si destourbaisse ore [ore *not in S*] maint; *S* maintz maulx.

Folio 329d

¹ *HS* maint jour; ² en *not in HS*; ³ grant *crossed out and* petite *written as superscript*; *HS* grant *emended to* petite *in M and Sm*; ⁴ *H* se jou en; en *not in S*; ⁵ *H* lieu ou elle fust, je; ⁶ *HS* et a ma; ⁷ *H* ne la c.; *S* en telle s.; ⁸ *HS* et plus; ⁹ *H* vous que je faich che pour; ¹⁰ i *not in HS*; ¹¹ *HS* acointaisse; le *not in S, inserted in Sm*; ¹² *H* moult (et dist *M*) et puis; ¹³ *HS* le vous di; ¹⁴ e *not in S*; ¹⁵ *HS* que ja nus ne; ¹⁶ *HS* quil ne; ¹⁷ *HS* laura; ¹⁸ tut *not in S*.

Folio 330a

¹ si] li; *HS* si v.; ² *H* quil en a.; *S* quil ly en a.; ³ *letter effaced*; *HS* et; ⁴ *HS* en m.; ⁵ *HS* chief, dame; ⁶ *H* servi plus haut homme que vous; *S* dame ne servi plus haultement [homme *Sm*] que vous; ⁷ *HS* nel vous d. ore mie, fait; ⁸ *HS* nen est nul m.; ⁹ *HS* vous tout a t.; ¹⁰ *H* ja plus; ¹¹ Artus *not in S*; ¹² *HS* levés de la table et li; ¹³ e parloient ... voloient *not in S*; *H.* atant; ¹⁴ *H* chou est; ¹⁵ *H* Et por; ¹⁶ cele ... monde *not in S*; *S* et vous envoye; ¹⁷ *S* si bel et si; ¹⁸ *HS* que a painnes le porriés vous [vous *not in S*]; ¹⁹ *H word effaced* prisier; *S* contrepeser; ²⁰ *HS* m. de drap; ²¹ *S* si bel ne si riche par semblant.

Folio 330b

¹ *HS* la d.; ² *HS* a. remirer; ³ *HS* ten; *S* s. fait elle; ⁴ mult *not in S*; ⁵ *S* je croy quil; ⁶ *HS* laissaiiés; ⁷ *H* en sera; ⁸ e *not in HS*; ⁹ *H*

102   LES ENCHANTEMENZ DE BRETAIGNE

col roube que si; *S* col si riche robe com si;   [10] *H* ne men e.;   [11] trop *not in H*;   [12] *S* Si vueil;   [13] *word effaced*; *HS* avi[e M]nt;   [14] *H* si le met;   [15] *HS* lot mis entour li, elle;   [16] tuit *not in HS*;   [17] p. sen saingnent a merveille; *S* si assemblent [*emended to* sen seignent *Sm*] a m.;   [18] *HS* navint onques mais;   [19] *HS* len luy;   [20] vus *not in HS*;   [21] *HS* adont aussi m.;   [22] est ci mort *not in H*; *S* com est ceste d. se vous;   [23] *S* il;   [24] *H* eust acointié; *S* eust eu acointié;   [25] *H* Et il r. tout;   [26] *HS* ha, diex, quel mervelle chi a;   [27] *S* et d.

Folio 330c

[1] *H* veult veoir. Et quant; car ... ardoir *not in S*; *Sm inserts* car il mesmes le veult veoir *taken from H*;   [2] *HS* fus qui e.;   [3] si *not in HS*;   [4] e *not in HS*;   [5] *H* ne le p.; *S* ne le vous p.; jamais *not in S*;   [6] ceo ... avez *not in HS*;   [7] *HS* mavés de mort rescous;   [8] vus *not in S*;   [9] *S* ne je ay riens que vous veuillés, requerés men car sachés;   [10] #*H* ne se je ai riens que jeo peuusse el siecle avoir ne vous escondiroie je; riens ... de riens *not in H*;   [11] *HS* m. moult et;   [12] *S* vostre mal;   [13] *HS* ne je;   [14] *HS* tant de p. que se;   [15] *HS* il nest [*S has* ore] pas el monde qui si empresist les fais [*S* le fes] a soustenir les [les *is dropped in M*] coume;   [16] *H* t. a h. et a h.; *S* t. en h. et en haulte;   [17] *H* de la c.; du monde *not in S*;   [18] atant *not in HS*;   [19] *HS* redist;   [20] *H* que moult devés t. a grant;   [21] *H* dounour et de c.;   [22] *H* encommenchié a;   [23] *HS* rois [que *M, S has* que] de soushaucier chevalerie ne ne [*S has only one* ne] se retraira [*S* recrera] il ja jour de sa vie;   [24] *HS* mais moult vausisse;   [25] vus *not in HS*;   [26] *HS* de cest o.

Folio 330d

[1] li *not in HS*; que ele *not in HS*;   [2] *S* se p.;   [3] la dame *not in HS*; *HS* od toute sa maisnie;   [4] *H* si laisse ore a tant li c.;   [5] *H ends here with* et de la dame et del roi et de toute la vie Merlin et devisera dune autre matiere qui parlera dou graal pour chou que cest li commenchemens de cest livre; *S* si laisse li contes a parler de luy et retorne aux .iii. compaignons et premier[erement *Sm*] de monseigneur Gauvain;   [6] *S* misire *not in S*;   [7] *S* soir couchierent chiez;   [8] *S* aloit aventures querant;   [9] *S* une grant merveille dont;   [10] *S* s. a dire;   [11] grant *not in S*;   [12] *S* ja;   [13] *S* il lira;   [14] Ensi ... ajorné *not in S*; *S has* Lendemain quant il fu jour, il se;   [15] *S* a. et montés, ilz se p.;   [16] *S* et se mistrent ou chemin que;   [17] *S* si c.;   [18] *S* m. amont et;   [19] *S* belle qui d.

Folio 331a

[1] *S* t. ce plain;   [2] *S* et cil estoit ung ormes;   [3] *S* ou milieu;   [4] *S* sire chevalier; certes *not in S*;   [5] *S* veés vous;   [6] .x. *not in S*;   [7] *S* ouïl bien;   [8] en *not in S*;   [9] seul *not in S*;   [10] *S* a. tous, lun;   [11] *S luy une chose que vous tiendrés a une des;   [12] du monde *not in S*;   [13] *S* ung chevalier;   [14] e n'avoit ... compaignie *not in S*;   [15] *S* armés bel et coinctement;   [16] *S* bel et luy et toute;   [17] *S* fera il;   [18] *S* ny auray;   [19] aprés *not in S*.

VARIANTS

Folio 331b

[1] *S* lescu et baisse le glaive, puis laisse courre a lun des dix chevaliers et cil autressi a luy et [il *Sm*] le f.; [2] tut en un monte *not in S*; [3] *S* fait le; [4] *S* et tous les vait abatant; [5] *S* abatist ung chascun cop; [6] *S* beaux hostes; [7] vus *not in S*; [8] *S* jousteur que ja je cuidasse trouver, car [cer *Sm*]tes il ne; [9] *S* h. quil la c.; [10] *S* c. parole; [11] *S* a b.; [12] *S* dun c.; [13] *S* escu darriere luy et il le s.; [14] *S* r. adont en leurs; [15] se] si; *S* et se r.; [16] *S* [s *Sm*]en vont; [17] *S* quilz ne le derompent; [18] *S* quest ce; [19] *S* plus que r.; que ... autres *not in S*; [20] *S* sire pour dieu ne; [21] *S* s. le car; [22] *S* que riens que; [23] *S* ne luy v. ne ne ly aideroit, ains; [24] faire *not in S*; [25] *S* r. ça et; [26] en *not in S*.

Folio 331c

[1] e dist *not in S*; [2] *S* puis qu'il vous plaist, mais; [3] de ceo ... moi *not in S*; [4] *S* autre chose. Et ne d. gaires quil v.; [5] fors ... heauhme *not in S*; [6] e fornis *not in S*; [7] voit *not in S*; [8] *S* qui onques fut veue a mon e.; [9] *S* a pié portoit; [10] *S* t. contreval la; [11] *S* saluer le; [12] *S* v. quelle fust ja v.; [13] *S has also r. mot, car il ly atornoit a desdaing que cil le tenoit tant en paroles; [14] *S* Lors esgarde m.; [15] *S* .i. blanc p.; [16] *S* Et avec luy venoient .ii. dames qui; [17] de g. prise e *not in S*; [18] *S has here* ly nains saut avant et laert par le frain et li dit; *in C* si l'aert ... frain *is where noted by parentheses*.

Folio 331d

[1] *S* vous tien; [2] *S* de lautre; [3] *S* ne lenmenra[s *Sm*] point; [4] *S* n., a c.; [5] *S* a moy; [6] E *not in S*; [7] vus] me; *S* vous; [8] *S* je la vous; [9] *S* donc que je me combatisse a toy; [10] *S* vous y c.; il *not in S*; [11] *S* point la damoiselle; [12] *S* je y ay; [13] *C has what appears to be a c superscript before* tant; [14] *S* chevalier, tant ne mavilleray que a toy me combate et si enmeneray la damoiselle malgré toy; [15] en *not in S*; [16] *S* chevalier met maintenant la main au frain et; [17] *S* f. me vous dont tel; [18] *S* sur ce me vouliez desraison fere; [19] *S* Toy feroye tu tort; [20] *S* o. me fut; [21] *S* fait cil; [22] *S* quil en v.; [23] pur ... contencion *not in S*; [24] *S* veez icy une damoyselle que nous conqueismes; [25] e *not in S*; [26] *S* nous deux la; [27] *S* estre, car ly.

Folio 332a

[1] *S* ny peut pas avoir droit plus que ly autres. Ore; [2] *S* ung jeunes homs; [3] *S* point; [4] *S* t. apayé; [5] *S* a enuis; [6] fait il; [7] en *not in S*; [8] donc *not in S*; [9] *S* ilz ly c.; [10] *S* Et amés; [11] *S* ceste chose alast au gré et a la volonté de la damoyselle; [12] *S* ne le v. nous; [13] *S* nen s.; [14] *S* que je vous commanderay; [15] *S* istray; [16] *S* vous convient il dont; [17] *from S*; [18] *S* vous .ij. a f. a moy; [19] *S* autres ny aura ja part. Or; [20] *S* vous me creantés que; [21] *S* men s.; [22] *S* de rien; [23] *S* ceste chose; [24] *S* o. loyaument et elle; [25] *S* sen va errannment au; [26] *S* je viens a.

Folio 332b

[1] vus *not in S*; [2] *S* a. damoiselle; [3] car *not in S*; [4] *S* je james que; [5] *S* g. mauvaistie se; [6] *S* Et lors appelle(nt *Sm*); [7] *S* les enmaine; [8] *S* li nains sen reva bien liez et joyeulx et faisant joye merveilleuse comme cil; [9] chevalier *not in S*; [10] *S* sen vait ainsi, car; ovec le naim *not in S*; [11] *S* riens fors ly, ne nameray jour de ma vie; [12] ≠*S* et il se s.; [13] puis li *not in S*; [14] *S* sire, je ne scay que dire de; [15] *S* deablerie; [16] ele] il; *S* a elle bien; [17] fanture [*emended to* faiture *Sm*]; ceste chose despit *not in S*; [18] *S* r. tout em plorant; [19] *S* ce quil plus convoite; [20] *S* ces [*emended to* ses *Sm*]; [21] com ... si *not in S*; [22] *S* ne le v.; [23] teus *not in S*.

Folio 332c

[1] dont ... merveiller *not in S*; [2] *S* vous plus y d.; [3] *S* je y d.; [4] *S* et moy aussi; [5] *S redist autretel et li escuiers; [6] e ... aventures *not in S*; [7] *S* ont pas g.; mie *not in S*; [8] *S* la plaigne; [9] *S* c. tous armés; [10] lui *not in S*; [11] *S* il; [12] *S* se m.; [13] qui il] qui li; *S* quil puet; [14] *S* en son; [15] e se ... joster *not in S*; [16] *S* a la terre; [17] *S* se sont; [18] *S* en cui; [19] venistes *repeated and crossed out*; [20] *S* c. et vostre amis et; [21] *S* a ma d. et a mamye; [22] *S has only* plus mauvaiz chevalier que je ja cuidasse veoir; [23] *S* venue; [24] certes *not in S*; [25] *S* nas tu huy veu comment; [26] *S* chevalier ne onques ne mist cure en lui aider; ne s. *not in S*; [27] *S* ne doit estre avec lui d.

Folio 332d

[1] ≠*S* je ny vueil mie p.; [2] *S* si; [3] *letter missing*; [4] E cele ... chevalier *not in S*; [5] *S* et autre; [6] *S* la meslee; [7] e tant ... entresailli *not in S*; [8] *S* eust bien m.; [9] *S* car [*emended to* que *Sm*] il; [10] soffrir *not in S*; [11] plus de .iiij. *not in S*; [12] *S* parfonde, et avoit trop du sang perdu. Et; [13] *S* au costé de luy; [14] que] qui; [15] *S* assaillir la ou je; [16] *S* f. de r.; [17] *S* d. faire; [18] *S* et vous aussi; [19] *S* bien atant la; [20] *S* ne le cuidoie. Et pour; [21] *S* q. de; [22] *S* i. vous mie; [23] E ... aviez *not in S*; [24] fait ... doie *not in S*; [25] *S* plus, car je c. bien; [26] e si ... perdu *not in S*; [27] *Sm* inserts [fait messire Gauvain]; [28] *S* dictes; [29] me *not in S*; [30] *S parole que vous aviez fait ce que vous deustes, et je ce que je devoie.

Folio 333a

[1] ci] si; *S* cy; [2] *S* mais ly fiez en est si maux et si; [3] a mon oes *not in S*; [4] *S* je me combate; [5] *S* vient; [6] *S* pour; [7] a. des c.; [8] *S* viendront; [9] *S has also* autre, car ce seroit desraison si deux venoient encontre ung. Ainsi convenoit il que; [10] *S* je deuz faire; [11] i avez ... fet *not in S*; [12] from *S*; [13] *S* v. mes quil ny feust o.; [14] Mais ... acointance *not in S*; [15] *S has* or vous ay dit ce que vous mavés demandé. Or vous pry je; [16] *S* je en s.; [17] *S has only* d. ung grant don; [18] *S* il y r.; [19] *S* loctroie, car il; [20] *S* encores prés de luy; [21] *S* il si r.; [22] *S* il en devient; [23] e li chevaliers li demande] e il demande au chevalier; *S* et le chevalier li

VARIANTS 105

demande; ²⁴ S nen s.; ²⁵ Ore ... jeo *not in S*; S *has* Sachés, fait le c., que; ²⁶ S la enmenee; ²⁷ S *has only* force mez pour sa volenté. Si li compte tout ainsi com.

Folio 333b

¹ ceo *not in S*; ² S par ce; ³ S elle; ⁴ S je moult pourquoi elle; ⁵ S g., car certes; ⁶ S ainsi, de ce ne vous chaille, telle; ⁷ S r. mie nulle chose fors que a sa; ⁸ S par; ⁹ S quelle ait; ¹⁰ E lors ... part e *not in S*; ¹¹ puis ... autre *not in S*; S *has only* Et lors prenent leurs chevaux, si montent et descendent contreval la plaigne si nont; ¹² quant il furent *not in S*; ¹³ trés *not in S*; ¹⁴ S m. tour; ¹⁵ li *not in S*; ¹⁶ S viennent; ¹⁷ les descendent e *not in S*; ¹⁸ S s. et aaisiés de t. les choses; ¹⁹ S porent avoir qui b.; ²⁰ e tant d'onur *not in S*.

Folio 333c

¹ E oncore ... l'envoisure *not in S*; le jeu] li eue; ² S pur Deu car *not in S*; S dictes moy la; ³ S dun c.; ⁴ S il lavoit; ⁵ S honte et a quel vilté; mener *not in S*; ⁶ toute c.; ⁷ mon] men; S mon; ⁸ l'aime e *not in S*; ⁹ S ny pot avenir, pour; ¹⁰ il *not in S*; S Na encore pas; ¹¹ S tournoiement devant .i. chastel ça devant qui est a lissue de ceste foreste. A ceste t.; ¹² S les dames et damoiselles de ceste terre pour; ¹³ i *not in S*; ¹⁴ e de l. *not in S*; ¹⁵ i vint *not in S*; ¹⁶ S Le t.; ¹⁷ S provee y seroit a [la *Sm*] plus; ¹⁸ S dessus; ¹⁹ S ou milieu; ²⁰ S esleuz y s.; ²¹ S a estre le m.; ²² S chevalerie la meilleur espee de cest païs; ²³ S qui i estoient; ²⁴ S faire *not in S*; S jour si bien que je onques jour de ma vie ne le vy si bien faire a chevalier en lieu ou je feusse.

Folio 333d

¹ S o. lespee devant tous, car; ² S et li; ³ S t., dame; ⁴ S ciercle, que vous; ⁵ S r., car certes; ⁶ i *not in S*; ⁷ S p. le e.; ⁸ S a col; ⁹ *S ne le rendoie encor anuit ou mort; ¹⁰ S c. a trop preudomme; ¹¹ e a si ... encontre li *not in S*; ¹² le *not in S*; ¹³ de *not in S*; ¹⁴ S nen o.; ¹⁵ S j. de ce quelle cuidoit; ¹⁶ S *has also* a luy et ly requist samour; ¹⁷ S et est encor; ¹⁸ tiel *not in S*; S du l.; ¹⁹ S que onques mais homme; ²⁰ S s. en vie; ²¹ S nulle honte; ²² S vous p. je faire chose par quoi vous; ²³ S dame, fait il, non.

Folio 334a

¹ S p. estre; ² S je bien que vous d.; ³ S la plaine a.; ⁴ S est de mon; ⁵ çainz] sainz; S seans [*emended to* ceans *Sm*]; ⁶ S car il ne; ⁷ S se p.; ⁸ S c. de la damoisele moult plus a; ⁹ S t. toutes voies en; ¹⁰ la *not in S, inserted in Sm*; ¹¹ e *not in S*; ¹² S ce quil la veist; ¹³ S g. trop bien; ¹⁴ S g. de la; ¹⁵ S quil se feroit p., si que len le mectroit; ¹⁶ S devant elle. Et ainsi la verroit ou h.; ¹⁷ E *not in S*; ¹⁸ S quil la veist; ¹⁹ S sen ala; ²⁰ il estoit ... que *not in S*; ²¹ S d. y envoieoit [*emended to* envoioit *Sm*] chascum jour des chevaliers; ²² ≠S les quittoit et; ²³ *S e. arrieres a; ²⁴ E *not*

in S; *S* Quant elle oÿt quil [ly *Sm*] s.; ²⁵ e qu'il ... deffens *not in S*; ²⁶ ses] ces; de [s]es *not in S*; ²⁷ *S* a ce c.; ²⁸ qu'ensi ... maine *not in S*.

Folio 334b

¹ *S* tous, ne le assaillés pas a lespee, car; ² *S* v. pas que; ³ donc *not in S*; ⁴ *S* remue; ⁵ tut *not in S*; ⁶ *S* dun c.; ⁷ sor son escu *not in S*; ⁸ *S* jusqua; ⁹ *S* vous dy que ja ne ly; ¹⁰ *S* puis v.; ¹¹ *S* me h.; ¹² E *not in S*; ¹³ *S* que la dame leur; ¹⁴ *S* il [se *Sm*] taist errannment; ¹⁵ *S* veistes huy; ¹⁶ qu'il ... vus *not in S*; ¹⁷ *S* lorent; ¹⁸ *S* a tel honte t. jusques devant la; ¹⁹ *letter effaced*; ²⁰ *S* vous encore cuer de; ²¹ li *and* adonc *not in S*; ²² Certes *not in S*; ²³ *S* plus que je ne vous aimay oncques mais, car; ²⁴ *S* ny; ²⁵ en *not in S*; ²⁶ *S* mes ce que; ²⁷ *S* t. je moult b. apaié; ²⁸ *letters effaced*; *S* mestier; ²⁹ *S* tous; ³⁰ le] se; *S* le f.; ³¹ de *not in S*; ³² *S* que ja ne; ³³ *S* rala; ³⁴ bien *not in S*; ³⁵ a g. honte *not in S*; ³⁶ *S* il toutes foiz le.

Folio 334c

¹ *S has* bon chevalier; ² *S* Mes toute la h.; ³ *S* elle amer ne ja ne lamera si; ⁴ *S* c., et p.; ⁵ s'entente] si sente; *S* amer en cui il a mise sentente; ⁶ *S* il ne s. mie; ⁷ *S* e. de courtoise gent; ⁸ *S* soy que len ne; ⁹ E mult ... avenir *not in S*; ¹⁰ *S* oncques ne vi damoiselle si; ¹¹ ne fu *not in S*; ¹² *S* vint; ¹³ damoisele *is a superscript and the words* meisne le *are crossed out*; ¹⁴ *S* h. et ennuyeux; ¹⁵ *S* c. celle a.; ¹⁶ *S* lavoit; ¹⁷ *S nain por aucune bonté que elle y cogno[i *Sm*]ssoit; ¹⁸ *S* s. vous bien que; ¹⁹ *S* s. granment maiz a; ²⁰ *S* et que [ie aye *Sm*] c.; ²¹ chevaliers *not in S*.

Folio 334d

¹ *S* de maintes choses; ² sire *not in S*; ³ e mult ... autre *not in S*; ⁴ *S* se fu p. [*emended to* se parti *Sm*]; ⁵ *S has* leans et tous ceulx de lostel et sen ala sanz escuier et sans compaignie et chevaucha toutes voyes parmi la forest. Si avint que, ançois quil eust chevauchié demi liue anglesche; ⁶ *S* c. cellui qui; ⁷ *S* errant destrange; ⁸ *S* moult volentiers vouldroie estre vostre acoincte se; de vous *is a superscript in C*; ⁹ *S* vostre c.; ¹⁰ *S* vostre service celle (pour cui vous en pourrés faire toutes voz volentés *omitted in Sm*) qui ainsi vous fait travailler et trainer, par si que vous; ¹¹ en *not in S*; ¹² *S* si (ce *omitted in Sm*) voz; ¹³ me *not in S*.

Folio 335a

¹ *S* p. puis a.; ² *S* me despleust; ³ *S* a. je a.; ⁴ i *not in S*; ⁵ *S* ne nozeroie [*emended to* ne ne serroie *Sm*]; ⁶ le *not in S*.; ⁷ *S* le me p.; ⁸ *S has* je le pourray fere ainsi con je le vous ay dit; mais; ⁹ *S* quen f.; ¹⁰ e mult joiuse *not in S*; ¹¹ E *not in S*; ¹² *S* t. loyal c.; ¹³ *letter effaced*; ¹⁴ ou] ore; *S* ou; ¹⁵ ci *not in S*; ¹⁶ orguilluse *not in S*; ¹⁷ *S* je y p.; ¹⁸ *S* praerie qui cy est me trouverés et si y a deux p.; ¹⁹ La i ... jour *not in S*; ²⁰ *S* et je men iray illec o.; ²¹ *S* vous y a.; ²² si que ... vendrez *not in S*;

VARIANTS
107

[23] *S* my m.; [24] tout erraument *not in S*; [25] /les .ij. pavillons/ en une praierie. E sachez que *not in S*; *S* les pavillons qui estoient beaux et riches de drap de s. v. et li dit.

Folio 335b

[1] Sire ... demain *not in S*; [2] car bien *not in S*; [3] *S* remueray devant que je vous voye revenir; [4] fait misire G.] fait li chevaliers; *S* fait messire Gauvain; [5] *letter effaced*; Ore ... bosoigne *not in S*; [6] *S* r. illec m.; [7] *S* a. la ou; [8] i ala *is a superscript and not in S*; [9] apertement *not in S*; [10] *S* au r. a la d.; [11] *S* dune m.; [12] que ele ... praiel *not in S*; [13] avoit *not in S*; [14] que ce fust Pellias, si sescrie; s'escrie] lescrie; [15] moy *not in S*; [16] *S has* ennemy, cest desloyal devant moy; [17] *S* Ha, d.; [18] *S* e. pour neant; [19] de ... païs *not in S*; [20] *S* veez encor icy ses armes que je emporte a t.; [21] *S* elle; [22] *S* ne le peut mie croire; [23] que ... voires *not in S*; [24] *S has only* ostés vostre heaume; Danz chevaliers ... son heaume *not in S*.

Folio 335c

[1] maintenant *not in S*; [2] *S* sire c.; [3] car *not in S*; [4] vous mavés; [5] *S has* monde au ventre quant; [6] *S* du m.; [7] mais *not in S*; [8] e tant ... plairra *not in S*; *S has* demain vous aiserés car; [9] *S* jours mais; [10] a .ij. ... vindrent *not in S*; [11] *S* et; [12] *S* par ce cuide; [13] E *not in S*; [14] *letter missing*; [15] e li ... chosez *not in S*; [16] E il ... demande *not in S*; *S has only* Et il [ly *Sm*] en dit la verité; [17] *S* au; [18] assez *not in S*; [19] *S* durement, pour ce ly est il avis; [20] bien *not in S*; [21] *S* amé de si bel home et de si jeune et de si bon chevalier, estraict de si hault lignage; [22] *S* o. mais navoit amé. Et se elle a.; [23] *letter missing*; [24] *S* envers amours, or est ele amolie et y met du tout.

Folio 335d

[1] *S* ayme plus ardanment et plus durement que autre; [2] *S* plus et plus; [3] *S* qui voit a celle la coleur muer; [4] *S* pas si sot quil ne cognoisse bien grant partie de ce a quoi; [5] mult ... voluntés *not in S*; *S has* car le cuer lui dit quil pourra tout faire a ce quil voit que li chevalier pellias de la damoiselle pourra faire et accomplir ses volentés; [6] *S* poent esjoïr cilz de; [7] *S* c. et aux plus envoisiés; [8] *S* prise mieulx; [9] *S* par; [10] *S* y a; [11] *S* mon oncle quil nait [*emended to* qui naient *Sm*] amye, ce scay je bien certainement; [12] Voire ... sai *not in S*; [13] jeo ... vostre *not in S*; *S has only* Dont vous y avés la vostre; [14] *S* li p.; fait il *not in S*; [15] *S* Et a vous; [16] *S has* se dieu me gart, fait; [17] *S* je jeune homme ne na gaires.

Folio 336a

[1] *S* telle; [2] dont *not in S*; [3] *S* certes elle; [4] E *not in S*; [5] *S* se dieu vous aït; [6] **S has* est. Et il se taist ung pou pour ce quil voit celle qui art et eschauffe plus et plus. Et quant celle le voit taire, elle li dist; dictes moy qui est celle que vous ameriés; [7] bien *not in S*; [8] *S* ne cuid; [9] encore ... legierment *not in S*; *S has only* vous me mentissiez; [10] Mais ... asseurés *not in S*; *S has* par foi, fait il, je ne vous en mentiray ja; [11] *S*

108   LES ENCHANTEMENZ DE BRETAIGNE

mamés vous; [12] ce] se; *S* ce; [13] *S* quil; [14] *S* me retendrés a amy; [15] *S* ne; [16] vous *not in S*; [17] e ainsi jonles *not in S*; [18] si *not in S*; [19] e si ... ceo si *not in S*; [20] *S* vous [*Sm* vos] volentés; [21] tout *not in S*; [22] *S* si s.; [23] s'il] cil; *S* silz.

Folio 336b

[1] *S* pucellage; [2] *S* estroit; [3] *S* souventes foiz; [4] *S* t. vers soy; [5] *S* de tempz; [6] recreuz; [7] *S* corps; [8] *S* o. le; [9] *S* Or nen a riens fait, ains; [10] E si ... gas *not in S*; #*S has* et sil gaignoit au commencement la damoiselle et hahoit a luy de cuer, or ni a mes point de decevance ne de gas; deceivance] de dechivalche; [11] *S* autant comme celle fait luy; [12] *S* et a ja mis en luy son cueur si oultreement quil; [13] *S* quil; [14] *S* autant; [15] *S* quil scet quil bee; [16] *S* bee a avoir prochainement ses volentés du tout; [17] *S* son cueur du tout; [18] se *not in S*; [19] *S* et je; [20] *S* ja; [21] *letter missing*; [22] *S* d. que lun nosa toucher a; [23] *S* dacoler et de b.; [24] *S* illec.

Folio 336c

[1] *S* s. quant la; [2] *S* ira; [3] *S* estre ensemble g.; [4] ja *not in S*; [5] *S* p. grant et orrible si; [6] *S* a. y p. la flour pucelline, car ilz estoient sans faille tous deux puceaulx, car Gauvain navoit oncques alors cognue femme ne elle homme; [7] *S* ot ce fait [tant *Sm*] quil; [8] rala] rara; *S* rala; [9] assez ... devant *not in S*; [10] a *not in S*; [11] *S* v. a jamais; [12] *S* mie c.; [13] *S* mie celer; [14] dezormais *not in S*; [15] *S has also* Et elle le leur commande bien; [16] aime *not in S*; [17] *S* ne a lun ne a lautre; [18] e n'en ... deduit *not in S*; [19] *S* de feu et de flambe damour.

Folio 336d

[1] *S* v. ouquel il se; [2] *S* il a espoir; [3] *S* c. las et doulent et dit; [4] *S* c. maleureux; [5] *S* plus mescheans du; [6] *S* par; [7] *S* Or y est; [8] pur toi *not in S*; [9] pais ne *not in S*; [10] pur che qu'il ... covenant *not in S*; [11] *S* Ainsi p.; [12] *letter missing*; *S has only* mesmez et mauldit leure quil; [13] *S* d. tout le jour en; [14] tuit ... entiere *not in S*; [15] *S* ne ne m.; [16] e fait ... duel *not in S*; [17] *S* et len li fait; [18] E il ... maintenant *not in S*; [19] *S has only* duel assez greigneur que devant; [20] qu'il ... Ne *not in S*; *S has* tant que nul ne; [21] Ha *not in S*; [22] *S* ici; [23] *S* a t. d. et a t.; [24] *S* n. quil ne d. ne ne r.; [25] ainz ... fois *not in S*; [26] il ... que *not in S*.

Folio 337a

[1] *S* lit et las et t.; [2] p. et travailh; [3] *S* parti des p.; maintenant *not in S*; [4] *S* se il la trouveroit; [5] *letter missing*; [6] mult dolans e *not in S*; [7] *S* matin; [8] *S* les; [9] #*Sm emends* a ses *to* aux; [10] *S has* Si sen vait droit aux pavillons dont il y avoit .iiij. tentez en la p.; [11] tuit belement *not in S*; [12] *S entra au premier et trouve; [13] E che ... esquier *not in S*; [14] *S* hors; [15] mult bien *not in S*; [16] *S* et trouve que; [17] *S* il tant desire; [18] *S* hors; [19] *S* riche couche m. g. qui se g. avec la d. nu a nu et se dormoient; [20] bras a bras *not in S*; [21] *S* quil faisoit chault.

Folio 337b

¹ S que len pouvoit v.; ² tout *not in S*; ³ S avisee; ⁴ S chevalier et il les cognoist; ⁵ S auquel; ⁶ S il si est; ⁷ S oncques mais si grant desloyaulté ne fist chevalier; ⁸ S pensa quil loccira sanz arrest; tout m. *not in S*; ⁹ S repense; ¹⁰ S en dormant, et mesmement si; ¹¹ S c. est filz de roy; ¹² sil] cil; S sil lavoit; ¹³ cumme ... orendroit *not in S*; ¹⁴ S Pour ce remet il lespee en son fuerre et sem bee a v. moult h. et a son honneur; ¹⁵ S aparler; ¹⁶ a *not in S*; ¹⁷ illuque *not in S*; S en la plaigne b.; ¹⁸ S des armes; ¹⁹ que *not in S*; ²⁰ mie *not in S*; ²¹ S se mist hors; ²² au retorner ... dormoient *not in S*; ²³ assez *not in S*; ²⁴ S ait entreulx esté (et Sm) quant; ²⁵ a *not in S*; ²⁶ faire *not in S, inserted in Sm*; ²⁷ S au p.; ²⁸ S sespee; ²⁹ la] li; S le *emended to* la Sm.

Folio 337c

¹ S ne tochoit a ung chief et a lautre; ² S il se mist hors; ³ .i. *not in S*; ⁴ cil] sil; S ce; ⁵ S a envers; ⁶ Ha ... traïson *not in S*; ⁷ S s. je; ⁸ S seray; ⁹ oncore de *not in S*; ¹⁰ S veulx [*emended to* vaulx *in Sm*]; ¹¹ *from* S; C *has* laie vivre qui je touchiez e est si en dormant; Sm *inserts* se *between* que *and* je; ¹² S puis que; tu *not in S*; ¹³ ≠S ja mesure ne my t.; ¹⁴ S tenue; ¹⁵ si *not in S*; S ce scay je; ¹⁶ S *has* pour laide desloyauté; maintenir *not in S*; ¹⁷ S sen v.; ¹⁸ S m. g.; ¹⁹ S envers; ²⁰ S et; ²¹ S has toutes voiez la voie; ²² se] le; S se; ²³ a plorer trop fort e *not in S*.

Folio 337d

¹ S quil; ² S la vie; ³ S me s.; ⁴ S ay ja; ⁵ jeo] che; S ce que je vous devois rendre, ce est la vie de moy; ⁶ S soy; ⁷ *from* S; C *has* eu pur le cors; ⁸ S *has* il parle as .ij.; ⁹ devant ... e *not in S*; ¹⁰ S et leur dist; ¹¹ fait il *not in S*; ¹² d'aler *not in S*; ¹³ S p. je que vous; ¹⁴ *letters missing*; S faciés; ¹⁵ creantent] recreant; S creantent; ¹⁶ *S has* Et quant ilz li ont fiancé; ¹⁷ Or *not in S*; S *has* vous mavés moult servi a gré; ¹⁸ S creanté; ¹⁹ S non; ²⁰ S *has also* fait Pellias; ²¹ S hors; ²² S *has* dargent qui estoit a son chevez, si leur moustre; ²³ S et li; ²⁴ il *not in S, inserted in Sm*.

Folio 338a

¹ S *has* dictes que je en morant priay a; ² car *not in S; letter missing*; S je [le *Sm*] trouvay; ³ nu a nu *not in S*; S gisant .i. amy en [*emended to* gisant avec mamye en *Sm*] ung lit et dormant; ⁴ jeo ... pleust *not in S*; ⁵ S me volx; ⁶ li [*emended to* leur *Sm*]; ⁷ tuit *not in S*; ⁸ S il en a.; ⁹ S sespee; ¹⁰ S leur [ce *Sm*]; ¹¹ quant ... occhist *not in S*; ¹² oïent] orent; S o[i *Sm*]ent; ¹³ ne ... loiauté *not in S*; ¹⁴ S *has* Et p. se couche tout nus et cilz sen issent de leans que pellias avoit appellés; ¹⁵ de l. *not in S*; ¹⁶ trop *not in S*; ¹⁷ S et retourne a parler de messire gauuain le nepveu le roy artus; ¹⁸ *space for capital left blank*; ¹⁹ S *has two lines missing*; Sm *has* sor une [... de la damoi]selle. Et elle sesveilla tout[e]

premiere; [20] *S* soy repouser; [21] *letter missing*; *S* au movoir; [22] conter ... feroit *not in S*; [23] *S* esbaïe; [24] tout b. *not in S*.

Folio 338b

[1] *S* cil oevre; [2] *S* lespee et dit; saviés vous que [*emended to* qui *Sm*] cy la mist; [3] e dist *not in S*; [4] *S* certes voirement, [fait il *Sm*], ne le scay je mie; [5] *S* me m.; [6] *S* v. et appareillés, ilz prennent; [7] d'un ... d'auter *not in S*; [8] l'uns] loinz; *S has* mie de noz gens qui cy la mist; [9] *letter missing*; *S* quil; [10] *S* m. ainsi pour significance; [11] ce]se; *S* ce; [12] *S* Qui que il; [13] *letter missing*; [14] ele]li; *S* elle dit tout en; [15] *S* vous cognois je; [16] *S* nous voult il faire mal ne ennuy; [17] *S* sespee; [18] bien *not in S*; [19] *S* entent ceste nouvelle; [20] *S* r. trop de; [21] Si ... lui *not in S*; [22] *S* les p.; ore *not in S*; [23] *S* il leust fait nul ne len peust g.

Folio 338c

[1] *S* pour quil sceust la; [2] *S* quil avoit faicte vers luy; [3] *S* moult de ceste chose; [4] vers luy *not in S*; [5] *S* en a; [6] en *not in S*; [7] Sir *not in S*; [8] en ... rienz *not in S*; [9] *C* le ne; [10] *S* ouvrerés; [11] tout *not in S*; [12] *S* acreanté a porter ly loyal compaignie et loyal foi [et que *Sm*] pour; [13] ça] sa; [14] je *not in S*; [15] nus] sus; *S* jamais nul ne saura la; [16] *S* quil; [17] tiegne] negne; *S* tiengne; [18] *S* norra; [19] *S* si grant loyauté ne de si grant cortoisie de; [20] ne *not in S*. inserted in *Sm*; [21] gisant *not in S*; [22] *S* quil [*emended to* qui *Sm*] ne le doie tenir; [23] bien *not in S*; [24] *S* onques mais; [25] *S* l. ne sentremist; [26] vers ... loial *not in S*; [27] *S* p. de lamender; [28] *S* a. voirement; [29] *S* me f.

Folio 338d

[1] *S* je jamais cuidasse trouver jour de ma vie; [2] *S* orendroit; [3] cum loiax chevalier *not in S*; [4] *S has* je; [5] *S* men; [6] *S* pour lamour; [7] l *not in S*; [8] *S has* quelque; [9] *S* pour la moie amour; [10] *S* ainsi; [11] *S* se vous le moctroyés; [12] *S* faciés; [13] bien ... faire *not in S*; [14] Quant ... faitez *not in S*; [15] *S* seroit; [16] car ... ore *not in S*; *S has* Et se dieux maït se vous mamiés ore jusqua la mort; [17] *S* je pas; [18] se ... m'aïte *not in S*; *S has* je en bonne foy; [19] e *not in S*; [20] *S* sera encore de bel; [21] si *not in S*; *S* tant h.; [22] *S* f. le; [23] E jeo ... preu *not in S*; [24] *S has* Que vous diroye je, tant; [25] *S* tant ly; [26] jeo ... lo *not in S*; [27] *S* ne [*emended to* me *Sm*] d.; [28] fait ele *not in S*; [29] *S* mon preu.

Folio 339a

[1] *S* par; [2] *S has* viengne que je; [3] Mult ... il *not in S*; [4] *S has* je monteray, fait il, sur mon cheval et men iray a luy et; [5] *S* s. errannment en son; [6] *S* aux; [7] *S* son lit; tuit seul *not in S*; [8] a G. *not in S*; [9] *S has* ha Gauuvain c.; [10] *Sm emends* to a. [de] ce; [11] *S* si bien, fait il, que vous vous tiendrés; [12] *S* le; [13] en *not in S*; [14] bien *not in S*; [15] *S has* Ha g.; [16] E *not in S*; [17] *S* hault; [18] faire *not in S*; [19] *S* vers; [20] *S* Que vous d.; [21] *S* mal; [22] *S* veue appertement vostre desloyauté comme je la vy; [23] ne vous] de lez; *S* et ne vous tormentés; [24] *S* d. ne ne cuidés.

Folio 339b

¹ *S* d. que se d. me c. que; ² *S has* vous, mesmement par [*emended to* pour *Sm*] la; ³ *S* d., laquelle vous; ⁴ *S* trés b.; fait il *not in S*; ⁵ sor sainz *not in S*; ⁶ *S* G., quelle vous mande par moy et que je ay vostre paix faite; ⁷ *letters missing*; ⁸ *S* Et venés vous en avec moy, car je; ⁹ *S* gas ceste parole; ¹⁰ pur lez *not in S*; ¹¹ *S* Ha messire; ¹² *S* len relieve et li dit; ¹³ e ... vous *not in S*; ¹⁴ au ... siet *not in S*; ¹⁵ *S* ne le f.; ¹⁶ *S* ne povoit il mie bien; ¹⁷ *S has* que ce peust avenir que messire Gauvain disoit; ¹⁸ en tiel maniere *not in S*; ¹⁹ *S* v. a la d. qui les; ²⁰ *letter missing*; ²¹ assez ... E *not in S*; ²² *S* lenmaine; ²³ *S* p. dont il se t. a paié; ²⁴ *letter effaced*; ²⁵ *S* ces [*emended to* sest *Sm*].

Folio 339c

¹ *letter missing*; *S* quil [*emended to* qui *Sm*] li desplaise; ² que *not in S*; ³ *S* Dame; ⁴ pur Dieu *not in S*; ⁵ *S* ne ja ne me feites nul mal; s'il ... siet *not in S*; ⁶ *S* desir; ⁷ *S* ne desireroie plus [nulle *Sm*] des choses du; ⁸ *S* par; ⁹ *S* a avoir vostre desirier; ¹⁰ *S* que vous d.; ¹¹ *S* d. nestoit; ¹² *S* ne le seuffre mie, ains li dit; tantost *not in S*; ¹³ *S* Ne vous remués, beau sire, aussi hault vous devriés vous seoir ou plus que je ne devroye, car; ¹⁴ *S* sassiet; ¹⁵ *S* quelle le veult; ¹⁶ *S* dit maintenant; ¹⁷ *S* pour; ¹⁸ *S* de riens. Si ay sans f.; ¹⁹ *S has* comptés tout, fait elle, ce que vous feistes quant vous nous trouvastez et quel vie vous menastes quant vous revenistez entre voz gens; ²⁰ *S* et je le; ²¹ puisqu'il] plus qu'il; *S* puis; ²² *S* leans tout ainsi comme il a.; ²³ monseignur *not in S*; ²⁴ *S* la mist; ²⁵ *S* quil avoit avec eulx esté; ²⁶ *S* en son; ²⁷ *S* leur a; ²⁸ che *not in S*; ²⁹ *S* p. adont.

Folio 339d

¹ *S* passé desloyaument [*emended to* de loyauté *Sm*] a envers tous les chevaliers dont je oncques oïsse p.; ² *S* vous avés fait ceste; ³ *S* lairoie; ⁴ *S has* preisse, se il vous plaisoit, que se dieu me doint honneur vous estes le plus loyaux chevalier dont je oncques oïsse parler; ⁵ *S* r. onques mot; ⁶ *S* ouvrés a noz volentés; ⁷ *S* Ja nen dirés, fet; ⁸ *S* f. pourquoy je y voie mon preu et vostre honnor; *S has also* Dame, autrement serions nous desloyaux se nous ny gardions vostre preu et vostre honnor; ⁹ jeo] G; *S* que je ayes [*emended to* aye *Sm*] ces .ij.; ¹⁰ *S* Pellias, se; ¹¹ *S* vouloit p. a baron; ¹² ne *and* mult *not in S*; ¹³ *S* r. tant liez que nul plus; ¹⁴ *S* maït, beaux s.; ¹⁵ *S* s. tant liés de tout; ¹⁶ *S has also* quil avenist ainsi comme vous le devisés. Voire, font ilz, en nom dieu et il adviendra, car il plaist bien a ma dame; ¹⁷ *S* Guyuret; ¹⁸ *S* qui fut bon chevalier et merveilleux. Et; ¹⁹ *S* g. b. que par la bonté de sa chevalerie le retint le roy artus avec; ²⁰ *S* faictes; ²¹ *S has only* prist c. du c.; ²² *Sm emends to* dame; ²³ *S* quil; ²⁴ Einsi ... li *not in S*; *S has* Ung jour ly; ²⁵ grant e bele *not in S*; ²⁶ *S* sa d.

Folio 340a

¹ S que; ² S lemporte des arçons a terre. Au parchoir que cil fist se brisa il le; ³ E *not in S*; ⁴ S laisse gesir a la terre et sen; ⁵ S Ma damoiselle, or; ⁶ S ne scay; ⁷ Jeo ... fait *not in S*; ⁸ S une autre; ⁹ S departistes; ¹⁰ S rien du retorner; ¹¹ S *has also* voye et je la moye; ¹² *Sm inserts* vait [messire Gauvain] grant; ¹³ entiere *not in S*; ¹⁴ S lapporta; ¹⁵ S grant, mais belle estoit de; ¹⁶ E *not in S*; ¹⁷ S Et il sarreste; ¹⁸ S g. quil oÿ la; ¹⁹ S entent; ²⁰ car ... mie *not in S*; ²¹ la *not in S*.

Folio 340b

¹ S *has* avoit jusqua .iij. pavillons et y avoit chevaliers jusqua six touz desarmés qui faisoient a ung escuier; ² E *not in S*; ³ S vint; ⁴ e *not in S*; ⁵ S que ilz mainent; ⁶ S il y voit le nain, le petit chevalier, qui; ⁷ S d. vouloit faire tel villennie; ⁸ naim] main; S laissé pour prendre le nain; ⁹ S Quant il voit; ¹⁰ S poingt celle part ne onques ne salue les chevaliers; ¹¹ S trenche la corde dont len la t.; ¹² qui le t. *not in S*; ¹³ S *has* A prou, gars, que; ¹⁴ S de ceste; ¹⁵ S la cognoit; ¹⁶ S et lors li; ¹⁷ S Ha; ¹⁸ S d. ce estes vous qui; ¹⁹ le] la; *the word* main *is crossed out*; ²⁰ S Certes, fait il, aprés ce ne; ²¹ S *has* Ha, sire, fait elle, pour dieu ne men; ²² S n. et a.; ²³ S f. et li dist; ²⁴ S #Estes vous, chevalier, par.

Folio 340c

¹ S p. jusquatant; ² S vous nous a.; ³ S la; ⁴ S main, chaitif, fait m. g.; ⁵ S me conseult; ⁶ *letter missing*; S *has only* face ton ennuy, car; ⁷ S *has* irés vous pas, par saincte croix; ⁸ #S avant les autres chevaliers et sassemblent; ⁹ #S m. du corps, se dieu maït; ¹⁰ atant *not in S*; ¹¹ S tiennent; ¹² *letter missing*; ¹³ E *not in S*; ¹⁴ S le fent jusques aux dens; ¹⁵ S e. sur la teste; ¹⁶ tout plat *not in S*; ¹⁷ *S *has* terre et ly met adont son cheval par dessus le corps, et le debrise tout si quil ne se pot puis aider ne monter a cheval; ¹⁸ S furent; ¹⁹ S la trovent; ²⁰ S est *not in S*; ²¹ S que len vous face, damoiselle.

Folio 340d

¹ nanil *not in S*; ² S m. dont; ³ la iluque *not in S*; ⁴ S *has* pavillons et celle monte. Et quant elle est montee, il li demande: Quel part irons nous; ⁵ S m. et il a.; ⁶ tout ... enseigne *not in S*; ⁷ vous *not in S*; ⁸ S reffusay avantier, noz encontra en celle forest. Le nain a toute; ⁹ e *not in S*; ¹⁰ E *and* tuit *not in S*; ¹¹ S estoient; ¹² ilz [ne *Sm*] g.; ¹³ E *not in S*; ¹⁴ ça] sa; ¹⁵ S si se v.; ¹⁶ S lier; ¹⁷ S comme vous me trouvastes; ¹⁸ S se dieu et aventure ne vous y eust amené.

Folio 341a

¹ *S has only* folie, si lay bien chierement comparee; ² *S* tout l. c., et tant quilz; ³ *S* p. chastelet; ⁴ *S* cest chastel; ⁵ *S* vous r. vous anuit; ⁶ mais ... la *not in S*; ⁷ E *not in S*; ⁸ a la porte *not in S*; ⁹ *S* la dame; ¹⁰ *S has* je vous ay bien mise a sauveté, or vous commandz je a dieu, car je ne descendroie en nulle maniere; ¹¹ *S* certes ce poise moy, et; ¹² *S* se r.; ¹³ sanz compaignie *not in S*; ¹⁴ *S* a parler; ¹⁵ pur ... avin[dren]t *not in S*.

NOTES

3/1 Merlin's name is always abbreviated in this portion of the text to .M., and in the edition it is normalized to Merlin without regard for any flexional distinction. Flexional distinction is made only when made in the manuscript.

3/15 *ses.* The confusion of *c* for *s* is always normalized in accordance with "standard" orthography, especially in the case of the possessive adjective *ses* written *ces* in the MS. See M. Pope, p. 459.

3/20 Notice the *que* Nominative, a trait of Anglo-Norman. See M. Pope, p. 467.

3/28 The scribe thought the word should read *esquiers* and tried to emend the word *esques* meaning tinder or touchwood. See the variant from *H*.

4/3 *pour.* This is either *povr* without the final *e* or the Anglo-Norman *pour* (English "poor"). The latter reading is taken to be the correct one.

9/26 *regnes.* The word used here seems to mean belt for a sword; See Legge, *Balain*, p. 115.

12/13 The word *force* is a phonetic spelling of the "standard" *forts (fortz)*. In this same category are the following; *mese* for *mets* 47/24 and *remembrance* for *remembrants* 49/9. See M. Pope, p. 459.

13/17 *se maie.* In Anglo-Norman the slurring of initial syllables sometimes caused their disappearance as was the case here where the "normal" form was *s'esmaie*. See M. Pope, p. 439. See also *se seoit* for *s'eseoit* 8/18; *lentir* for *alentir* 14/18, *se resta* for *s'aresta* 28/3, *se paraile* for *s'aparaile* 57/15.

13/37 *entroi.* Modern French *entrai*, it is the result of *oi: ai* confusion. See M. Pope, p. 458 and p. 472. See also *deveroi* 20/37 where *oi* is used for "standard" *ais*.

14/18 *lentir.* See note 13/17.

NOTES

14/28   The prediction took place while Merlin and the Damoisele du Lac were at En Val. Merlin leaves En Val to return to England, where he knows he will die, because the Damoisele du Luc persuades him to save Arthur in this battle.

15/14   *garandirai.* This should be read as a Future third person singular. There seems to have been a graphic confusion with third person Future and first person Future, *ai* graphy occasionally representing *a* of "standard" French. See also *averai* 23/18, *enterai* 23/26, *vaudrai* 25/30, and *ferrai* 77/14.

16/33   The reading "s'iscr[i]e(nt)" seems to be the best. *C* gives only *siscrent* which seem to be a corruption of the text. Professor Vinaver pointed out to me that Malory has the following line which supports the reading given: "Whan Accolon herd that he cryed on-lowed...." See Vinaver, *Works*, I, p. 146. The raising of initial *e* unstressed to *i* is common to Anglo-Norman, e.g. *istoient* 71/31. See M. Pope, p. 439.

20/37   *deveroi.* See note 13/37.

21/22   The dear and the hunting dog refer back to the episode of Arthur's hunt with Acalon and Urien. The deer was killed by Arthur. The dog had such a grip on the deer's neck that no one was able to loosen him.

22/9   *corunt.* The use of *unt* ending seems to have begun under the influence of the Latin verb. See M. Pope, p. 475.

23/18   *averai.* See note 15/14.

23/26   *enterai.* See note 15/14.

25/30   *vaudrai.* See note 15/14.

28/3   *se resta.* See note 13/17.

31/34   At this point *S* begins.

36/22   ...*li fist.* After this sentence *S* has the following rubric: "Comment le Morholt d'Irlande trouva des damoiselles qui crachoient contre .i. escu qui estoit sien."

38/14   ...*m'onur.* After this sentence *S* has the following rubric: "Comment la Morholt d'Irlande abatit messirez Gauvain et messire Yvain a la jouste et puis messire Gauvain et le Morholt se combatirent a l'espee."

46/32   ...*Arthu.* After this sentence *S* has the following rubric: "Comment la Dame du Lac vint a la court le roy Artus et lui dit qu'il ne vestit point le manteau que Morgain lui envoyoit, car, s'il vestoit, il mouroit. Et la damoyselle a qui le roy le fit vestir en mourut."

116   LES ENCHANTEMENZ DE BRETAIGNE

47/24 *mese.* See note 12/13.

49/9 *remembrance.* See note 12/13.

51/23 ...*Gawain.* After this sentence *S* has the following rubric: "Comment messire Gauvain se herberga chés ung vauvasseur en une grant fourest et son hoste lui dit que s'il vouloit venir l'endemain avecques lui a une crois, il lui moustreroit de grans aventures."

55/36 *istra.* This should be read as a first person Future. See note 15/14.

57/15 *se paraile.* See note 13/17.

59/26 *il.* Note the change in gender, *il* referring back to the feminine *la Plaine Aventuruse.*

64/39 *auroi.* This form is equivalent to "standard" *aurai.* See note 13/37.

66/21 Here begins the portion of the manuscript rewritten in 15th century.

66/30 *qui.* Notice here *qui* used for "standard" *que.* See also note 3/20.

71/34 ...*e tendre.* After this sentence *S* has the following rubric: "Comment Pellias trouva monseignor Gauvain couché avecques s'amye et il ne leur fit nul mal, mais il mist son espee entre eulx .ij."

74/22 ...*la damoisele.* After this sentence *S* has the following rubric: "Comment messire Gauvain et la damoiselle trouverent l'espee de Pellias aprés qu'ilz furent reveillés et [comment *Sm*] Gauvain ala requerir mercy a Pellias."

77/14 *ferrai.* See note 15/14.

80/26 ...*enterfiancer.* After this sentence *S* has the following rubric: "Comment messire Gauvain fit avoir a Pellias la damoiselle a femme que [c *Sm*]il tant desiroit de tout son cueur."

84/31 *sa.* Anglo-Norman confusion of *a: ai.* The "standard" would be *sai.* See note 15/14.

GLOSSARY

This glossary includes terms which do not survive in modern French or do survive but with a change in meaning or form. Nouns have been listed in the accusative (exceptions noted) and verbs in the infinitive although these forms might not appear as such in the text. Unless otherwise stated, verbs are in the indicative mood. Flexional forms of nouns, pronouns, articles, possessive adjectives are not taken up here unless of a special interest. (See Morphology, p. xxxviii). The persons of the verb are indicated by the numbers *1* to *6*.

Usually only one reference is given in the following manner: page number/line number. If a reference appears in square brackets, the word is an emendation. Variant spellings are normally not listed unless of special interest. Definitions are separated by a semi-colon, and every meaning found in the text is listed.

The following abbreviations are used:

vb.	—verb	adv.	—adverb
pr.	—present	adj.	—adjective
p.p.	—past participle	sg.	—singular
imp.	—imperfect	pl.	—plural
pret.	—preterite	nom.	—nominative
cond.	—conditional	obl.	—oblique
subj.	—subjunctive	pro.	—pronoun
imp.	—imperative	ind.	—indefinite
sm.	—masculine noun	refl.	—reflexive
sf.	—feminine noun		

Aatirer, vb. to provoke 38/9.
Achesçun, sf. occasion, cause 38/10; *açoison, 84/4.
Acoillir, to set out upon (a road), 18/32; *acuilt, 3* pres. 57/36; *aqueut, *3 pres.* 83/28.
Acointer, vb. to meet; *acointai, 1* pret. 43/10.
Aconseiller, vb. to help, advise; *aconsaut, 3* pres. subj. 82/29.
Aconseus, p.p. reached, overcome 27/6.
Acreanter, vb. to give one's word, promise 9/14.
Acun, ind. pro. someone 25/20.
Adenz, adv. face downwards 29/36.
Adeser (a), vb. to touch; *adesast, 3* imp. subj. 7/33.
Aedre, vb. to grab hold of, seize 15/19.

Afunder, vb. to sink 26/33.
Agait, sm. ruse, trap 15/14.
Aidier, vb. to help, *aït 3* pres. subj. 8/3; **aïte, 3* pres. subj. 76/33.
Ainz, adv. rather, before 4/16.
Aïr, sm. anger, furor 11/35.
Aisser, sm. ease, ability 6/23.
Al, a + le, li 8/39.
Alaine, sf. breath 11/18.
Alentir, vb. to slown 12/20; *lentir* 14/21, see note 14/21.
Aler, vb. to go 3/27; *voise, 1* pres. subj. 23/19; *voite, 3* pres. subj. 21/19.
Alme, sm. soul 7/4.
Aloigner, vb. to straighten out, align 36/2.
Alure, sf. speed 10/22.
Ambdui, pro. nom. pl. masc. both 4/38.
*Amolier, vb. to soften, melt, become gentle 67/8.
*Amonester, vb. to encourage, exhort 77/4.
Amont, adv. up, upward 6/6.
Amonter, vb. to affect, matter, be relevant to 35/28.
Anemi, sm. devil 3/21.
Anuit, adv. to-night, this night; *anuit mais* the rest of the night 5/23.
Anuiter, vb. to become night 3/25.
Apertement, adv. clearly, openly 8/28.
Apparailler, vb. refl. to ready oneself, prepare 10/5.
Aprester, vb. to make ready 9/18.
Arder, vb. to burn; *ardera, 3* fut. 17/19.
Ariere, adv. behind; *ça en ariere,* a little while ago 3/3.
*Arra, se oïr.
*Atalenter, vb. to please, to excite 67/15.
Atant, adv. then, thereupon 9/10.
Atorner, vb. to enchant 3/14.
Auconfoiz, adv. sometime, sometimes 15/13.
Auques, adv. somewhat, quite 31/37.
Autresi, adv. in like manner likewise 9/18.
Autretiel, autretel, adv. likewise 10/32.
Aval, adv. down downward 6/6.
Avenant, adj. pretty 54/13.
Avenir, vb. to happen (to) 3/24.
Aver, vb. to have 3/19; *unt, 6* pres. 18/6; *ount, 6* pres. 6/7; *out, 3* pret. 6/8; *aiez, 5* pres. subj. 28/1; *euse, 1* imp. subj. 30/31; *eussoms, 4* imp. subj. 28/33; *eussent, 6* imp. subj. 6/34.
Avironer, vb. to surround 44/3.

*Bachiler, sm. young man 67/3.
Baer, vb. to seek, strive after 3/8; *bee, 3* pres. 39/35.
Bailler, vb. to give 10/9.
Barat, sm. ruse, deception 27/31.
Bel, adj. nice, beautiful; *estre bel,* to be fitting, convenient 9/17.
Bender, vb. to cover, put a band around 29/6.
Benoistre, vb. to bless; *benoit 3* pres. 41/21.
Bere, sf. bier, *b. chevaucherese,* coffin drawn by a horse 18/21.
Bonté, sf. quality, power, goodness 11/10.
Bonuré, adj. lucky, happy 5/16; **boneeuree,* 69/16.

GLOSSARY

Bosoigne, sf. task, job 23/37.
Bosquel, sm. small woods 24/25.
Bouche, sf. bundle 3/29.
Brachet, sm. hunting dog 21/22.
Brait, sm. cry, yell 8/28.
Branche, sf. branch, division of a story 8/14.
Brant, sm. sword, sword blade 11/3.

C', spelling for *que* 7/10.
Çaienz, adv. here within 7/7.
Caroler, vb. to dance 34/24.
[Chaus], adj. hot 11/18.
*****Caveth,** sm. bedhead, bedside 72/23.
Chaïr, vb. to fall, also sm. fall 10/29; *chaoier,* inf. 35/38; *chaient,* 6 pres. 10/28; *****charra,* 3 fut. 71/16; *chai,* 3 pret. 13/4; *cheus,* p.p. 61/28.
Chaloir, vb. to matter, be important; *choile,* 3 pres. 48/5; *****caloir,* inf. 72/37; *chaile,* 3 pres. subj. 33/12.
Chaitif, adj. miserable 17/18; *****chacis,* 70/16.
*****Champaigne,** sf. flat country 84/17.
Chandoile, sf. candle 6/2.
Chanus, adj. white, gray (hair color) 44/20.
Char, sf. flesh 10/24.
Chartre, sf. prison 32/13.
Chastiement, sm. reproach 23/32.
Chastier, vb. to reprimand, reproach 4/16.
Chere, sf. face, expression 13/13.
Chescon, adj. and pro. each, every 6/36.
Chevaucher, vb. to ride (a horse) 3/3; *****chivalche,* 3 pres. 81/21.
Chevax, sm. nom. horse 60/2.
Chief, sm. end; *venir en c.* to succeed 5/6.
Chiefs, prep. at the house of 3/4.
Ci, adv. here 5/8.
Cisel, sm. chisel 4/3.
Coi, adj. quiet, still 27/24.
Coint, -e, adj. pleasing, pretty 4/6.
Cointement, adv. elegantly 6/13.
*****Çois,** sm. choice 84/11.
Colper, vb. to cut 27/7.
Com, comme, adv. as, like; *tant com,* as long as 3/3.
Compasser, vb. to construct 6/21.
*****Comperer,** vb. to pay for 82/19.
Conroi, sm. *prendre c.* to take care 7/35.
Conseiller, vb. to advise, aid; *****consaut,* 3 pres. 76/18; *****conseilleriens,* 4 fut. 80/14.
Consirer, vb. refl. to deprive oneself of 33/15.
Contrebatre, vb. to overcome by force; *contrebatu,* p.p. 8/32.
Contrehaïr, vb. to hate; *contrehaoit,* 3 imp. 3/23.
Contremont, adv. up, upward 6/33.
Convoier, vb. to accompany 42/29; *convoire,* inf. 42/35.
Corsus, adj. big, huge 53/38.
Cortine, sf. curtain 19/31.
Costé, *en c lui,* beside him 58/9.

Coure, vb. to run 10/21; *cure,* inf. 12/38.
Coute, sf. spurring of a horse 26/25.
Covaitise, sf. desire 33/26.
Croire, vb. to believe; *crai, 1* pres. 66/20; *creez, 5* pres. 29/20; **queroi, 3* cond. 72/29; **querriez, 5* cond. 68/7.
Covenir, vb. to be necessary or fitting 4/36.
Creanter, vb. to pledge, to agree to 9/20; *crantés,* imperative 55/21.
Cunchier, vb. to outrage 48/9.
Cuverer, vb. to cover 13/10.

Daarrain, adj. last 8/29.
Damage, sf. pity 12/31.
Dant, sm. lord, sir 15/12.
Debrisier, vb. to break 10/29.
Deduit, sm. pleasure, amusement 6/22.
Deffens, sf. prohibition 62/23.
Delés, prep. beside, at the side of 18/37.
Deliter, vb. refl. to delight oneself, to rejoice in; *delit, 1* pres. 7/5.
Desconfire, vb. destroy, defeat 12/9.
Deservir, vb. to merit, deserve 17/4.
Desor, adv. henceforth 51/14.
Desquassier, vb. to break 10/29.
Desque, desqu', prep. up to, until 10/2; *desques,* 10/10.
Desraigner, vb. bring a solution to 9/17; [*desraisnie*], p.p. 18/2.
[Desseverrer], vb. to separate 4/22.
Destrer, sm. horse 10/10.
Desturner, vb. to sidetrack 4/24.
Desvoluper, vb. to unfold 49/29.
*Deverie, sf. foolishness, folly, 84/13.
Devers, *par d.,* prep. on the side of 12/34.
Devié, p.p. dead 50/8.
Deviser, vb. to relate, tell 3/2.
*Dezdeignous, -e, adj. disdainful 68/22.
Dire, vb. to say; *diez, 5* pres. subj. 5/20; *die, 3* pres. subj. 30/25.
Devoir, vb. owe, ought to, must; *deurent, 6* pret. 10/17.
Doel, sm. grief, pain 33/8; **duel,* 72/39; **dul,* 73/2.
*Doi, adj. nom. two 78/37; *dui,* 5/7.
Doner, vb. to give; *dorra, 3* fut. 10/15.
Doter, vb. to fear 11/12.
*Doulouser, vb. to be in misery; pres. p. *doulousant* 73/5.
Doun, sm. gift 16/21.

Eir, adv. yesterady 21/14.
Embracer, vb. to grasp with the arm 52/38.
Enbapsmer, vb. to embalm ·5/2.
Enbronchier, vb. to fall, stumble 11/32.
Encontre, *en lor e.,* at their meeting 10/22.
Encreaunter, vb. to agree upon 9/19.
Endementers, adv. meanwhile 19/23.
Engin, sm. cunning, rue, skill 6/36.
*Engingni, p.p. tricked, fooled, enchanted 81/9.
Englesche, adj. English 64/23.

GLOSSARY

Enpaindre, vb. to push, thrust at 38/1.
Enprendre, vb. to undertake 14/15.
Ensaier, vb. to try 13/18.
Enseigner, vb. to point out 28/7.
Enscient, sm. knowledge, opinion 14/16.
Ensi, adv. thus 3/22.
Entreamer, (S'), vb. to love one another 5/7.
Entreclamer, (S'), vb. to call, declare oneself 17/37.
Entredespesser, (S'), vb. to fall into pieces 11/3.
Entreferir, (S'), vb. to strike one another 10/22.
Entrehurter, (S'), vb. to clash one against the other 10/27.
Entremettre, vb. refl. to undertake 16/18.
Entrepainer, (S'), vb. to harm, hurt one another 10/26.
Entreseigne, sf. standard, sign, mark 34/28.
Envaïer, vb. to attack 44/38.
Envoisi, -e, adj. gay, happy 5/34.
Envoisure, sf. joy, gaiety 22/38.
Erraument, adv. right off, immediately 5/26.
Es = *en* or *a* + *les* 10/22, 10/24.
Es, dem. adj., *es vus*, behold 47/25.
Esbahir, vb. to astonish, amaze 39/29.
***Esceivoir,** vb. to finish off, kill; *esceive, 3 pres. 72/5.
***Esceuele,** sf. dish, bowl 73/38.
***Escharnir,** vb. to make fun of 77/37.
Escondire, vb. refl. to escape, to avoid. 34/8; *escondis*, p.p. refused 37/27.
Escopir, vb. to spit upon 34/30.
Esleus, adj. excellent 13/7.
Esmaïer, vb. to frighten, dismay 12/14, *se maie*, 3 pres. 13/17, see note 13/17.
***Esmari, -e,** adj. troubled 74/31.
***Espes, -se,** adj. thick; *espesse, 81/25.
Esploitier, vb. to succeed, achieve; *esploitié*, p.p. 65/36.
Espoindre, vb. to spur 34/30.
Espoirer, Espoire, vb. to hope, expect; *espoire*, 3 pres. 12/15, * 70/14.
Esponter, vb. to be afraid, frighten 14/30.
Esporon, sm. spur 26/28.
Esque, sf. tinder, touchwood 3/28, see note 3/28.
Estal, sm. position 38/34.
Estant, *en e.*, remain standing 15/18.
Estodie, sf. study, care 6/24.
Estorer, vb. to build, supply 6/21; institute, start 28/12.
Estre, inf. as substantive, mind, situation 23/15.
Estre, vb. to be; *sunt*, 6 pres. 3/20; *ert*, 3 imp. 9/27; *estoioms*, 4 imp. 17/12; *istoient, 6 imp. 71/31; *serraie*, 1 fut. 7/36; *serroit*, 3 cond. 4/4; *fu*, 3 pret. 3/21; *furunt, 6 pret. 80/33; *sai*, 1 pres. subj. 17/32; *soie*, 1 pres. subj. 7/36; *sait*, 3 pres. subj. 5/19; *soit*, 3 pres. subj. 12/16; *fux*, 1 imp. subj. 7/4; *fussoms*, also *fuissoms* 17/13; 4 imp. subj. 28/34; *fuissent*, 6 imp. subj. 27/20.
Estovoir, vb. to be necessary; *estuit, estut*, 3 pret. 11/17.
Ewe, sf. water 21/22.

Faille, sf. fault; *sanz f.* without fail 9/20.

Faire, vb. to do, make; *faistes,* 5 pres. 4/6; **faistez,* imperative, 76/38; *frai, 1* fut. 20/24, *fra, 3* fut. 19/26; *freez, 5* fut. 33/21; *frait, 3* cond. 44/18; *face, 1* pres. subj. 5/19; *faciez, 5* pres. subj. 22/22; *faist, 3* imp. subj. 3/7.
Faiture, sf. form 9/25.
Fee, *tenir en* f., to hold as a fief 58/31.
Finer, vb. to finish 26/38.
Fiz, sm. son 3/21.
*****Flequir,** vb. to bend; **flequist, 3* pres. 69/2.
Fornis, adj. robust, strong 53/38.
Fors, prep. except; *fors a* (plus inf.) only to, but to 3/12.
Frait, sm. cold 44/18.
Furre, sm. scabbard, sheath 9/26.
Fust, sm. wood 34/4.

*****Gaber,** vb. to make fun of 70/9, 77/37.
Gap, sm. joke 22/38; **gas* 69/7.
Garandir, vb. to guarantee 10/24; *garandirai, 3* fut. 15/14.
Garder, vb. to watch; *gardoms, 4* imperative 36/19.
*****Garison,** sf. protection, defence 83/12.
Garnir, vb. to furnish 4/35; *garnie, 3* pret. 4/35.
*****Ge** = *jeo* 80/5.
Gesir, vb. to lie; *jurent, 6* pret. 43/22.
Getter, vb. to throw, expel, exhale 8/30.
Geu, sm. game 23/4.
Grantdisme, adv. very great, very much 10/28.
Granter, vb. to grant, promise 16/16.
Gref, adj. serious, difficult 5/18.
Greignor, adj. very great 12/14.
Guenchir, vb. to turn aside 14/21.
Guerdon, sm. compensation, reward 30/22.
Guerpir, vb. to abandon, *guerpi,* pp. 59/29.

Haïr, *vb.* to hate; *hiet, 3* pres. 16/15; *haïsez, 5* pres. 61/35; *haoit, 3* imp. 3/13; *harra, 3* fut. 62/34.
Hauberc, sm. halberk 10/23.
Healme, sm. helmet 9/32.
Heité, adj. healthy 17/5.
Hernois, sm. armour, equipment 54/13.
Herbergier, vb. refl. to lodge 3/4.
Heut, sm. hadle, hilt of the sword 13/3.
Hidus, adj. hideous, ugly 64/2.
Home, ind. pro. one, people 3/10; **om,* 67/37.
[Hoir], sm. heir, descendant 18/2.

Iluc, adv. there 3/28.
Inveïr, vb. to do harm to; **inveïse, 1* imp. subj. 77/3.
Irier, vb. to anger 28/27.
Isnelment, adv. rapidly 19/32.
Issier, sm. exit 25/38.
Issir, vb. to go forth 4/5; *istra, 1* fut 55/36; *istront, 6* fut. 55/22.
Itant, adv. then, thereupon 30/36.

GLOSSARY

Ja, adv. already 3/14.
Joius, -e, adj. happy 5/4.
Joiant, adj. happy 7/17.
*****Joier,** vb. to rejoice 67/22.
Jolif, adv. happy 5/34.
*****Jonle,** adj. young 67/3.
Joven, adj. young 43/11.
Jue, sm. game 6/22.
Jurer, vb. to swear, *jur, 1* pres. 16/35.
Juste, *de j.,* prep. beside 6/37.

Keu, sf. tail 53/12.

Laeinz, adv. inside, there inside 6/2.
*****Laidenger,** vb. to insult, shame, *laidenge, 3* pres. 70/29.
Lais, adj. ugly 64/2.
Las. sm. pl. laces 15/21.
Lasser, vb. to leave; *lassent, 3* pres. 10/21 *lerrai, 1* fut 4/20; *lerroie, 1* cond. 6/28; *lessa, 3* pret. 21/16; **laiastes, 5* pret. 82/14; *lairerent, 6* pret. 5/8; *lassé,* p.p. 5/11; *lassasse, 1* imp. subj. 38/14.
Leaument, adv. loyally 5/7.
Lee, adj. joyous, hapy 5/3; *leez, liez,* 14/37.
Leesce, sf. joy 4/37.
Leu or **Lieu,** sm. place 5/24; 6/4.
Liver, sm. book 8/28.
Loer, vb. to advise 13/24; **loiasse, 1* imp. subj. 77/2.
Loer, vb. to praise 40/31.
Loge, sm. upper room 7/2.
Loier, sm. reward 60/37.
Loisier, sm. leisure, occasion 25/31.
Long, adj. far 3/26; *loinz,* 8/34.
*****Los,** sm. advice 76/38.

*****Main,** adv. early in the morning 71/12.
Maine, sf. hand 17/14.
Maismes, Mesmes, adv. even, self 14/27.
Malbailli, adj. treated badly 23/15.
*****Malmener,** vb. to mistreat 82/3.
Malement, adv. badly 14/11.
Maltalent, sm. anger, cause of anger 20/34.
Maluré, adj. misfortunate, wretched 20/6; **maleeurés,* 70/17.
Manacer, vb. to threaten 4/18.
Mander, vb. to send, summon, send a message 9/15.
Manoir, vb. to stay 5/36.
Mantel, sm. cloak 25/2.
Mar, adv. for one's misfortune 16/2; **mare,* 78/1.
Masçon, sm. mason 4/31.
Meins or **Mains,** adv. less 3/12.
Meisne, sf. household, retinue 7/20; *mesne* 9/12; *manaie,* 56/10.
Mellé, sf. battle 10/37.
*****Mençoingner,** sm. liar 75/15.
Menu, *m. et sovent,* adv. frequently and rapidly 12/17.

Mercier, vb. to thank 9/29.
Mervaille, sf. marvel, wondrous deed 4/6.
*****Mesais,** sf. misery 70/22.
Meschaunce, sf. misfortune 21/38.
Meschef, sm. misfortune 13/22.
*****Meschoir,** vb. to fall into misfortune; **messçus,* p.p. 75/24.
Meson, sf. house 9/2.
Mestier, sm. need, service, help; *n'i avera m.* to be of no help 8/24.
Mettre, vb. to put, place; *meisse, 1* imp. subj. 7/4; *meissent, 6* imp. subj. 12/30.
Meudre, adj. superlative, best 35/2.
Meux, adv. comparative, better 5/13; *meuz,* 5/24.
Mie, par, in the middle of 3/24.
Mire, sm. physician 36/29.
Moine, adj. middle 45/29.
Muer, vb. to change 27/18.
Mult, adv. very, much 3/4; *moute,* 54/13.
Musart, adj. foolish 38/9.
Mustrer, vb. to show 4/2.

Naïf, adj. natural 4/31.
Nassel, sm. part of helmet that protects nose 11/34.
Ne, negative not 3/7; conj. nor 3/7.
Neïs, adv. even 28/35.
Nel = ne + le 7/33.
Neporquant, adv. nevertheless 3/8.
Nes = ne + les 10/24.
*****Niche,** adj. naïve 67/17.
Nient, neg. nothing, not at all 7/24.
Niés, sm. nom, nephew 47/1.
Non, sf. ninth hour of the day or three o'clock 40/9.
Nonain, sf. nun 18/12.
Noun, sm. announcement 35/31.

Occire, vb. to kill 13/26; **ouchi,* 1 pret. 82/9.
Od, prep. with 3/9.
Oes, *a mon oes,* for my benefit, use 58/31.
Oez, sm. pl. obl. eyes 29/6; *oilz* 33/8; *olz,* 38/23; **oiez,* 74/32.
Oïr, vb. to hear 9/32; **arra,* 3 fut. 76/5; *orez,* 5 fut 11/11; *orroms,* 4 fut 44/8; *orront,* 6 fut. 40/21; *oï, 3* pret. 4/24; also *oït* 8/15; *oï,* p.p. 9/33; **oïsse, 1* imp. subj. 80/5.
Oïr, sm. haste 27/5.
Onan, adv. recently, this year 35/1.
Onques, adv. never 4/8.
Orendroit, adv. now 7/35.
Ormans, sm. nom. elm tree 52/8; *orme* obl. 52/9.
Ost. sm. host 9/34.
Ottroier, vb. to grant 37/34.
Outrance, sf. defeat; *menés a o.,* defeated 11/8.
Outrer, vb. overcome, defeat 12/8.
*****Ouvrer,** vb. to work 75/36.
Ovec, prep. with 7/8.

GLOSSARY 125

Overe, sf. work, work of art 6/7.
Oz, sm. pl. bones 17/15.

Palefroi, sm. palfrey 10/9.
Parfont, adj. deep 3/25.
Parhurtir, inf. as substantive clash 81/4.
Paroir, vb. to seem, apear; *pert 3* pres. 5/34; *parast, 3* imp. subj. 4/8.
Paroler, vb. to speak 8/27.
Pece, sf. piece; *en peces,* into pieces 10/27.
Pee, sm. foot, bottom 60/7; *pié,* 65/4.
Piche, *a chief de p.,* after a certain time 70/36.
*****Pis,** sm. the chest 71/32.
Plain, *plaine,* adj. full 3/26; *a p. coup,* with full force 14/32.
Plaist, sf. quarrel, battle 9/12.
Poesté, sf. power; *deliver p.* at free will 35/16.
Poi, adv. few; *a p. que,* almost, all but 17/24.
Poindre, sm. spurring 36/26.
Point, sm. handle 13/4.
Point, *venir en* p., have the occasion 3/18.
Pooir, sm. force, power 10/38.
Pooir, vb. to be able, can; *poet, 3* pres. 5/4; *poez, 5* pres. 4/20; *pooms, 4* pres. 41/2; *poaie, 1* imp. 5/17; *pooie, 1* imp. 14/1; *pooit, 3* imp. 3/14; *****poiat, 3* imp. 78/31; *poaient, 6* imp. 3/27; *porrai, 1* fut. 23/39; *porroie, 1* cond. 4/2; *porroit, 3* cond. 23/37; *pout, 3* pret. 3/5; *pus, 1* imp. subj. 38/14; *peust, 3* imp. subj. 4/5; *pussez, 5* imp. subj. 5/15; *peussent, 6* imp. subj. 9/5.
Pour, sf. fear 21/37; *****pooure,* 83/13.
Porir, vb. to rot 5/1.
Prael, sm. meadow 22/10.
Prendre, vb. to take; *pristrent, 6* pret. 3/29; *praise, 1* pres subj. 16/2.
Preu, adv. a lot, much 15/19.
Prier, sf. begging, entreaty 4/18.
Prise, sf. merit, worth 54/16.
Priser, vb. to esteem 12/26.
*****Prisonier,** sm. prisoner 82/23.
Prodome, adj. worth, noble 3/4; sm. 4/10.
Proiere, sf. begging, entreaty 8/13.
Pruesce, sf. force, valor 12/18.
Pruz, masc. sing. adj. worthy, noble 4/12.
Puis, sm. well 29/6.
Puis, adv. after, afterwards 4/36.
Purchase, sf. assistance, pursuit 65/1.
Purpenser, vb. refl. to advise, consider, reflect upon 17/27.
*****Furviler,** vb. to have contempt for, scorn 70/29.

Quanque, Quanqu', indef. pro. whatever 3/13.
Quantes, Quantes Fois, adv. how many, how many times 8/16.
*****Quemunement,** adv. generally, usually 67/23.
Quer, sm. heart, courage 3/19.
Quere or **Querre,** vb. to seek, search for; *queroit, 3* cond. 4/25; *****quessisse, 1* imp. subj. 69/17.

Quidier, vb. to think; *quit, 3* pres. 4/5; *quide, 3* pres. 5/5; *quideiez, 5* imp. 21/12; *quidassent, 6* imp. subj. 7/29.
*__Quil__ = quelle (modern French) 72/37.

Recouvrer, vb. to recover 11/35.
Recreaundi, sf. yielding in a duel, cowardice 14/2.
Recreaunt, adj. coward, one who yields in a duel 13/36.
Redesfere, vb. to undo 15/16.
*__Reflamboire,__ vb. to glitter 74/29.
Regne, sm. belt for a sword 9/26, see note 9/26.
Relusant, adj. shiny, glimmering 20/1.
Remainoire, vb. to remain 24/9.
Remanant, sm. remainder 4/27.
Remirer, vb. to look at 28/8.
Removoire, vb. to remove 8/11.
Repairer, vb. to frequent, to go 4/16.
Requerir, vb. to seek out 12/17.
Rescet, sm. hiding place, secluded area 42/7; **rechet,* 71/7.
Rescoucer, vb. refl. to rescue 23/2; *rescut, 3* pret 47/38; *rescoux,* p.p. 50/30.
Respondre, vb. to hide 4/25.
Roidement, adv. vigorously 36/23.
*__Roie,__ sm. ray of sun 74/30.
Roncin, sm. horse, nag 10/2.
Rounse, sm. bramble 3/26.

*__Saintuaire,__ sm. relic or group of relics 74/3.
Saisine, sm. possession 64/32.
Samite, sf. samite 6/13.
Sarcu, sm. coffin 6/38.
Sauncté, sf. healt 18/29.
Saute, sm. try, attempt 5/15.
Savoir or **saver,** vb. to know 8/19; **sa, 1* pres. 84/31; *siet, 3* pres. 11/24; *sevent, 6* pres. 17/26; **sarrai, 1* fut. 76/4; *saverez, 5* fut. 5/21; *sout, 3* pret. 4/14.
Seigner, vb. refl. to make the sign of the cross 7/28.
Senestre, adj. left 10/34.
Sente, sf. path, way 42/6.
Sentelete, sf. path, trail 5/27.
Seoir, sm. evening 4/1; *seir,* 21/14.
Seoir, vb. to sit down 47/27.
Seore, sf. sister 9/22; *sorore,* 15/1.
Seque, adj. dry 3/29.
Serment, sm. oath, talk 9/14.
Sers, sm. non. serf, slave 65/3.
Si, conj. if; adv. thus 3/2.
Siecle, sm. world 5/8.
Sires or **Sire** or **Sir,** sm. sir, master; *seignor,* obl. 10/8.
Sivre, vb. to follow 5/13.
Soffrir, vb. refl. hold back, wait, endure 20/6.
Soleir, vb. to be accustomed; *soloit, 3* imp. 7/27; *sout, 3* pret. 7/14.
Somoindre, vb. to summon, call to; *somoing, 1* pres. 11/28.

GLOSSARY

*Souztraire, vb. to take away from; *souztraite,* p.p. 72/1.
Suïr, vb. to follow 51/31.

*Targier, vb. to delay, tarry 84/26.
*Teche, sf. trait 67/24.
Tenir, vb. to hold, esteem as (a); *teniscés, 5* imp. subj. 5/16; *teignums, 4* pres. subj. 55/20.
Tens, sm. time 5/21.
Terdre, vb. to wipe; *ters,* p.p. 36/38.
Traire, vb. to draw; vb. refl. to move, withdraw 10/17.
*Tresboucher, vb. to fall 83/2.
Trestut, adj. all 23/13.
Trosne, sf. heavens, firmament 3/20.
Trover, vb. to find; **treeve, 3* pres. 71/28; *trosse, 1* pres. subj. 65/19.

Ure, sf. hour 12/13; *oure* 14/15; *ur,* 56/37.

Vachier, sm. herdsman 26/1.
Vaintre, vb. to win, to conquer 9/24.
Vavasor, sm. lesser vassal 3/4.
Veer, vb. to forbid; *voie, 1* pres. 33/1.
Veoire or Voir or Ver, vb. to see 5/26; *veer,* inf. 15/22; *vait, 3* pret 13/14; *vie, 1* pret. 32/16; *veisse, 1* imp. subj. 8/4; *veissoms, 4* imp. subj. 6/26.
Vertu, sf. valor, force 11/15.
Vis, sm. face 33/6.
Vivre, vb. to live; *vesqui, 3* pret. 4/37.
Voider, vb. to vacate; *voidassent, 6* imp. subj. 32/33.
Voire or Voirs, adj. true, *si fist v.,* thus was it true 4/9.
Vois, Tut Vois, adv. however, moreover 11/16.
Voloir, vb. to wish; *voil, 1* pres. 5/22; *voet, 3* pres. 20/5; **vauroie, 1* cond. 76/10; **varroit, 3* cond. 69/8; **vaus, 1* pret. 74/12; **vaut, 3* pret. 74/26; *vousist, 3* imp. subj. 27/27; *vousissoms, 4* imp. subj. 25/23.

INDEX OF PROPER NAMES

Acalon de Gaule, Morgue's lover, 10/35, 11/25, 11/32, 13/11, 14/31, 15/6, 15/36, 16/12, 16/18, 17/1, 18/10, 18/14, 18/15, 18/20, 18/38, 21/13, 22/4, 22/28, 22/30, 23/6, 23/9, 23/29, 29/31, 30/4, 30/9, 31/2, 32/25, 32/26.
Arcade, the damsel loved by Pellias, future wife of Pellias, 60/33, 60/35.
Aroie, forest of, 43/27.
Artus, king of Britain, son of Uterpendragon and Igraine, 5/11, 5/15, 9/13, 9/21, 10/1, 10/9, 10/30, 11/7, 11/12, 14/32, 14/34, 15/31, 15/36, 16/10, 16/14, 16/15, 16/17, 16/30, 17/21, 17/27, 18/37, 21/13, 21/19, 22/24, 22/27, 24/29, 24/35, 25/12, 26/13, 26/35, 27/33, 27/38, 28/3, 29/26, 30/2, 30/23, 30/29, 31/8, 31/14, 31/21, 31/33, 31/34, 34/7, 41/31, 42/15, 46/7, 46/32, 46/36, 48/14, 48/21, 48/28, 49/15, 49/19, 49/21, 49/31, 50/9, 60/13, 66/39, 74/8, 80/31.
Assen, father of Anasten, 4/10, 4/14. See Anasten 4/12.

Baudemagus, cousin of King Urien, 8/15, 8/18, 8/22.
Boorz li Exilliés, cousin of Lancelot 40/17.
Brait, li Contes du B., 8/14, 8/28.

Camalot, city or, 17/5, 17/33, 18/22, 18/33, 21/20, 21/28, 21/32, 23/7, 24/15, 27/11, 32/1, 34/19, 34/22.
Cardoil, castle of, 47/22.
Carlion, city of, 51/21.
Cornuaille, kingdom of, 40/23.

Damoisele Chaceresce, la, 30/32, 48/12.
Damoiselle Chanue, la, 44/21, 44/23, 45/38.
Dame du Lac, la, 8/16.
Damoisele du Lac, la, 3/6, 3/22, 14/24, 48/21, 50/28.
Domas, king who imprisons Arthur and has him fight Acalon, 9/13, 10/3, 10/7.

Escalibor, Arthur's sword, 9/26, 10/32, 11/33, 11/36, 14/37, 18/27, 24/22.

Foreste Perilluse, la, 3/24.
Fugan, castle in kingdom of Garlot where Morgue stays 31/10.

Gaheries, brother of Gawain, 40/18, 47/4.
Garlot, kingdom of Urien, 23/37, 25/9, 29/2, 31/4, 31/8.

INDEX OF PROPER NAMES 129

Gawain, son of King Loth and nephew of King Arthur, 26/34, 26/37, 31/15, 31/21, 31/26, 33/8, 33/11, 33/23, 33/32, 33/37, 34/9, 34/33, 34/39, 35/8, 35/13, 35/23, 36/10, 36/19, 37/7, 37/18, 37/23, 37/28, 38/5, 38/27, 38/29, 38/33, 39/5, 39/8, 39/14, 39/21, 39/35, 40/10, 40/20, 40/26, 41/4, 41/13, 41/16, 41/30, 41/32, 42/18, 43/3, 43/10, 43/16, 43/28, 43/32, 44/6, 44/31, 44/34, 45/13, 45/21, 45/26, 45/29, 46/15, 46/18, 46/19, 47/1, 47/13, 47/16, 47/34, 51/23, 51/24, 51/29, 51/34, 52/2, 52/20, 52/30, 52/31, 53/6, 53/17, 54/12, 55/8, 56/22, 56/26, 56/35, 56/38, 57/11, 57/12, 57/18, 57/26, 58/11, 58/17, 58/26, 59/15, 59/25, 60/6, 60/11, 60/16, 60/22, 63/25, 63/38, 64/4, 64/13, 64/16, 64/28, 64/35, 65/6, 65/10, 65/16, 65/18, 65/27, 65/31, 65/34, 65/35, 65/38, 66/7, 66/12, 66/23, 67/16, 67/21, 67/22, 67/32, 68/33, 69/3, 69/20, 69/24, 69/36, 70/9, 71/29, 72/14, 72/31, 73/6, 74/8, 74/22, 74/23, 74/26, 74/32, 75/3, 75/11, 75/15, 75/22, 76/29, 77/4, 77/22, 77/32, 77/36, 78/5, 78/14, 78/19, 78/21, 78/25, 78/35, 78/38, 79/16, 79/34, 80/1, 80/33, 81/5, 81/7, 81/36, 82/3, 82/11, 82/20, 82/25, 82/28, 82/35, 83/9, 83/14, 83/30, 84/25, 84/33.
Grant Bretaigne, la, 40/33, 80/30.
Gwioret la Petit, son of Pellias and Arcade 80/29.
Gwenevre, queen, Arthur's wife 22/10; *Guenevre* 23/35.

Helie, Misire, author of *Li Contes du Brait*, 8/29.
Hestor des Mares, knight who guards Merlin's tomb 31/26, 40/17.

Launcelot du Lac, son of King Ban, 31/27, 40/16.
Logres, kingdom of, 8/34, 16/24, 29/26, 47/15.
Loth, Gawain's father and king of Orkeney, 41/31.
Lucan, Lui Boutillier, knight of Arthur's court, 47/24.

Mabon L'Enchanteor, knight who fights with Gawain over Marsi la Bele Fee, 26/35.
Manasseus, relative of Acalon; *Monasseus,* 29/29, 29/30, 29/36, 29/38, 30/22, 47/25, 47/32, 48/3, 48/12.
Marc, king of Cornwall, uncle of Tristran and husband of Iseut, 40/22.
Marsi, La Bele Fee, 26/37.
Meliadus, friend of the Lady of the Lady of the Lake 8/16, 8/18.
Merlin, the magician, 3/1, 3/6, 3/17, 3/22, 4/1, 4/9, 5/4, 5/6, 5/7, 5/10, 5/18, 5/25, 5/36, 6/10, 6/15, 6/20, 6/23, 6/37, 7/2, 7/3, 7/8, 7/11, 7/13, 7/21, 8/12, 8/15, 8/17, 8/21, 8/30, 8/38, 14/25, 20/28, 20/29, 20/31, 31/17.
Morgue, Morgain, Arthur's sister, 9/11, 9/21, 9/22, 16/13, 18/22, 18/24, 18/37, 19/4, 19/20, 19/29, 19/35, 19/37, 20/22, 20/32, 22/23, 22/34, 23/8, 23/34, 23/35, 24/14, 24/20, 24/28, 25/6, 25/7, 25/11, 25/27, 25/34, 26/15, 26/17, 26/23, 27/2, 27/26, 28/11, 28/15, 28/17, 28/29, 29/3, 29/8, 29/17, 29/25, 30/1, 30/19, 30/38, 31/8, 31/32, 31/34, 32/11, 32/28, 48/1, 48/4, 48/13, 48/34, 49/3.
Moraus, brother of queen of Ireland, slain by Tristran, 34/37, 34/39, 35/9, 35/10, 35/14, 35/19, 35/23, 35/32, 36/1, 36/6, 36/20, 37/17, 37/21, 37/28, 37/35, 37/37, 38/3, 38/15, 38/27, 38/32, 38/36, 38/39, 39/11, 39/13, 39/26, 40/9, 40/19, 40/21, 40/27, 41/27, 41/32, 42/1, 42/9, 42/16, 42/22, 42/26, 42/28, 42/34, 43/3, 43/10, 43/27, 43/34, 44/5, 44/12, 45/14, 45/26, 46/18, 47/37, 84/36.

130   LES ENCHANTEMENZ DE BRETAIGNE

Northgales, kingdom of, 43/25, 58/30.

Orquenie, kingdom of 37/12.

Pellias, knight who loves Arcade and marries her, 60/36, 61/6, 61/24, 62/20, 66/8, 66/13, 66/14, 68/34, 69/9, 70/10, 70/28, 71/2, 74/18, 75/38, 77/19, 77/20, 80/19, 80/27.
Perceval, one of the three knights who search for the Grail, 31/31.
Petite Bretaigne, la, 48/16.
Plaine Aventuruse, La, 59/23, 59/25, 60/19, 62/17, 80/37; also called *La Launde A.*, 62/2.

Saint Esteven, church where Acalon is buried, 23/6.
Saint Sexan, island of, 40/22.

Table Roonde, La, 80/32.
Tristrans, nephew of King Marc, 8/13, 15/18, 40/22.

Uriens, king of Garlot, husband of Morgue, 18/35, 18/36, 18/38, 30/39, 32/5, 32/10, 32/23, 46/35.

Ywains, son of Morgan and Urien, 19/30, 20/4, 32/36, 33/4, 33/11, 33/23, 33/34, 34/2, 34/5, 35/1, 35/10, 35/18, 36/11, 36/15, 37/7, 37/34, 38/6, 38/20, 41/19, 44/6, 45/14, 45/22, 46/25, 46/34, 47/35.

NORTH CAROLINA STUDIES IN THE ROMANCE LANGUAGES AND LITERATURES

I.S.B.N. Prefix 0-88438

Recent Titles

CAMUS' HELLENIC SOURCES, by Paul Archambault. 1972. (No. 119). -919-7.
FROM VULGAR LATIN TO OLD PROVENÇAL, by Frede Jensen. 1972. (No. 120). -920-0.
GOLDEN AGE DRAMA IN SPAIN: GENERAL CONSIDERATION AND UNUSUAL FEATURES, by Sturgis E. Leavitt. 1972. (No. 121). -921-9.
THE LEGEND OF THE "SIETE INFANTES DE LARA" (*Refundición toledana de la crónica de 1344* versión), study and edition by Thomas A. Lathrop. 1972. (No. 122). -922-7.
STRUCTURE AND IDEOLOGY IN BOIARDO'S "ORLANDO INNAMORATO," by Andrea di Tommaso. 1972. (No. 123). -923-5.
STUDIES IN HONOR OF ALFRED G. ENGSTROM, edited by Robert T. Cargo and Emmanuel J. Mickel, Jr. 1972. (No. 124). -924-3.
A CRITICAL EDITION WITH INTRODUCTION AND NOTES OF GIL VICENTE'S "FLORESTA DE ENGANOS," by Constantine Christopher Stathatos. 1972. (No. 125). -925-1.
LI ROMANS DE WITASSE LE MOINE. *Roman du treizième siècle*. Édité d'après le manuscrit, fonds français 1553, de la Bibliothèque Nationale, Paris, par Denis Joseph Conlon. 1972. (No. 126). -926-X.
EL CRONISTA PEDRO DE ESCAVIAS. *Una vida del Siglo XV*, por Juan Bautista Avalle-Arce. 1972. (No. 127). -927-8.
AN EDITION OF THE FIRST ITALIAN TRANSLATION OF THE "CELESTINA," by Kathleen V. Kish. 1973. (No. 128). -928-6.
MOLIÈRE MOCKED. THREE CONTEMPORARY HOSTILE COMEDIES: *Zélinde, Le portrait du peintre, Élomire Hypocondre*, by Frederick Wright Vogler. 1973. (No. 129). -929-4.
C.-A. SAINTE-BEUVE. *Chateaubriand et son groupe littéraire sous l'empire*. Index alphabétique et analytique établi par Lorin A. Uffenbeck. 1973. (No. 130). -930-8.
THE ORIGINS OF THE BAROQUE CONCEPT OF "PEREGRINATIO," by Juergen Hahn. 1973. (No. 131). -931-6.
THE "AUTO SACRAMENTAL" AND THE PARABLE IN SPANISH GOLDEN AGE LITERATURE, by Donald Thaddeus Dietz. 1973. (No. 132). -932-4.
FRANCISCO DE OSUNA AND THE SPIRIT OF THE LETTER, by Laura Calvert. 1973. (No. 133). -933-2.
ITINERARIO DI AMORE: DIALETTICA DI AMORE E MORTE NELLA VITA NUOVA, by Margherita de Bonfils Templer. 1973. (No. 134). -934-0.
L'IMAGINATION POÉTIQUE CHEZ DU BARTAS: ELEMENTS DE SENSIBILITE BAROQUE DANS LA "CREATION DU MONDE," by Bruno Braunrot. 1973. (No. 135). -934-0.
ARTUS DESIRE: PRIEST AND PAMPHLETEER OF THE SIXTEENTH CENTURY, by Frank S. Giese. 1973. (No. 136). -936-7.
JARDIN DE NOBLES DONZELLAS, FRAY MARTIN DE CORDOBA, by Harriet Goldberg. 1974. (No. 137). -937-5.
MYTHE ET PSYCHOLOGIE CHEZ MARIE DE FRANCE DANS "GUIGEMAR", par Antoinette Knapton. 1975. (No. 142). -942-1.
THE LYRIC POEMS OF JEHAN FROISSART: A CRITICAL EDITION, by Rob Roy McGregor, Jr. 1975. (No. 143). -943-X.
HISTORIA Y BIBLIOGRAFÍA DE LA CRÍTICA SOBRE EL "POEMA DE MÍO CID" (1750-1971), por Miguel Magnotta. 1976. (No. 145). -945-6.

When ordering please cite the *ISBN Prefix* plus the last four digits for each title.

Send orders to: University of North Carolina Press
                  Chapel Hill
                  North Carolina 27514
                  U. S. A.

NORTH CAROLINA STUDIES IN THE ROMANCE LANGUAGES AND LITERATURES

I.S.B.N. Prefix 0-88438

Recent Titles

THE DRAMATIC WORKS OF ÁLVARO CUBILLO DE ARAGÓN, by Shirley B. Whitaker. 1975. (No. 149). -949-9.

A CONCORDANCE TO THE "ROMAN DE LA ROSE" OF GUILLAUME DE LORRIS, by Joseph R. Danos. 1976. (No. 156). 0-88438-403-9.

POETRY AND ANTIPOETRY: A STUDY OF SELECTED ASPECTS OF MAX JACOB'S POETIC STYLE, by Annette Thau. 1976. (No. 158). -005-X.

STYLE AND STRUCTURE IN GRACIÁN'S "EL CRITICÓN", by Marcia L. Welles, 1976. (No. 160). -007-6.

MOLIERE: TRADITIONS IN CRITICISM, by Laurence Romero. 1974 (Essays, No. 1). -001-7.

CHRÉTIEN'S JEWISH GRAIL. A NEW INVESTIGATION OF THE IMAGERY AND SIGNIFICANCE OF CHRÉTIEN DE TROYES'S GRAIL EPISODE BASED UPON MEDIEVAL HEBRAIC SOURCES, by Eugene J. Weinraub. 1976. (Essays, No. 2). -002-5.

STUDIES IN TIRSO, I, by Ruth Lee Kennedy. 1974. (Essays, No. 3). -003-3.

VOLTAIRE AND THE FRENCH ACADEMY, by Karlis Racevskis. 1975. (Essays, No. 4). -004-1.

THE NOVELS OF MME RICCOBONI, by Joan Hinde Stewart. 1976. (Essays, No. 8). -008-4.

FIRE AND ICE: THE POETRY OF XAVIER VILLAURRUTIA, by Merlin H. Forster. 1976. (Essays, No. 11). -011-4.

THE THEATER OF ARTHUR ADAMOV, by John J. McCann. 1975. (Essays, No. 13). -013-0.

AN ANATOMY OF POESIS: THE PROSE POEMS OF STÉPHANE MALLARMÉ, by Ursula Franklin. 1976. (Essays, No. 16). -016-5.

LAS MEMORIAS DE GONZALO FERNÁNDEZ DE OVIEDO, Vols. I and II, by Juan Bautista Avalle-Arce. 1974. (Texts, Textual Studies, and Translations, Nos. 1 and 2). -401-2; 402-0.

GIACOMO LEOPARDI: THE WAR OF THE MICE AND THE CRABS, translated, introduced and annotated by Ernesto G. Caserta. 1976. (Texts, Textual Studies, and Translations, No. 4). -404-7.

LUIS VÉLEZ DE GUEVARA: A CRITICAL BIBLIOGRAPHY, by Mary G. Hauer. 1975. (Texts, Textual Studies, and Translations, No. 5). -405-5.

UN TRÍPTICO DEL PERÚ VIRREINAL: "EL VIRREY AMAT, EL MARQUÉS DE SOTO FLORIDO Y LA PERRICHOLI". EL "DRAMA DE DOS PALANGANAS" Y SU CIRCUNSTANCIA, estudio preliminar, reedición y notas por Guillermo Lohmann Villena. 1976. (Texts, Textual Studies, and Translation, No. 15). -415-2.

LOS NARRADORES HISPANOAMERICANOS DE HOY, edited by Juan Bautista Avalle-Arce. 1973. (Symposia, No. 1). -951-0.

ESTUDIOS DE LITERATURA HISPANOAMERICANA EN HONOR A JOSÉ J. ARROM, edited by Andrew P. Debicki and Enrique Pupo-Walker. 1975. (Symposia, No. 2). -952-9.

MEDIEVAL MANUSCRIPTS AND TEXTUAL CRITICISM, edited by Christopher Kleinhenz. 1976. (Symposia, No. 4). -954-5.

SAMUEL BECKETT. THE ART OF RHETORIC, edited by Edouard Morot-Sir, Howard Harper, and Dougald McMillan III. 1976. (Symposia, No. 5). -955-3.

FIGURES OF REPETITION IN THE OLD PROVENÇAL LYRIC: A STUDY IN THE STYLE OF THE TROUBADOURS, by Nathaniel B. Smith. 1976. (No. 176). 0-8078-9176-2.

THE DRAMA OF SELF IN GUILLAUME APOLLINAIRE'S "ALCOOLS", by Richard Howard Stamelman. 1976. (No. 178). 0-8078-9178-9.

When ordering please cite the *ISBN Prefix* plus the last four digits for each title.

Send orders to: University of North Carolina Press
Chapel Hill
North Carolina 27514
U. S. A.

www.ingramcontent.com/pod-product-compliance
Lightning Source LLC
Chambersburg PA
CBHW022022220426
43663CB00007B/1181